Mehr Menschlichkeit!

Richard Egger

Mehr Menschlichkeit!

Ethik für alle, die Verantwortung tragen

Mit Illustrationen von Nino Christen

Richard Egger
EGGER Unternehmensberatung
Steinhausen, Zug, Schweiz

ISBN 978-3-658-35118-2   ISBN 978-3-658-35119-9 (eBook)
https://doi.org/10.1007/978-3-658-35119-9

Die Deutsche Nationalbibliothek verzeichnet diese Publikation in der Deutschen Nationalbibliografie; detaillierte bibliografische Daten sind im Internet über http://dnb.d-nb.de abrufbar.

© Der/die Herausgeber bzw. der/die Autor(en), exklusiv lizenziert durch Springer Fachmedien Wiesbaden GmbH, ein Teil von Springer Nature 2021
Alle Abbildungen © Nino Christen 2021. Alle Rechte vorbehalten
Das Werk einschließlich aller seiner Teile ist urheberrechtlich geschützt. Jede Verwertung, die nicht ausdrücklich vom Urheberrechtsgesetz zugelassen ist, bedarf der vorherigen Zustimmung der Verlage. Das gilt insbesondere für Vervielfältigungen, Bearbeitungen, Übersetzungen, Mikroverfilmungen und die Einspeicherung und Verarbeitung in elektronischen Systemen.
Die Wiedergabe von allgemein beschreibenden Bezeichnungen, Marken, Unternehmensnamen etc. in diesem Werk bedeutet nicht, dass diese frei durch jedermann benutzt werden dürfen. Die Berechtigung zur Benutzung unterliegt, auch ohne gesonderten Hinweis hierzu, den Regeln des Markenrechts. Die Rechte des jeweiligen Zeicheninhabers sind zu beachten.
Der Verlag, die Autoren und die Herausgeber gehen davon aus, dass die Angaben und Informationen in diesem Werk zum Zeitpunkt der Veröffentlichung vollständig und korrekt sind. Weder der Verlag noch die Autoren oder die Herausgeber übernehmen, ausdrücklich oder implizit, Gewähr für den Inhalt des Werkes, etwaige Fehler oder Äußerungen. Der Verlag bleibt im Hinblick auf geografische Zuordnungen und Gebietsbezeichnungen in veröffentlichten Karten und Institutionsadressen neutral.

Planung/Lektorat: Ulrike Loercher
Springer ist ein Imprint der eingetragenen Gesellschaft Springer Fachmedien Wiesbaden GmbH und ist ein Teil von Springer Nature.
Die Anschrift der Gesellschaft ist: Abraham-Lincoln-Str. 46, 65189 Wiesbaden, Germany

Also war er [Gott] zufrieden mit dem Menschen als einem Geschöpf von unbestimmter Gestalt, stellte ihn in die Mitte der Welt und sprach ihn so an: „Wir haben dir keinen festen Wohnsitz gegeben, Adam, kein eigenes Aussehen noch irgendeine besondere Gabe, damit du den Wohnsitz, das Aussehen und die Gaben, die du selbst dir aussiehst, entsprechend deinem Wunsch und Entschluss habest und besitzest. Die Natur der übrigen Geschöpfe ist fest bestimmt und wird innerhalb von uns vorgeschriebener Gesetze begrenzt. Du sollst dir deine ohne jede Einschränkung und Enge, nach deinem Ermessen, dem ich dich anvertraut habe, selber bestimmen. Ich habe dich in die Mitte der Welt gestellt, damit du dich von dort aus bequemer umsehen kannst, was es auf der Welt gibt. Weder haben wir dich himmlisch noch irdisch, weder sterblich noch unsterblich geschaffen, damit du wie dein eigener, in Ehre frei entscheidender, schöpferischer Bildhauer dich selbst zu der Gestalt ausformst, die du bevorzugst. Du kannst zum Niedrigeren, zum Tierischen entarten; du kannst aber auch zum Höheren, zum Göttlichen wiedergeboren werden, wenn deine Seele es beschließt."

Giovanni Pico della Mirandola: Über die Würde des Menschen (5–7).

Vorwort

Was steht in diesem Buch? – Es führt Sie in die Ethik ein, in die Theorie der Menschlichkeit, und zwar in vier Schritten. Zunächst zeige ich auf, was Ethik ist und warum wir ihr dringend mehr Gewicht geben sollten. Natürlich stelle ich Ihnen auch die wichtigsten Fragen und Argumente, Regeln und Instrumente aus der Geschichte der Ethik vor. Da Regeln aber nicht reichen, zeige ich Ihnen auf, inwiefern Ethik Ihnen auch den Einsatz Ihrer eigenen Person abverlangt. Schließlich stelle ich dar, wie Moral und Ethik entstanden sind, damit Sie sehen: Sie stellen ein einzigartiges Projekt in der Geschichte des Lebens dar, den Kern dessen, was wir als Menschlichkeit bezeichnen.

Für wen ist das Buch geschrieben? – Für Leader. Mit dem etwas klischierten englischen Wort meine ich nicht einfach Führungskräfte, also Menschen, denen das Organigramm Weisungskompetenz in einer Institution erteilt. Ein Leader ist jemand, der Verantwortung übernimmt, nicht nur für sich selber, sondern auch für andere. Vielleicht sind Sie Ärztin oder Wissenschaftler, unterrichten als Professorin oder Lehrer, sind politisch tätig oder leiten einen Verein, begleiten als Mutter oder Vater ihre Kinder ins Erwachsenenleben hinein. Dann führen Sie auch. In allen diesen Rollen müssen Sie nicht unbedingt ein Leader sein, aber Sie können es. Dann nämlich, wenn Sie bereit sind, nicht in erster Linie persönliche Ziele damit zu verfolgen, sondern Verantwortung für andere zu übernehmen.

Was bringt Ihnen die Lektüre des Buches? – Sie werden keine fertigen Antworten auf ethische Fragen finden und kein pfannenfertiges Rezept, wie Sie in ethischen Konflikten vorgehen können. Wohl aber werden Sie verstehen, was Ethik im Kern ist und worauf es ankommt, wenn Sie Ihr Leben ethisch ausrichten wollen. Ich möchte Sie sensibilisieren dafür, dass es bei unserem Handeln immer um Ethik geht. Das wird Sie auch als Mensch verändern und vielleicht sogar – das hoffe ich – dazu bewegen, die Welt ein klein wenig menschlicher zu machen.

Wie ist das Buch aufgebaut? – Manche Autoren erläutern zu Beginn ausschweifend, wohin die Reise in den einzelnen Kapiteln geht. Doch wie soll sich die Leserin die Landschaft vorstellen, bevor sie diese erlebt hat? Darum lasse ich das. Falls Sie aber gerne einen Überblick hätten, können Sie das kurze Schlusskapitel zuerst lesen, das den Weg des Buches in der Rückschau noch einmal Revue passieren lässt. Ein Journal der Reise also, das Sie auch als Fahrplan im Voraus benutzen können. Andernfalls reisen Sie unbefangen los und suchen den Überblick am Schluss zu gewinnen.

Steinhausen   Richard Egger
Juli 2021

Danksagung

Auch wenn ich das Buch selber geschrieben habe, hätte ich es doch niemals alleine schreiben können. Ich danke meinem Freund und Kollegen Dr. Paul A. Truttmann, der mich schon lange dazu angetrieben hat, ein Buch über Ethik zu verfassen, ohne den es folglich nicht entstanden wäre. Meinem Freund und Kollegen Dr. Heiner Weidmann, der es mit großer philosophischer Kompetenz und sprachlicher Sensibilität lektoriert hat. Meiner Frau Kathrin, die regen Anteil an meinem Buch genommen und mit mir immer wieder moralische Fragen durchdiskutiert hat. Frau Ulrike Lörcher von Springer Gabler, die das Projekt im Verlag von Anfang an tatkräftig vorangetrieben hat. Und schließlich all den Menschen – Schülerinnen und Schülern, Managerinnen und Leadern, Coachees und Freunden –, mit denen ich mich philosophisch auseinandersetzten durfte und die mir so erst zu der Erfahrung verholfen haben, dank der ich dieses Buch schreiben konnte.

Inhaltsverzeichnis

Teil I   Die Welt: Warum wir Ethik brauchen

1   Ethik: dringend nötig oder bloß blauäugig? 3
  Der Bedarf an Ethik 3
  Ein Sturmlauf gegen die Moral 6
  Ethik: Sentimentalität für Flötenbläser? 8

2   Das Haus der Ethik 11
  Moral: die Verhaltensregeln einer Gesellschaft 13
  Ethos: das Gewissen 14
  Ethik: Was soll ich tun? 15
  Metaethik: Monitoring im Dachstock 16
  Getrennte Stockwerke, durch Treppen verbunden 19
  Der Philosoph mit dem Hammer: ein Amokläufer 22

3   Ein Kompass im Meer der Brutalität 25
  Der Rückgang der Gewalt 25
  Der Beitrag der Ethik 27

4   Ethik – der Standpunkt von Leadern 31
  26. Juni 2019 32
  Und Sie? 34
  Das Verantwortungsdreieck 35
  Leader in den zweiten Stock! 37

Teil II Regeln: Wie Ethik funktioniert

5 „Der Zweck heiligt die Mittel" – meint das Sprichwort   43
    Flugzeuge für Diktatoren   44
    Pflichtethik versus Folgenethik   46
    Der kategorische Imperativ: Handle reziprok   48
    Utilitarismus: das größte Glück der größten Zahl   50
    Abwägen statt Fundamentalismus   52

6 Spektakuläre Ethik: Das Trolley-Problem   59
    Ein Opfer oder fünf?   60
    Verstand oder Intuition?   63
    Was wir von Trolley-Problemen lernen können   65
    Trolley-Probleme in der wirklichen Welt   68
    Eine „moral machine" für selbstfahrende Autos?   70

7 Unspektakuläre Ethik: Tauschgerechtigkeit   75
    Gerechtigkeit heißt Proportionalität   76
    Gerechtigkeit: ein komplexes Phänomen   79

8 Arm und Reich: Verteilungsgerechtigkeit   85
    Ein gerechter Staat auf Alpha Centauri   85
    Die Schweiz, eine gerechte Gesellschaft?   87
    Die Übermacht des Geldes   89
    Sphären der Gerechtigkeit   91
    Globale Ungerechtigkeit   94
    Gerechtigkeit für die Zukunft   99

Teil III Sie: Was Ethik aus Ihnen macht

9 Tugend: Charakter statt Regeln   105
    Der Fall Eichmann und die Grenze von Normen   106
    Eine andere Haltung: Wilm Hosenfeld   108
    Tugend: die charakterliche Disposition   110
    Moderne Tugendethik   114

10 Handeln – mit Gefühl und Vernunft   119
    Kant: Allein Vernunft begründet Ethik   120

	Hume, Smith und Schopenhauer: Auf das Gefühl kommt es an	121
	Der „naturalistische Fehlschluss"	124
	„High Noon" und die Feiglinge von Hadleyville	126
	Gründe und Gefühle	129
	Philosophie der Gefühle	132
	Gründe sind Paare: Argument und Gefühl	137
11	**Ethik und eine Kultur der Gefühle**	141
	Keine Kohärenz ohne Gewichtung der Gründe	142
	Keine Fairness ohne Überprüfung der Gefühle	147
	Kant reloaded: Handlung und Grund statt Maxime	148
	Die Kultur der Gefühle: Emotionsreflexion und Empathie	152
	Menschlichkeit: unparteiisch und mitfühlend handeln	154
12	**Warum ethisch handeln? – „making something of yourself"**	159
	Selbstkonstitution: etwas aus sich machen	160
	Moralische Integrität: unversehrt bleiben	162
	Ulis minderwertige Kuh	165
	Freiheit: wollen können, was ich will	167

Teil IV Natur: Wie Ethik sich ins Ganze fügt

13	**Moral: das erste menschliche Projekt**	175
	Können Tiere moralisch handeln?	177
	Kooperation verlangt zweitpersonale Moral	180
	Stammeskonkurrenz führt zur „objektiven" Moral	184
	Moral ist emergent	187
14	**Ethik: das zweite menschliche Projekt**	191
	Stammesmoral und die Notwendigkeit der Ethik	191
	Eine Stufenfolge der moralischen Entwicklung	196
	Die zweite Emergenz: reflexives Bewusstsein	202
15	**Persönliche Verbindlichkeit statt Objektivität**	209
	Ethik als Diskurs	209
	Besuch im Dachstock: metaethische Rätsel	213
	Für eine argumentativ offene und persönlich verbindliche Ethik	218

| 16 | Statt eines Fahrplans: das Journal der Reise | 223 |

Literatur 229

Stichwortverzeichnis 235

Über den Autor

Dr. Richard Egger, *1955, hat Germanistik, Philosophie und Geschichte studiert. Er war 37 Jahre lang Deutsch- und Philosophielehrer an einem Gymnasium. Seit 1995 arbeitet er hauptberuflich als Unternehmensberater im Bereich Leadership, insbesondere in der Aus- und Weiterbildung sowie im Coaching von Führungskräften. Er hat zahlreiche Führungslehrgänge in Unternehmen und an Hochschulen entwickelt und durchgeführt. Seine Bücher „Die philosophische Werkzeugkiste" (1997), „Mut – Kardinaltugend der Menschenführung" (2007) und „Führen durch Sprache" (2019) sowie zahlreiche Fachartikel machen philosophische Einsichten für die Führungspraxis fruchtbar. Außerdem hält er Referate zu philosophischen und Leadership-Themen und war 2013 bis 2020 Teilhaber und Verwaltungsrat eines mittelständischen Unternehmens der Metallbranche. Er lebt mit seiner Frau in der Zentralschweiz und hat zwei erwachsene Kinder. In seiner Freizeit hat er 30 Jahre lang leidenschaftlich Berge bestiegen.

Teil I

Die Welt: Warum wir Ethik brauchen

1

Ethik: dringend nötig oder bloß blauäugig?

Sie haben, liebe Leserin, lieber Leser, ein Buch in den Händen, das mehr Menschlichkeit fordert und sich als Einführung in die Ethik präsentiert. Irgendetwas hat Sie veranlasst, es zu ergreifen, ein vages Interesse, Neugier oder Skepsis. Sie haben es im Buchladen aus dem Regal genommen oder sogar gekauft. Warum?

Der Bedarf an Ethik

Vielleicht ist Ihr Motiv Empörung. Eine Erbitterung über die Ungerechtigkeit allenthalben. Kennen Sie zum Beispiel diese Rechnung? Stellen Sie sich die Welt als ein Dorf mit 100 Einwohnern vor.

- Dann besitzt ein einziger 48 % des Vermögens, die ärmeren 80 haben zusammen lediglich 6 %.
- 11 leiden Hunger, 30 haben keinen Zugang zu sauberem Trinkwasser, 45 müssen von weniger als 5,5 Dollar pro Tag leben.
- 30 sind arbeitslos oder unterbeschäftigt, 10 können nicht lesen.
- Nur 18 besitzen ein Auto und lediglich 30 haben immer genug zu essen.

Kann das fair sein? Vielleicht finden Sie es auch empörend, dass Millionen von Menschen sich auf der Flucht befinden. Sie vegetieren in Lagern, zusammengepfercht auf engem Raum, ohne genügend Nahrung und ausreichende medizinische Versorgung, ohne Rechte und ohne Anerkennung ihrer Würde. Menschen in diktatorischen Staaten dürfen nicht sagen, was sie denken, und sie werden ermordet, wenn sie es doch tun. Millionen von Kindern werden misshandelt und missbraucht. All das sind unmenschliche Zustände, da werden Sie mir kaum widersprechen.

Ihre Empörung kann aber auch weniger global sein. Schändlichkeiten gibt es auch bei uns genug: Menschen werden benachteiligt, ausgegrenzt, gemobbt, weil sie anders denken oder anders empfinden. Weil sie eine andere Hautfarbe oder einen anderen Glauben haben als die Mehrheit. Die Liste lässt sich fortsetzen. Menschen plagen und übervorteilen einander, behandeln sich respektlos und gemein, auch bei uns. Und was ist mit all der kleinen Niedertracht in Ihrem Umfeld, in der Firma zum Beispiel, unter Ihren Bekannten oder zu Hause? Ist es die Empörung über die vielen Nadelstiche der Unmenschlichkeit, die Sie zu diesem Buch greifen ließ?

Vielleicht lassen Sie die Bilder nicht los, die wir in den Medien sehen. Bilder von Menschen, die gequält und gefoltert wurden, die ihre Liebsten verloren haben durch nackte Gewalt. Sie selber leiden vielleicht mit diesen Unglücklichen. Die Not und die Qual, die ihnen angetan wurde, lassen auch Sie nicht kalt. Die Hilflosigkeit gegenüber dem geschehen Unrecht weckt die Frage, was Sie tun können, um künftiges zu vermeiden.

Vielleicht führt diese Hilflosigkeit sogar zum Gedanken, Sie könnten ohnehin nichts tun. Wie sollen Sie denn gegen die Übermacht der großen Konzerne anrennen, die von der Kinderarbeit und dem Elend in Drittweltstaaten profitieren? Gegen den Terror von religiösen Fundamentalisten? Gegen die Unterdrückung in Unrechtsregimes? Und da erhoffen Sie sich von einem Buch über Ethik wenigstens ein Stück Ermutigung und ein paar Hinweise, wie Sie doch etwas zum Besseren bewirken können: zu mehr Menschlichkeit.

Vielleicht sind Sie beeindruckt von den Lichtgestalten aus Geschichte und Gegenwart, die so viel Gutes für so viele Menschen bewirkt haben. Von einem Mahatma Gandhi, der seinen Landsleuten ein Stück Freiheit und Würde verschafft hat. Von einem Martin Luther King, der den diskriminierten schwarzen US-Bürgern eine Stimme gegeben hat. Von einer Mutter Theresa, die ihr Leben dem Dienst an den Elenden in den Slums gewidmet hat. Von einem Beat Richner, der unzähligen Kindern in Südostasien Genesung und ein neues Leben geschenkt hat. Vorbilder der Menschlichkeit.

Und auf der anderen Seite sind Sie wohl auch angewidert von den Schlächtern der Geschichte, die Hunderttausende unterdrücken, foltern oder töten ließen: Hitler, Stalin, Mao, Pol Pot, Saddam Hussein, Milosevic und wie sie alle hießen. Beides, die Taten der Guten wie der Mörder, ist eine

Charaktersache, das wissen Sie. Und Charakter hat natürlich mit Ethik zu tun.

Vielleicht haben Sie ein schlechtes Gewissen. Wir haben Autos, Laptops und die beste medizinische Versorgung – und andere hungern und sterben. Wir können uns Essen und Kleider im Übermaß leisten – auf Kosten von mittellosen Näherinnen in Asien und mausarmen Bauern in Südamerika. Wir hinterlassen einen übergroßen ökologischen Fußabdruck – und ihnen fehlen die elementaren Lebensgrundlagen. Wir schwimmen im Luxus – und sie leiden. Dass das eine mit dem anderen zu tun hat, leuchtet jedem ein, der nicht bewusst die Augen davor verschließt.

Da überall geht es um Menschlichkeit, das ist Ihnen klar. Und um Ethik. Dass die beiden Begriffe zusammenhängen, ahnen Sie vielleicht. Aber bedeuten sie dasselbe? In gewissem Sinn ja: Ethik ist nichts anderes als die Theorie der Menschlichkeit.

Was wir umgangssprachlich mit dem Wort „menschlich" meinen, ist kaum umstritten. Davon haben wir eine verlässliche Intuition: respektvoll miteinander umgehen, andere gerecht behandeln, tolerant sein ihnen gegenüber, hilfsbereit, ihnen Grundbedürfnisse und -rechte zugestehen, ihre Würde wahren. Und genauso vom Gegenteil, von der „Unmenschlichkeit": Menschen quälen, entwürdigen, schikanieren, benachteiligen, sie verletzen und töten. Darum stimmen Sie mir zweifellos zu: All die erwähnten Menschen und Taten stehen exemplarisch für Menschlichkeit und Unmenschlichkeit.

Wenn wir die einen als menschlich bezeichnen und die anderen als unmenschlich, steckt darin natürlich eine Bewertung. Nicht alles, was Menschen tun, ist menschlich. Menschlich handeln heißt gut handeln, richtig. Heißt das verwirklichen, was „eigentlich" im Menschen steckt. Heißt der „wahren Natur" des Menschen entsprechend zu agieren. Heißt sich so zu verhalten, wie der Mensch sich verhalten sollte. Ich verstehe das Wort also *normativ*, nicht deskriptiv. Es beschreibt nicht, sondern wertet – und fordert auf.

In Jakob Wassermanns erschütternder Erzählung „Das Gold von Caxamalca" berichtet der Mönch Domingo de Soria Luce von der brutalen Eroberung des Inkareichs durch Francesco Pizarros Soldateska und bekennt am Schluss: „Ich weinte über das, was der Mensch ist und was er versäumt zu sein". Menschlich ist, „was er versäumt zu sein" – und doch hin und wieder auch ist. Zum Glück!

Gewiss, nicht immer wissen wir mit Sicherheit, welche Handlungsweise uns die Menschlichkeit gebietet. Was ich tun „sollte", was die „wahre Natur des Menschen" ist, versteht sich nicht in jedem Fall von selbst. Darum braucht's die Ethik. Wenn ich in diesem Buch in sie einführe, rede ich daher implizit immer auch von Menschlichkeit, auch wenn ich dies nicht überall ausdrücklich sage. Diese Einführung in die Ethik entwirft auch eine Konzeption von Menschlichkeit. Natürlich ist das meine Konzeption. Ob Sie ihr folgen, hängt von der Überzeugungskraft meiner Argumente ab.

Vermutlich haben Sie also darum zum Buch gegriffen: wegen Ihrer Menschlichkeit. Und wahrscheinlich auch ein wenig, um genauer zu verstehen, was Ethik ist. Um vielleicht sogar eine bessere Orientierung zu finden und klarer zu sehen, wie Sie es mit all dem in Ihrem Leben halten wollen. Das sind gute Gründe, dieses Buch zu lesen. Natürlich machen Sie damit allein die Welt noch nicht besser. Den Worten und Gedanken müssen Taten folgen. Aber Verstehen ist immer der erste Schritt. Richtig handeln kann nur, wer weiß, worum es geht. Um zu entscheiden, muss man den Durchblick haben.

Auf der anderen Seite gibt es auch Menschen, welche die Nase rümpfen, wenn sie das Wort Ethik hören. Ethik erteilt Anweisungen, wie Menschen zu handeln und zu leben haben. Wer hört das schon gern? Wenn einer sich anmaßt, anderen vorzuschreiben, was sie zu tun haben, gilt er ihnen schnell als Moralist. Oder im besseren Fall als „Gutmensch". Denn ist es nicht naiv zu glauben, Ethik und Moral könnten eine Welt ändern, die von Egoismus, Streben nach Materiellem, Macht und Gewalt getrieben ist? Dazu gehört schon ein gutes Stück Blauäugigkeit.

Ein Sturmlauf gegen die Moral

Wer unter den Philosophinnen und Philosophen einen Anwalt sucht, der einer solchen Kritik an Moral und Ethik die Argumente liefert, stößt unweigerlich auf Friedrich Nietzsche (1844–1900). Im späten 19. Jahrhundert geistert dieser schräge Philosoph durch Europa und lästert gegen Ethik, zeitgenössische Moral und ein immer noch tonangebendes Christentum. In Texten von großer sprachlicher Aggressivität prangert er die herrschenden Normen und Werte an. „Umwertung aller Werte" lautet der Slogan. Nietzsche lässt kein gutes Haar an der geltenden Moral und setzt ihr eine diametral andere, „natürliche" entgegen. Diese nimmt Partei für ein entschlossenes Durchsetzen der eigenen Ansprüche, für „die Instinkte des Lebens", für einen „Willen zur Macht", kurz für ein mutiges und zugleich rücksichtsloses Lebenskonzept, das er in der Formel des „Übermenschen" zusammenfasst – eines Ichs, das die Kleinlichkeit, die Feigheit und die Skrupel der Zeitgenossen hinter sich gelassen hat.

Nietzsches erster Vorwurf an jede bisherige Moral lautet: Sie ist „widernatürlich", weil sie gegen die „Instinkte des Lebens" verstößt, weil sie dieses hemmt. Das Leben will sich entfalten, durchsetzen, instinktiv und kraftvoll. Gegen diesen natürlichen Lebensdrang wendet sich die Moral. Sie stellt die Gesetze des Lebens auf den Kopf, die da lauten: Krieg ist der Normalzustand in der Natur, Glück ist das Ziel, das der Mensch anstrebt. Natürlich klingt hier Darwin an. Eine Generation vor Nietzsche hat der Begründer der Evolutionstheorie erklärt: Jedes Wesen will sein Überleben durchsetzen. In diesem „struggle for life" setzen sich die am besten Gerüsteten durch. Gnadenlos gilt das Gesetz des Stärkeren, das „survival of the fittest". Diesem Kampf um das Dasein hat sich der Mensch zu stellen, nicht ihm auszuweichen in eine rosarote Friedensillusion, meint Nietzsche. Sein eigenes Glück soll er erstreben oder gar erzwingen.

Warum machen sich die Moralisten für eine Haltung stark, die der Natur widerspricht? Nietzsche antwortet: weil sie ihren eigenen Zwecken nützt. Dies ist sein zweiter Vorwurf an die Moral. Sie ist manipulativ, weil der Moralist mit ihr sein eigenes Interesse verfolgt: Beruhigung der Schwachen, ihre Demütigung, aber auch Rache, Macht und Selbstüberhebung. Das führt zu einer „Sklaven-Moral", insbesondere wenn sie sich christlich nennt. Was der Sklave empfindet, diese Mischung aus Misstrauen, Furcht und der Sehnsucht, dem Leiden zu entrinnen, das bestimmt seine Wertsetzung. Was ihn bedroht und plagt, besetzt er negativ: Aggression und Gewalt. Was ihn entlastet und erleichtert, positiv: Mitleid, Demut, Freundlichkeit. Daraus entstehen die Tugenden, die Eckpfeiler der Moral. Hierin wurzeln die christlichen Vorstellungen von Gut und Böse.

Der Vorwurf an den Moralisten, nur den eigenen Nutzen zu suchen, enthält schon einen weiteren, den der Verlogenheit. Egal, ob das bewusst oder unbewusst geschieht, der Moralist ist unehrlich. Führt er nur die anderen hinters Licht, heuchelt er. Macht er sich selber etwas vor, ist er verlogen. Das zweite dürfte, folgt man Nietzsche, vielleicht noch häufiger vorkommen. Den Verantwortungsträgern seiner Zeit wirft er vor, sogar sie, die „Befehlenden", hätten „den Herden-Instinkt des Gehorsams", also die Sklaven-Moral übernommen. Sie würden sich bei ihrem Handeln auf Tugenden wie „Gemeinsinn, Wohlwollen, Rücksicht, Fleiß, Mäßigkeit, Bescheidenheit, Nachsicht, Mitleiden" (Nietzsche 1886, 655) berufen.

Da Nietzsche sich unerbittliche Wahrhaftigkeit und schonungslose Offenheit auf die Fahne geschrieben hat, klingt im Vorwurf der Verlogenheit von selbst die Verachtung mit. Wie zu erwarten, macht er keinen Hehl daraus: „In Hinsicht auf das ganze moralische Geschwätz der einen über die anderen ist der Ekel an der Zeit!" (Nietzsche 1882, 196) Oder noch deutlicher, wenn er das Wesen der Sklaven-Moral charakterisiert: „'Das Lamm', noch mehr ‚das Schaf' gewinnt an Achtung" (Nietzsche 1886, 658). Nietzsche verachtet die Moralisten, weil sie im Grunde feige sind – der vierte Vorwurf an die Moral. Zitternd hebt sie die Schwächen des verzagten Menschen auf das Schild der Tugend. Der Bedrohliche dagegen ist „böse": Moral will nicht die Haltung eines souveränen Übermenschen, schon eher die Ekel erregende des verschüchterten Schafes. „Die Furcht ist auch hier wieder die Mutter der Moral" (Nietzsche 1886, 657).

Die Bilanz von Nietzsches Sturmlauf gegen Moral und Ethik ist vernichtend.

1. Moral und Ethik widersprechen der Natur, den Grundgesetzen des Lebens.
2. Tatsächlich nützen die moralischen Gebote bloß dem, der sie erhebt.
3. Darin liegt die Unehrlichkeit des Moralisten, der sich selber und andere belügt.
4. Und all das aus einem einzigen Motiv: aus Feigheit.

Ethik: Sentimentalität für Flötenbläser?

Doch Nietzsches Kritik richtet sich ja gar nicht gegen die Ethik, nur gegen die Moral, denken Sie wohl. Sie nennt er unentwegt, die Ethik meint er vermutlich gar nicht. Allerdings gibt es auch Textstellen, in denen er ausdrücklich auch auf die Ethik abzielt. Zum Beispiel:

> *Jede Philosophie, welche den Frieden höher stellt als den Krieg, jede Ethik mit einer negativen Fassung des Begriffs Glück [...] erlaubt zu fragen, ob nicht die Krankheit das gewesen ist, was den Philosophen inspiriert hat.* (Nietzsche 1882, 11)

Hier kritisiert Nietzsche eine der bekanntesten ethischen Konzeptionen, nämlich die von Kant, die wir später kennen lernen werden. Er nennt sie darum eine „Krankheit", weil sie das Glück als moralische Motivation ablehnt. An anderer Stelle attackiert Nietzsche Arthur Schopenhauer (1788–1860), gleichfalls ein bedeutender Vertreter der ethischen Tradition:

> *Man höre zum Beispiel, mit welcher beinahe verehrenswürdigen Unschuld noch Schopenhauer seine eigene Aufgabe hinstellt. [...]* „*das Prinzip"* sagt er *(137 der Grundprobleme der Ethik),* „*der Grundsatz, über dessen Inhalt alle Ethiker* eigentlich *einig sind:* neminem laede, immo omnes, quantum potes, juva - *das*

ist eigentlich der Satz, welchen zu begründen alle Sittenlehrer sich abmühen... das eigentliche *Fundament der Ethik, welches man wie den Stein der Weisen seit Jahrtausenden sucht."* [...] *Und wer einmal gründlich nachgefühlt hat, wie abgeschmackt – falsch und sentimental dieser Satz ist, in einer Welt, deren Essenz Wille zur Macht ist –, der mag sich daran erinnern lassen, dass Schopenhauer, obschon Pessimist,* eigentlich - *die Flöte blies...* (Nietzsche 1886, 644)

Der Hohn ist nicht zu überhören, obschon Schopenhauer den jungen Nietzsche einst begeistert und eigentlich erst zur Philosophie hingeführt hat. Der fundamentale Grundsatz der Ethik – Verletze niemanden, vielmehr hilf allen, soweit du kannst – ist in Nietzsches Augen „abgeschmackt", „falsch" und „sentimental". Und der Philosoph, der ihn vertritt, ein Flötenbläser.

Nein, Nietzsche kümmert sich nicht sonderlich um den Unterschied zwischen Moral und Ethik. Beide fallen gleichermaßen unter das Fallbeil seiner Fundamentalkritik. Im 2. Kapitel werde ich die beiden Begriffe klar voneinander abgrenzen. Diese Differenzierung wird es mir erlauben, Nietzsches Sturmlauf zu stoppen.

Was heißt das alles nun für die Ethik? Auf der einen Seite schreien die Ungerechtigkeiten und die Gewalt auf Erden geradezu nach mehr Menschlichkeit. Ungerechtigkeit und Brutalität, Quälerei und menschliche Böswilligkeit sind so weit verbreitet, dass der Ruf nach mehr Ethik schlicht nicht abzuweisen ist. Wir brauchen eine menschendienlichere und menschenfreundlichere Welt. Der erste Schritt in diese Richtung kann nur darin bestehen, dass sich die Menschen viel stärker an ethischen Standards ausrichten. Namentlich diejenigen, die anderen vorangehen, namentlich die Leader.

Auf der anderen Seite gibt es Menschen, die ihr mit Skepsis oder gar mit Verachtung begegnen. Es gibt sie in den Palästen dieser Welt, in den Teppichetagen und am Stammtisch. Und manchmal treten sie auch in philosophischem Gewand auf wie Nietzsche. Es scheint, als ob die Ethik polarisieren würde. Doch das täuscht. Ein Ziel meines Buches besteht darin zu zeigen, dass nicht die Ethik selber fragwürdig ist, sondern nur die Haltung derer, die sie nicht verstehen.

2

Das Haus der Ethik

Das 1. Kapitel hat aufgezeigt: Zunächst müssen wir klären, was Ethik eigentlich bedeutet und was sie von Moral unterscheidet. Sie ahnen wohl, dass die beiden Begriffe miteinander zu tun haben, sich aber nicht decken. Diese Definition brauchen wir nicht nur, ja nicht einmal in erster Linie, um Einwänden gegen die Ethik von Stammtisch-Kritikern oder Philosophen wie Nietzsche zu begegnen. Sie erlaubt es auch abzuschätzen, ob die Ethik tatsächlich zur Verbesserung der Welt beitragen kann. Und natürlich benötigen wir sie, um das Vorhaben dieses Buches zu realisieren: eine Einführung in die Ethik zu liefern. Kurz, die Definition des Ethikbegriffs schafft die unabdingbare Basis für unser Vorhaben.

Das Wort „Moral" leitet sich vom lateinischen „mores" her, was so viel heißt wie Sitten, Gewohnheiten, Brauch. „Moralis" heißt also sittlich, der Sitte entsprechend. Das Wort „Ethik" hingegen stammt aus dem Griechischen. Hier gibt es einerseits den Ausdruck „ethos", mit einem Epsilon geschrieben, der ebenfalls Gewohnheit, Sitte bedeutet. Daneben existiert aber auch ein Wort „ethos", das sich mit Eta schreibt. Es enthält diese erste Bedeutung mit, meint aber zudem auch Charakter, Sinnesart, Denkweise. Diese etymologische Sachlage zeigt an, dass beide Wörter, Moral und Ethik, sich auf die Verhaltensregeln beziehen, nach denen sich Menschen im Alltag richten und die von alters her gelten. Allerdings deutet die Herkunft von „Ethik" an, dass die Griechen schon unterschieden zwischen den bloßen Regeln und der inneren Haltung, die Menschen ihnen gegenüber einnehmen.

Den Bezug auf die Sitten, also die Art, wie Menschen in einer Gesellschaft miteinander umgehen, bestätigt auch unser Wortgebrauch: Umgangssprachlich verstehen wir unter Ethik, mit anderen „richtig", „gut", „fair" umzugehen, ihre Interessen zu berücksichtigen. Das ist meine erste und einfache Definition von Ethik: Sie bedeutet, auf andere Rücksicht nehmen.

Hinter der banalen Formulierung verbirgt sich etwas durchaus Besonderes. Ich weiß nicht, wie es Ihnen ergeht, liebe Leserin, lieber Leser, aber mein primäres Interesse gilt zumeist nicht unbedingt den anderen. In der Regel sorge ich mich vor allem um mich selbst, möchte, dass es mir gut geht, handle so, dass meine Bedürfnisse erfüllt werden. Dass mir andere ebenso am Herzen liegen wie ich selbst, dass ich gar ihre Interessen höher gewichte als meine, stellt eher die Ausnahme dar. Falls Sie das bei sich auch feststellen, lässt sich verallgemeinernd sagen: Menschen sind in erster Linie von den eigenen Wünschen und Bedürfnissen geleitet und weniger von denen anderer.

Das ist ja auch nichts Ehrenrühriges. Menschen, Lebewesen überhaupt, suchen ihre Bedürfnisse zu befriedigen, jedenfalls mehr als die anderer Wesen. Das scheint ein universales Lebensprinzip zu sein. Ausnahmen, zum Beispiel den Menschen gegenüber, die wir lieben, widerlegen dieses allgemeine Prinzip nicht.

Eben darum ist ein Verhalten, das sich nicht allein vom eigenen Wohlergehen leiten lässt, sondern auch von dem anderer, speziell. Es hebt das sozusagen „natürliche" Streben nach der Befriedigung persönlicher Bedürfnisse auf und setzt ihm diejenigen eines anderen Menschen entgegen. Insofern steht Ethik nach dieser Definition im Gegensatz zu unserem üblichen Egoismus. Denn dieser heißt: Ich schaue nur für mich selbst.

So weit, so gut. Das scheint plausibel, werden Sie denken, ist aber zu simpel. Lassen Sie mich darum eine zweite, etwas differenziertere Definition entwickeln. Ich möchte mit Ihnen das Haus der Ethik bauen.

Diese Analogie verdanke ich einem Referat des Schweizer Theologen und Ethikers Alberto Bondolfi (*1946). Die entsprechende begriffliche Konzeption stellt er in seiner kürzlich erschienenen Einführung in die Ethik dar (Bondolfi 2020, 95–110). Da die Haus-Metapher die Begriffe um die Ethik so klar und anschaulich verdeutlicht, habe ich sie seit jenem Vortrag in meinem Philosophieunterricht und in meinen Ethikseminaren gerne verwendet und weiterentwickelt.

Moral: die Verhaltensregeln einer Gesellschaft

Im Erdgeschoss ist die Moral zu Hause. Sie bezeichnet die in einer Gesellschaft *geltenden Verhaltens- und Handlungsregeln*. Menschen verhalten sich ja nicht beliebig, sondern folgen ganz bestimmten Regeln. Das beginnt schon im alltäglichen Umgang, also bei den üblichen Anstandsformen: Hierzulande siezt man zum Beispiel Erwachsene, die man nicht näher kennt. Man begrüßt Menschen, mit denen man in Kontakt tritt, in bestimmten Situationen mit Handschlag, in anderen nur mit Worten. Man wartet mit dem Essen, bis alle am Tisch bereit sind. Die Beispiele ließen sich beliebig fortsetzen. Sie kennen das.

Diese Regeln sind häufig genau ausdifferenziert: je nach Situation und Beteiligten unterschiedlich, und allen genauestens bekannt. Vor allem aber sind sie von Gesellschaft zu Gesellschaft verschieden. Wenn Sie in der Welt herumgekommen sind, wissen Sie das aus eigener Erfahrung. In China, im Nahen Osten oder bei indigenen Völkern gelten zum Teil ziemlich andere Regeln. Und wer sie verletzt, kann gehörig ins Fettnäpfchen treten. Meistens sanktioniert die Gesellschaft die Verletzung ihrer moralischen Regeln. Das muss nicht juristisch geschehen, auch Missbilligung oder Verweigerung der Anerkennung können strafend wirken. Selbstverständlich variieren die Moralen auch in der Zeit: Was im alten Rom üblich war oder im 18. Jahrhundert, unterscheidet sich beträchtlich von unserer heutigen Moral.

Die Moral umfasst aber weit mehr als die bloßen Umgangsformen. Handfester wird sie bei Handlungen, die wesentlich tiefer in die Rechte einzelner eingreifen. Ich mache bewusst drastische Beispiele, um darzulegen, wie weit unterschiedliche Moralen voneinander abweichen können. Sie konnten beispielsweise vor zweihundert Jahren einen Marktplatz betreten, auf dem Menschen feilgeboten wurden. Sie konnten sie begutachten, ihre Muskeln bestasten, ihnen in den Mund greifen, um die Qualität der Zähne zu prüfen, und die Betreffenden für, sagen wir einmal, 5 Dollar kaufen – sofern sie schwarzer Hautfarbe waren. Niemand im Süden der USA nahm daran Anstoß, selbst juristisch gab es nichts dagegen einzuwenden.

Oder anderswo ist es üblich, dass Frauen, die Ehebruch begangen haben, von den Männern des Dorfes gesteinigt werden. Dass neugeborene Mädchen genital verstümmelt werden. Dass Dieben die Hand abgehackt wird. Das alles gehört zur Moral der betreffenden Gesellschaften – verstanden als Gesamtheit der Regeln, denen die Menschen dort folgen.

Die Beispiele zeigen Verschiedenes: Zunächst, dass es Moralen gibt, die wir hierzulande als ungerecht, ja barbarisch empfinden, obschon sie damals oder dort als völlig normal angesehen werden. Ein Teil der Moral einer Gesellschaft wird vom Recht festgeschrieben. Hier steht, welche Regeln gelten und wie ihr Bruch bestraft wird. Das Recht bildet einen Teil der Moral, bewohnt sozusagen ein Zimmer im Erdgeschoss. Die Beispiele zeigen außerdem, dass die Moral sich mit der Zeit wandelt: In den meisten Ländern dieser Welt gilt Sklaverei heute als inakzeptabel.

Dieser Moralbegriff *wertet nicht*, sondern bleibt rein *deskriptiv*. Was in bestimmten Zeiten und Kulturen als allgemein anerkanntes Verhalten galt, ist eine Tatsachenfrage, obwohl uns solche „Sitten" entsetzlich vorkommen mögen, wenn wir damit konfrontiert werden. Moral als Set von Verhaltensregeln lässt sich wissenschaftlich beobachten und beschreiben: von Historikern, Soziologinnen oder Ethnologen.

Ethos: das Gewissen

Was aber, wenn Menschen die Regeln missbilligen oder gar verabscheuen, die in ihrer Gesellschaft gelten? Dann begeben sie sich in den ersten Stock. Hier wohnt das Ethos. Der Begriff bezeichnet *das persönliche moralische Bewusstsein*. Umgangssprachlich reden wir auch von Gewissen. Bei den meisten Menschen stimmt es in den meisten Fällen mit den moralischen Regeln zusammen.

Immer wieder in der Geschichte haben sich Menschen aber auch entschieden gegen die herrschende Moral gestellt. Die Beispiele, wiederum besonders augenfällige, kennen Sie: Der Philosoph Sokrates hat die moralische Selbstgefälligkeit seiner Zeitgenossen angeprangert – und ist dafür in den Tod gegangen. Jesus von Nazareth hat dem Racheprinzip des Alten Testaments die Gewaltlosigkeit entgegengehalten. Martin Luther hat sich einer korrupten Kirche, die den Widerruf seines Glaubens forderte, verweigert und gesagt: „Hier stehe ich, ich kann nicht anders." Abraham Lincoln hat sich mit der Selbstverständlichkeit der Sklaverei nicht abgefunden. Und der tunesische Gemüsehändler Mohamed Bouazizi hat 2010 mit seiner Selbstverbrennung den Arabischen Frühling eingeläutet, den Protest gegen die Unrechtsregimes in Nordafrika. Sie alle haben sich auf ihr Gewissen berufen, ihre persönliche Überzeugung, dass die herrschende Moral inakzeptabel sei.

Natürlich muss solcher Protest nicht immer so spektakulär sein und mit dem Leben bezahlt werden. Millionen von Menschen in aller Welt haben sich zu allen Zeiten gegen das gewendet, was gängige Praxis war, aber vor ihrem Gewissen unhaltbar. Sie bringen eine Instanz ins Spiel, die über das Regelwerk der Moral hinausgeht. Moralische Regeln sind Tatsachen, das persönliche Gewissen hingegen *bewertet* sie. Der erste Stock eröffnet prinzipiell eine neue Dimension: die der persönlichen Überzeugung. Dass die beiden Stockwerke grundsätzlich auseinanderzuhalten sind, zeigt sich schon daran: Moralen gibt es so viele, wie es Gesellschaften gibt, Ethoi so viele wie Menschen.

Das Ethos eines Menschen kann mehr oder weniger reflektiert sein. Manchmal sind Menschen intuitiv überzeugt, dass etwas richtig oder falsch, gut oder böse ist. Nicht immer braucht es Argumente, um Taten zu bewerten. Auf jeden Fall aber ist das Ethos, die persönliche Überzeugung, definitionsgemäss subjektiv. Darum kann das Gewissen unterschiedlicher Menschen auch unterschiedlich urteilen. Aus Erfahrung wissen wir: Das ist vielleicht nicht die Regel, aber es kommt sehr häufig vor. Und auch die Beispiele in diesem Kapitel verdeutlichen es: Der Sklavenhalter ist genauso von der Rechtmäßigkeit seines Tuns überzeugt wie sein Kritiker. Was ist dann zu tun?

Ethik: Was soll ich tun?

Jetzt kommt der zweite Stock ins Spiel: die Ethik. Hier werden die persönlichen moralischen Handlungen überprüft. Hier findet die *Auseinandersetzung mit der Frage* statt: *Was ist denn eigentlich das richtige Handeln?* Hier wird das Gespräch darüber geführt, welche Entscheidung gut ist und welche nicht. Hier wird verhandelt, was gut und böse ist, was gerecht und ungerecht. Hier sucht man nach Antworten auf die Frage, die Immanuel Kant in aller Kürze so formuliert: „Was soll ich tun?"

Auseinandersetzung, Diskussion, Verhandlung: Da geht es also um Argumente. Es reicht im zweiten Stock nicht, sich auf eine Überzeugung, eine Intuition zu berufen. Diese können fehlgehen, wie die Menschen zeigen, die aus Überzeugung Sklaven halten, Mädchen „beschneiden" – und Krieg führen. In der Ethik braucht es Gründe. Ethik, verstanden als die Auseinandersetzung über das richtige Handeln, meint *einen Prozess,* kein Lehrbuch. Das ist ein gängiger Irrtum über die Ethik: Sie sei irgendetwas wie eine Theorie, eine Lehre – oder noch schlimmer: eine Art Katechismus, in dem man einfach nachschlagen könne, wie in einer bestimmten Situation zu verfahren sei. Vielmehr ist Ethik Philosophie – *Moralphilosophie.*

Philosophie bedeutet nämlich nichts anders als ein vernunftgeleitetes Gespräch führen, eine argumentative Auseinandersetzung über wichtige Fragen des Lebens. Philosophieren lässt sich definieren als Diskurs, der bestimmt wird vom „zwanglosen Zwang des besseren Argumentes", wie es der Philosoph Jürgen Habermas (*1929) ausgedrückt hat (1999, 47). Wer philosophiert, will Einsichten und Handlungen legitimieren, und zwar mit Gründen, nicht durch Macht, rhetorische Tricks oder Manipulation.

Gewiss, das ist ein Ideal. Nicht immer geht es allein um Argumente, nicht immer überzeugen sie, nicht immer wird ein Konsens erreicht. Aber als Leitlinie des Redens und Schreibens ist dieser Anspruch aller Philosophie eingeschrieben. Ganz gleich, ob reale Menschen ein philosophisches Gespräch miteinander führen, ob eine Denkerin einen philosophischen Text schreibt oder ob man die Geschichte der Philosophie als Gespräch der Autoren interpretiert, das diese über die Jahrhunderte hinweg in ihren Texten miteinander führen. Wenn dieses Gespräch, wenn die Legitimationssuche dem richtigen Handeln gilt, dann handelt es sich eben um Moralphilosophie. Ethik ist Philosophieren über Fragen der Moral, in kritischer Distanz zu ihr.

Wo findet dieser Prozess statt? Überall, wo Menschen sich ernsthaft mit der Frage nach dem richtigen Handeln auseinandersetzen. Sie müssen dafür nicht Philosophen sein, sondern nur vernünftig denken und reden können. Und schließlich befindet sich auch jeder einzelne Mensch im zweiten Stock, der bei seiner ethischen Intuition nicht stehen bleibt, sondern darum ringt, richtige, faire, verantwortungsvolle Entscheide zu treffen. Nicht ums pragmatische oder nützliche Handeln, das Erfolg versprechende oder clevere geht es dabei, sondern um das *gute, faire, menschliche*. Was diese Adjektive genau meinen, lasse ich im Moment noch offen. Vorderhand genügt es, dass wir alle eine Intuition von den Begriffen „gut", „fair", „menschlich" haben und wissen, dass sie sich nicht allein am Eigeninteresse orientieren, sondern am Wohl aller.

Metaethik: Monitoring im Dachstock

Da argumentieren die verschiedenen Stimmen also im zweiten Stock. Aber noch fehlt dem Haus das Dach – oder besser: der ganze Dachstock. Und Sie merken: Auch sachlich fehlt noch etwas. Ein paar wirklich grundsätzliche Fragen bleiben offen. Ihnen widmet sich die Metaethik. Sie residiert im Dachboden und beobachtet den ethischen Diskurs im Stockwerk darunter.

Wie reden diese Stimmen im ethischen Gespräch überhaupt miteinander? Gibt es für diese Auseinandersetzung Regeln? Was ist als Argument zugelassen im zweiten Stock? Und welche Gesprächsbeiträge gehören eher ins Erdgeschoss? Die Antwort auf solche Fragen ist dabei nicht von vorherein klar. So wird etwa unser Baumwollfarmer im Brustton der Überzeugung argumentieren, er habe seine Sklaven rechtmäßig gekauft, darum gehörten sie ihm auch mit Haut und Haaren und er könne mit ihnen anstellen, was er wolle. Sie spüren natürlich, dass diese Begründung sich ethisch nicht halten lässt, und hätten auch Gegenargumente auf der Zunge. Aber warum – ganz genau – gehört ein solches Argument nicht in den zweiten Stock?

Wenn die Metaethik derlei Fragen stellt, bekommt sie es zwangsläufig mit der Sprache zu tun. Gesprächsbeiträge, Aussagen, Argumente formen sich ja in ihr. Metaethiker nehmen daher ethische Aussagen gerne mithilfe logischer oder sprachanalytischer Methoden unter die Lupe. Was meinen wir zum Beispiel genau mit dem Wort „gut", wenn wir sagen, diese Handlung sei „gut", jene „schlecht"? Gewiss etwas anderes, als wenn wir äußern, Picasso habe ein „gutes" Kunstwerk geschaffen oder Roger Federer spiele „gut" Tennis. Wir haben ja nicht die künstlerische Qualität oder sportliche Technik gemeint. Was bedeutet „Gerechtigkeit" eigentlich? Was das Wort „sollen" im Satz: „Du sollst nicht töten"? Die Metaethik untersucht und klärt also auch die Sprache der Ethik. Das Verhältnis Metaethik und Ethik gleicht dem zwischen Mathematik und Naturwissenschaften. Die erste liefert der zweiten die Sprache, mit der diese dann arbeitet.

Sie sehen, im Grunde genommen untersucht die Metaethik den *Status der Ethik*. Sie reflektiert, was Ethik genau bedeutet, wie sie ihre Einsichten und Handlungsempfehlungen rechtfertigen kann, welchen Regeln ihr Diskurs folgt. Kurz: Metaethik antwortet auf die Frage: Was ist Ethik überhaupt? Insofern sind wir in diesem Kapitel mitten in metaethischen Überlegungen.

Ich werde diese im nächsten Kapitel weiterführen. Hier gebe ich lediglich noch ein Beispiel für eine metaethische Argumentation. Welchen Kriterien muss eine ethische Norm entsprechen, um im ethischen Diskurs zu gelten, also um im zweiten Stock zugelassen zu sein? Normen sind Handlungsaufforderungen. Zum Beispiel: „Du sollst Vater und Mutter ehren" oder „Du sollst nicht töten" oder „Füge niemandem ein Leid zu" etc. Die zehn Gebote aus dem Alten Testament sind typische Beispiele für Normen.

Metaethiker haben gefordert, dass Normen Regelcharakter haben, also allgemein gelten müssen, nicht bloß für Einzelfälle. Zudem können sie nur Geltung beanspruchen, wenn sie begründet werden, andernfalls bleiben sie Behauptungen und sind im zweiten Stock fehl am Platz. Vor allem aber haben die Metaethiker herausgearbeitet, dass alle überzeugungskräftigen Normen sich durch ein spezifisches Merkmal auszeichnen, ihre Universalisierbarkeit. Das Wort meint *Verallgemeinerungsfähigkeit.* Ethische Normen sind immer so gemeint, dass sie für alle gelten müssen, nicht nur für mich oder eine einzelne Gruppe.

Anders gesagt, wenn ich eine Norm formuliere, dann geht dies nur unter der Bedingung, dass sie nicht nur für andere, sondern auch für mich gelten muss. Im Prinzip muss ihr jeder Mensch zustimmen können, unabhängig davon, was ihre Anwendung für ihn persönlich für Folgen hat. Oder noch anders: Ethische Normen müssen umkehrbar sein, reziprok. Natürlich heißt das nicht, dass ihr tatsächlich immer alle zustimmen: Universal sind sie nicht. Aber zustimmungs*fähig* müssen sie sein: universalisierbar.

Ob das bei einer Norm tatsächlich zutrifft, können Sie prüfen, indem Sie fragen: Würde ich die Norm auch dann bejahen, wenn ich mich in der umgekehrten Situation befinden würde? Selbstredend, dass dies bei den Normen des Sklavenhalters oder des Mörders nicht der Fall ist. Wohl aber sind die umgekehrten Normen universalisierbar: „Man soll keine Sklaven halten" und „Man soll Menschen nicht töten".

Die Grenze zwischen Ethik und Metaethik ist allerdings nicht immer so klar zu ziehen wie die zwischen den unteren Stockwerken. Zweiter Stock und Dachgeschoss bilden eine Mansardenwohnung. Die Verbindung von Ethik und Metaethik ist so eng, dass diese als eigenes Feld der philosophischen Reflexion erst vor knapp hundert Jahren entwickelt wurde. In unserer Analogie ließe sie sich als Instanz verstehen, die für das Monitoring des ethischen Diskurses zuständig ist. Sie richtet den Blick auf die Ethik, ohne selber ethische Urteile zu fällen.

Getrennte Stockwerke, durch Treppen verbunden

Und so präsentiert sich schließlich das Haus der Ethik:

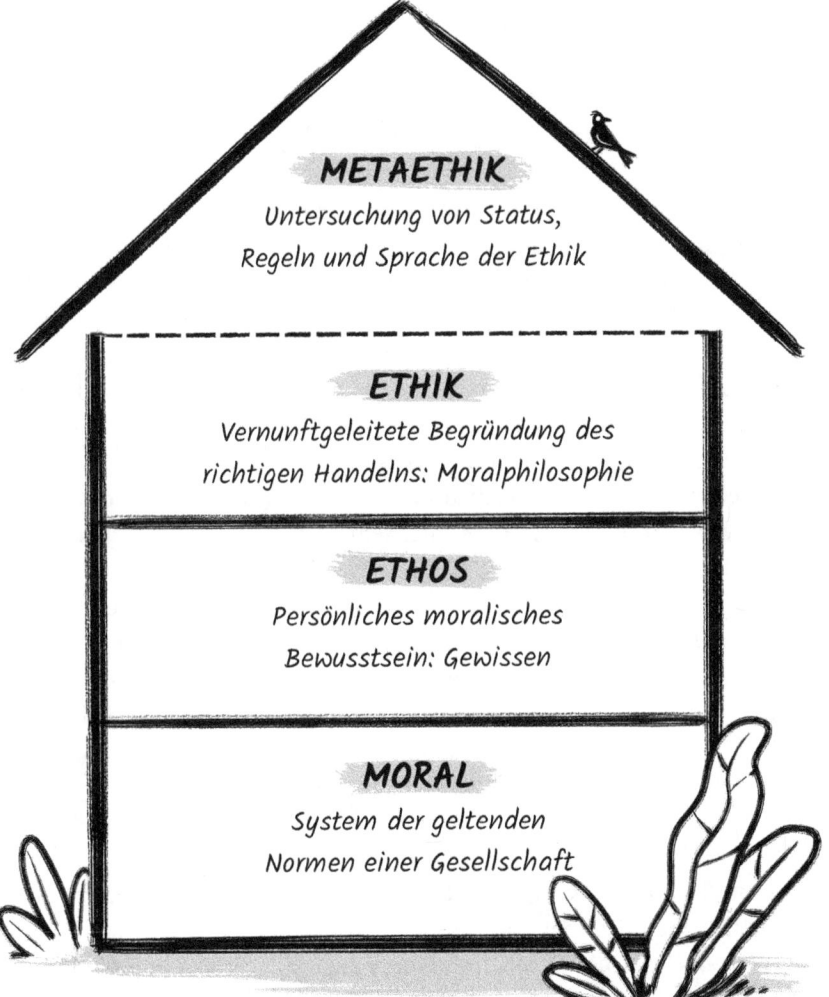

Was bringt diese Analogie? Was helfen diese Überlegungen? Eine ganze Menge:

1. Zunächst ist damit eine klare *begriffliche Abgrenzung* gewonnen, ein Konzept von Moral, Ethos, Ethik und Metaethik. Die unbekümmerte Umgangssprache, ja selbst Nietzsche werfen sie häufig zusammen. Das haben Sie gewiss auch schon erlebt: Man sucht – im zweiten Stock – die Lösung für einen Gewissenskonflikt. „Sollen wir den Mitarbeiter entlassen, der seine Leistung nicht bringt? Ist das gerecht?", fragt jemand. Schließlich arbeitet er seit zwanzig Jahren im Betrieb. Und schon kommt ein anderer mit der Bemerkung: „Ach, warum lange fackeln? Andernorts wäre er schon längst gefeuert worden." Und schon ist der Dialog aus dem zweiten Stock ins Erdgeschoss abgestürzt. Es hilft, klar zu sehen, dass es um zwei ganz unterschiedliche Fragen geht: Was ist üblich? versus: Was ist richtig?
2. Dennoch gibt es *Zusammenhänge zwischen den Konzepten,* Treppen zwischen den Stockwerken. Die verschiedenen Ebenen beeinflussen einander. Einmal von unten nach oben: Mein Gewissen ist maßgeblich geprägt von meiner Sozialisation. Die Werte und Normen, die man mir vermittelt hat, fließen ein in mein Ethos. Selbst wenn ich mich davon distanzieren kann, bleibt es von ihnen nicht unberührt. Und meine moralische Überzeugung wiederum wird auch meine Argumentation im ethischen Diskurs prägen, obwohl ich sie dort kritisch reflektieren muss. Dann aber auch von oben nach unten: Die ethische Auseinandersetzung mit mir selber und mit anderen wird sich in meiner persönlichen Überzeugung niederschlagen. Und diese wirkt sich wiederum in meinem Handeln in der Gesellschaft aus, beeinflusst also die Moral, selbst wenn ich allein meist nur wenig bewegen kann. Insgesamt aber haben wir uns in zivilisierten Gegenden in den letzten Jahrhunderten hin zu menschengerechteren Gesellschaften bewegt. Wo im Mittelalter Raubrittertum und tödliche Gewalt an der Tagesordnung waren, hat sich Rechtsstaatlichkeit etabliert. Wo vor 150 Jahren Sklaverei üblich war, ist sie heute abgeschafft. Und wo noch vor wenigen Generationen Minderheiten und sozial Schwächere bedenkenlos geplagt wurden, werden ihre Rechte heute anerkannt. Kaum denkbar, dass der ethische Diskurs im zweiten Stock dazu nicht beigetragen hat.
3. Dabei *spiegelt* die Architektur des Hauses auch die *Entstehung des Menschheitsprojekts Ethik* im geschichtlichen Ablauf. Häuser baut man ja von unten nach oben. So hat es in den prähistorischen menschlichen Gesellschaften sicherlich zunächst eine Moral gegeben, Verhaltensregeln, die

anfangs mit mythischen Vorstellungen legitimiert wurden. In der Antike dann, im ersten vorchristlichen Jahrtausend, begannen die Menschen in unterschiedlichen Kulturen die überkommenen Moralvorstellungen zu hinterfragen: die griechischen Philosophen, Konfuzius in China, Buddha in Indien. Sie fingen an, über sich selber und die richtige Lebensführung nachzudenken und sich vom alten Götterglauben zu distanzieren. Vernunftbasiertes Denken löste allmählich das mythische ab, Ethik die unreflektierte Moral. Die Metaethik wiederum deutete sich zwar in den ethischen Entwürfen bereits an, etablierte sich als bewusste Reflexion über den Status der Ethik aber erst seit Beginn des 20. Jahrhunderts. So hat die Menschheit als ganze tatsächlich das Haus der Ethik Stock für Stock errichtet. Diese Entwicklung werde ich in den Kapiteln 13 und 14 genauer ausführen.

4. Von unten nach oben zeigt das Haus der Ethik eine *zunehmende Abstraktion*. Je höher wir steigen, umso differenzierter und präziser werden die Begriffe, die eingesetzt werden, bis hin zu den logisch-sprachlichen Analysen der Metaethiker. Was die Rechtfertigung des Handelns betrifft, bilden die abstrakteren Konzepte zwar die Basis für die konkreteren Argumente. Der Begriff der „Gerechtigkeit" muss geklärt sein, will man über konkrete Gerechtigkeitsfragen diskutieren. Aber ein Haus baut man ja nicht auf dem Dachstock auf. Und insofern die *konkreteren Fragen* jeder Ebene das Denken auf der darüber liegenden erst antreiben, ruht das Haus doch auf festen Fundamenten. Das Haus macht als Metapher deutlich, was ich in diesem Buch illustrieren möchte: Ethik muss die abstrakte Begrifflichkeit stets mit konkreten und lebensrelevanten Fragen verbinden. Schafft sie diese Verlinkung nicht, bleibt sie ein intellektuelles Spiel und löst ihren Anspruch nicht ein: für Menschen da zu sein.

5. Bilder und Analogien wie die des Hauses sind in der Philosophie gefährlich, sie können die Begriffe in den Köpfen verwirren. Nur wenn die begriffliche Erläuterung das Bild begleitet, dient es der Klärung. Und hier geht es mir um *die Begriffe,* nicht um die Bilder und auch nicht um die Wörter. Die Umgangssprache unterscheidet nicht immer zwischen Moral und Ethik. Und in der englischsprachigen Ethik werden die Wörter „moral" und „ethics" manchmal bedeutungsgleich gebraucht. Worauf es aber ankommt, ist die Sache. Und hier gibt es einen klaren Unterschied.

Doch wo ist die Menschlichkeit geblieben, die dieses Buch einfordert? In welchem Stockwerk wohnt sie? Die Frage ist falsch gestellt. Denn selbstverständlich findet sich die Menschlichkeit im ganzen Haus. Es gibt sie schon im Parterre, genauso wie die Unmenschlichkeit. Moralen tragen über weite Strecken menschliche Züge: gastfreundlich sein, anderen helfen, Vater und Mutter ehren, einander anständig behandeln – wie könnte man zweifeln, dass dies menschlich ist? Aber häufig zeigen sie auch ein unmenschliches Gesicht: fürs Vaterland in den Krieg ziehen und Feinde abschlachten, Mädchen genital verstümmeln, Blutrache üben – was für unmenschliche Praktiken! Genauso gibt's menschliche und unmenschliche Haltungen im ersten Stock: Man kann sich auf sein Gewissen berufen, indem man sich derer erbarmt, die von der Gesellschaft diskriminiert werden. Aber auch indem man zu solcher Diskriminierung aufruft.

Nein, die Menschlichkeit residiert nicht in einem bestimmten Stock. Wohl aber bestimmt sie den Diskurs im zweiten. Hier geht es ja gerade darum, wie wir menschlich handeln sollen. Da gilt es zu klären, was gut und menschlich ist, sofern es sich nicht von selbst versteht. Die Ethik macht die Menschlichkeit zum Thema. Darum lässt sie sich wie gesagt als Theorie der Menschlichkeit verstehen. Was natürlich nicht ausschließt, dass sich diese selbst bereits im Erd- und im ersten Obergeschoss zeigen kann: in den Taten und den Überzeugungen der Menschen.

Der Philosoph mit dem Hammer: ein Amokläufer

Nach dieser begrifflichen Klärung will ich Nietzsches Einwände gegen Moral und Ethik aus dem 1. Kapitel wieder aufgreifen. Sie laufen auf vier Vorwürfe hinaus:

1. Moral widerspreche „den Instinkten des Lebens".
2. Sie diene den Interessen dessen, der sie propagiere.
3. Der Moralist sei verlogen, sich selber und anderen gegenüber.
4. Moral sei letzten Endes aus der Angst geboren, ein Produkt der Feigheit.

Gelingt es dem „Philosophen mit dem Hammer", wie Nietzsche sich selbst nennt, das Haus der Ethik zu zertrümmern?

Die Antwort kann nur lauten: mitnichten. Zunächst ist Nietzsche entgegenzuhalten, dass es sehr wohl einen Unterschied macht, ob seine Einwände der Moral oder der Ethik gelten. Bezieht man sie auf die erste, *ficht sie die Ethik nicht im Mindesten an*. Denn diese begibt sich ja selber in eine kritische Distanz zur Moral. Genauso haben wir sie definiert: Sie übernimmt moralische Normen nicht unbesehen, sondern überprüft sie und lässt sie nur gelten, wenn sie diesen Test bestehen. Richtet sich Nietzsches Kritik indessen bloß gegen „die" Moral, ist ihm entgegenzuhalten, dass er auch hier unterscheiden müsste. Stattdessen *verallgemeinert* er bedenkenlos: Jede bis heute vertretene Moral widerspricht der Natur, alle bisherigen Moralisten sind interessengeleitete Lügner und Feiglinge. Solche begriffliche Grobschlächtigkeit stimmt skeptisch und macht Nietzsche als Denker suspekt.

Sodann fällt auf, dass seine Vorwürfe, abgesehen vom ersten, gar nicht direkt auf die Moral abzielen, sondern auf die *Moralisten*. Es sind, wie die Rhetorik sagen würde, argumenta ad personam, keine argumenta ad rem: Einwürfe, die bloß die Person betreffen, nicht die Sache. Die Gräuel allein, die Christen verübt haben, machen noch nicht das Christentum obsolet; dass sich der „real existierende Sozialismus" als Sackgasse erwies, diskreditiert noch keineswegs die Argumente, die Karl Marx entwickelt hat.

Wenn Nietzsche die „Moralisten" attackiert, muss man fragen, wen er damit eigentlich meint. Wo halten diese Moralisten sich auf: im Erdgeschoss oder im zweiten Stock? Offensichtlich zielt er auf die Apologeten einer geltenden Moral ab. Sie verschreiben sich dieser ohne Bedenken – bleiben also im Parterre – und stellen doch Sollenssätze, also Normen, auf – wie im zweiten Stock. Dies allerdings blind und ohne das zu leisten, was die Ethik fordert: Begründungen zu finden dafür, warum Menschen so oder anders handeln sollen. Also ohne Legitimation. Auch wenn es solche Zwitterwesen, die mit ethischem Nimbus bloß die herrschende Moral einfordern, tatsächlich geben mag: Einen ernst zu nehmenden Einwand gegen das Projekt der Ethik stellen sie nicht dar.

In zwei Punkten allerdings ist Nietzsche Recht zu geben. Einmal eben darin, dass es solche „Moralisten" tatsächlich gibt. Vielleicht kennen Sie welche in Ihrem Umfeld. Sie durchziehen in großer Zahl die Romane, Dramen und Filme der Literaturgeschichte. Ein Beispiel nur zur Illustration: Der Film „Wie im Himmel" des schwedischen Regisseurs Kay Pollak erzählt auf berührende Weise, wie ein berühmter Dirigent nach einem Herzinfarkt zur Erholung in ein gottverlassenes Dorf geschickt wird und den dortigen Kirchenchor wieder zum Leben erweckt. Die Musik führt die resignierten, halb depressiven Dorfbewohner nach und nach aus ihrer Lethargie und ihren trübseligen Lebensverhältnissen heraus. Unter denen, die dem neuen Leben mit Argwohn begegnen, ist der Dorfpastor Stig, der seiner Frau die Freude am Singen mit ständigen moralischen Vorhaltungen austreiben will, bis sie ihm schließlich die Pornohefte vor die Füße wirft, die er irgendwo versteckt hat, und ihn mit seiner Verlogenheit konfrontiert. Solche Menschen gibt es. Sie predigen Wasser und trinken Wein, sie moralisieren und belügen dabei sich selbst. Sie durchgeistern die Dramen Ibsens, die Romane Fontanes und überhaupt große Teile der Literatur. Und sie entsprechen recht genau dem Feindbild Nietzsches. – Nur dass sie, wie gesagt, kein Argument gegen die Ethik sind.

Und der zweite Punkt, bei dem ich Nietzsche beipflichten würde, steckt in seinem ersten Einwurf. Tatsächlich widerspricht die Ethik da und dort „den Instinkten des Lebens". Biologisch gesehen, sind Instinkte genetisch vererbte Verhaltensmuster. Sie dienen letztlich dem Überleben. Darwin hat den „struggle for life", das „survival of the fittest" eindrücklich dargestellt. Dies heißt im Kern: rücksichtsloser Kampf und Überleben des Stärkeren. Ethik, verstanden als Rücksichtnahme auf den anderen, setzt diesem blinden „Instinkt" ein anderes Prinzip entgegen. Allerdings sollte man dies nicht beklagen wie Nietzsche, sondern begrüßen. Darin liegt ja etwas spezifisch Menschliches: dass wir unseren Instinkten nicht ausgeliefert sind, sondern ihnen etwas entgegenstellen können.

Gewiss, Nietzsche vermag durch seine Radikalität, seinen Mut, die sprachliche Gewalt und die Bildkraft seiner Werke noch heute zu faszinieren. Sein Amoklauf gegen Moral und Ethik löst sich aber in Luft auf, sobald man dessen argumentativen Gehalt unter die Lupe nimmt. Auch wenn man nicht unbedingt so weit gehen muss wie der Philosoph Karl Popper, der Nietzsche „einen armen Teufel" nannte und lakonisch feststellte: „Seine Werke habe ich aufmerksam gelesen. Es ist nichts drin." (Saltzwedel 2000).

Sie haben schon verstanden: Damit will ich nicht einen Philosophen aus dem 19. Jahrhundert erledigen. Es geht mir mehr um heutige Moralkritiker, die nicht selten dieselben Vorwürfe gegen Moral und Ethik vorbringen wie Nietzsche. Sie müssen es sich gefallen lassen, dass man ihre Vorhaltungen genauer unter die Lupe nimmt, um dann festzustellen, dass sie dieser Analyse kaum standhalten.

3

Ein Kompass im Meer der Brutalität

Schön und gut, denken Sie vielleicht, es ist jetzt klar, was Ethik ist. Aber was nützt das Treiben in den geweihten Räumen des zweiten Obergeschosses? Was bringen die hehren ethischen Gedanken der Welt? Was vermag Ethik überhaupt angesichts der unermesslichen Gewalt, die Menschen einander antun?

Führt nicht die unbeschreiblich brutale Wirklichkeit – von den zahllosen Kriegen über die unendlichen Verbrechen bis hin zur alltäglichen Gewalt und egozentrischen Skrupellosigkeit in unserer unmittelbaren Umgebung – die Ethik von selbst ad absurdum? Sie hat all das nicht verhindern können. Macht sich nicht lächerlich, wer angesichts einer solchen Welt auf Ethik pocht? Das Argument des Realisten, der dem Ethiker Blauäugigkeit attestiert, ist nicht einfach so von der Hand zu weisen. Ich will ihm in diesem Kapitel nachgehen und mich dabei auf einen Autor berufen, der das Ausmaß der Gewalt in der Menschheitsgeschichte so eindrücklich darstellt wie kaum ein anderer.

Der Rückgang der Gewalt

Gewalt und Unmenschlichkeit gehören zusammen. Und das Ausmaß, in dem wir jene einzudämmen vermögen, zeigt unsere Menschlichkeit an. Der Soziologe Steven Pinker stellt in seiner umfangreichen Studie „Gewalt. Eine andere Geschichte der Menschheit" die erstaunliche These auf, die Gewalt sei in der Menschheitsgeschichte massiv zurückgegangen. Ja, mehr noch, nie hätten die Menschen in einer Zeit gelebt, in der es so wenig Gewalt gegeben hat. Um diese Behauptung zu belegen, trägt der Autor auf rund 1000 Seiten eine eindrückliche Menge an Zahlen und Fakten zusammen. Diese sollen sechs Trends untermauern, die Pinkers Hauptaussage unterstreichen:

1. Zahlreiche Quellen aus der Antike und dem Mittelalter – vom Alten Testament über Homers Werke, Texte aus dem Römischen Reich bis zu den mittelalterlichen Dokumenten – belegen, wie überwältigend gewalttätig die Menschen jener Epochen waren. Erst dem Übergang vom quasi vorstaatlichen Zustand in Antike und Mittelalter zu den neuzeitlichen Staaten verdanken wir einen eigentlichen *„Befriedungsprozess"*.
2. Seit rund 500 Jahren erleben wir in Europa einen *„Prozess der Zivilisation"*, mit dem die Verbrechen, aber auch die Hinrichtungen und die alltägliche Gewalt zwischen den Menschen massiv zurückgingen. So sank etwa die Mordrate in den letzten paar Jahrhunderten gegenüber früher auf rund einen Zehntel.
3. Die *„humanitäre Revolution"* dämmte einerseits Sklaverei, Folter, Menschenopfer, Hexenverbrennungen und andere Gräueltaten aus Aberglauben massiv ein. Andererseits verhalf sie den Menschenrechten und den Rechten für Minderheiten immer mehr zum Durchbruch. Während vorher etwa Folterexzesse oft in aller Öffentlichkeit regelrecht zelebriert wurden, galt dies mit dem Aufkommen humanistischen Denkens mehr und mehr als unmenschlich.
4. Entgegen der landläufigen Meinung war das 20. Jahrhundert nicht das blutigste in der Geschichte. Die beiden Weltkriege markieren nicht die schrecklichsten Gewaltexzesse, wie Pinker nachweist, indem er die Opferzahlen mit denen anderer historischer Großereignisse vergleicht. Vielmehr ist der *„lange Friede"* seit der Mitte des 20. Jahrhunderts einzigartig in der Menschheitsgeschichte: Noch nie haben die tonangebenden Mächte der Erde derart lange keinen direkten Krieg gegeneinander geführt. Pinker belegt mit umfangreichem Zahlenmaterial, dass sich auch die Gesamtzahl aller Kriegsopfer in den letzten Generationen deutlich reduziert hat.
5. Dank des *„neuen Friedens"* – der den Zustand innerhalb der Staaten, nicht nur den zwischen ihnen bezeichnet – haben auch Bürgerkriege, Völkermorde und Terrorismus insgesamt weniger Opfer gefordert als in früheren Jahrhunderten.
6. Und schließlich hat die *„Revolution der Rechte"* dazu geführt, dass Schritt für Schritt auch einzelne Bevölkerungsgruppen vor staatlicher und nichtstaatlicher Willkürgewalt immer besser geschützt wurden: zuerst der dritte Stand insgesamt, also die Staatsbürger, dann auch diskriminierte Gruppen aller Art, Frauen, Kinder, Homosexuelle und Tiere.

Pinkers Buch liest sich allerdings nicht einfach als Illustration seiner These vom Rückgang der Gewalt. Das dominierende Leseerlebnis bleibt vielmehr die überwältigende Flut von Brutalität, Grausamkeit und blinder Gewalt, welche die Geschichte der Menschheit wie ein blutiger Fluss durchzieht. Es ist phasenweise kaum auszuhalten, wenn Pinker breit gefächert schildert, mit welcher Bestialität Menschen anderen Menschen Böses antun, und das in allen Zeiten und Kulturen.

Pinkers These, die Gewalt gehe fortwährend zurück, mag zwar stimmen. Dass er sie so formuliert, ist auch seinem unverbesserlichen Optimismus geschuldet. Angesichts des exorbitanten Ausmaßes an Verfolgung, Unterdrückung, Gewalttätigkeit und Bestialität, das wir Heutigen täglich erleben, könnte man sie genauso gut umformulieren und sagen: Dann muss es früher noch viel grässlicher gewesen sein. Die Gewalt, die Menschen anderen angetan haben, geht über jedes Vorstellungsvermögen. Und tatsächlich bestätigt das Buch diese Version nachdrücklich.

Was bedeutet das für die Ethik? Zunächst einmal hat sie all das nicht verhindern können. Selbst wenn sich die Gewalt in langfristiger Perspektive reduziert hat, bleibt sie nach wie vor so immens, dass die Ethik ganz einfach auf verlorenem Posten scheint. So wenig hat sie vermocht, obschon sie ihre Stimme seit zweieinhalb Jahrtausenden erhebt. Daran könnte jeder, der sie hochalten möchte, verzweifeln. Ganz zu schweigen davon, dass Pinker nur die Gewalt untersucht und von anderen Niederträchtigkeiten schweigt: von Lug und Betrug, von Ausgrenzung und Beleidigung, von Korruption und menschlicher Gleichgültigkeit. Auch davon sehen wir jeden Tag mehr als genug.

Doch ist dieser Vorwurf gegenüber der Ethik berechtigt? Meine Antwort lautet: mitnichten. Die Sache liegt vielmehr genau umgekehrt. In Wahrheit hat gerade die Ethik maßgeblich dazu beigetragen, die antike und mittelalterliche Gewalt in der Neuzeit einzudämmen.

Der Beitrag der Ethik

So argumentiert Pinker, wenn man der gedanklichen Linie seiner monumentalen Darstellung folgt, tatsächlich. Vier seiner sechs Trends bringen offensichtlich genuin ethische Anliegen auf den Punkt: die Rücksichtnahme auf andere, das Bestreben nach Fairness und einer menschenwürdigen Behandlung aller Individuen:

1. Die neuzeitliche Staatenbildung, die Pinker den *„Befriedungsprozess"* nennt, korreliert auffällig mit dem Rückgang der Gewalt in der Neuzeit. Dazu gehören Rechtsstaatlichkeit, die vertragliche Begründung des Staates in einer Verfassung, die Mitbestimmung breiter Bevölkerungsschichten, die Gewaltenteilung, die Souveränität des Volkes.
2. Der Prozess der *„Zivilisation"* meint unter anderem einen anständigen, „höflicheren" Umgang miteinander, faire und verlässliche wirtschaftliche Tauschbeziehungen, stabile Regelungen im länderübergreifenden Handel, Lösung von Differenzen auf geordneten und gesetzlichen Wegen statt mit Gewalt.
3. Zur *„humanitären Revolution"* zählt Pinker die Abschaffung von Folter, Menschenopfern, Hexenverbrennungen und anderer abergläubischer Exzesse.
4. Unter dem Stichwort *„Revolution der Rechte"* beschreibt der Autor, wie die westlichen Gesellschaften in den letzten zweihundert Jahren immer mehr Minderheiten und schwächeren Gruppen gleiche Rechte zuerkannt haben.

Als vorsichtiger Wissenschaftler spricht Pinker von „Trends". Das sind Entwicklungstendenzen, Linien, welche die Richtung des historischen Ablaufs nachzeichnen. Sie bedeuten noch keine Kausalitäten. Trotzdem könnte man fragen: Sind Pinkers „Trends" Ursachen für den Rückgang der Gewalt? Oder zugespitzt: Hat die Ethik die Gewalt eingedämmt?

Die Frage verleitet dazu, die Antwort auf einem falschen Weg zu suchen. Es geht nämlich nicht darum, Kausalitäten im Einzelnen nachzuweisen. Also nicht darum, zu zeigen, dass irgendein ethisches Argument im zweiten Stock irgendwann bewirkt hat, dass irgendeine gesellschaftliche Gruppe eine ethische Norm umgesetzt hat. Es ist vielmehr so, dass die Entwicklung hin zu weniger Gewalt gar nicht denkbar ist ohne Ethik.

Dass die Gesellschaften die Gewalt allmählich reduzierten, ist auf den ersten Blick ein bloß moralisches Phänomen, eine Entwicklung im Erdgeschoss. Diese ist aber kaum denkbar, ohne dass sie begleitet und unterstützt wurde von einer entsprechenden Wandlung im ersten und zweiten Stockwerk. Die neuen Überzeugungen mussten ins Bewusstsein der Menschen dringen. Die Selbstverständlichkeit von Grausamkeit und Gewalt musste aus ihren Köpfen weichen. Ihr Ethos musste sich wandeln. Und das ging nicht ohne Reflexion, ohne dass Menschen neue Normen und Werte bedachten, sich mit ihnen auseinandersetzten, Argumente abwägten, Einsichten gewannen, jeder für sich selber oder mehrere im Gespräch miteinander. Es ging nicht ohne Ethik, den Prozess im zweiten Stock.

Dazu zwei Beispiele. Das eine stammt von Pinker selber, der im Kapitel „Die Humanitäre Revolution" eine Episode aus dem 17. Jahrhundert erzählt (217): Der Herzog von Braunschweig, schockiert von einem Bericht über die Foltermethoden seiner Jesuiten in den Hexenprozessen, stieg mit zwei von ihnen in den Folterkeller. Dort fragte er die Frau auf der Folterbank, ob nicht die beiden Jesuiten selber mit ihr im Bunde steckten. Gleichzeitig bemerkte er: „Henker, noch eine Drehung der Bank." Aus Panik vor der nächsten Qual beschuldigte die Frau sofort die beiden Jesuiten. Worauf der Herzog diese fragte: „Soll ich euch auf die Folter spannen, bis ihr gesteht, meine Freunde?" Einer der Jesuiten war so beeindruckt, dass er später selber ein Buch gegen die Hexenverfolgung schrieb.

So drastisch auch des Herzogs Methode erscheint, das Beispiel illustriert die Rolle, welche Ethos und Ethik spielen, wenn die Moral sich ändert. Offensichtlich hat sich das Ethos des Herzogs von der gängigen Moral, der Folter nämlich, distanziert, aus Empathie für die Opfer. Er steigt mental sogar in den zweiten Stock, ist sich bewusst, dass Handlungen inakzeptabel sind, wenn sie das Reziprozitätsprinzip verletzen. Genau dieses Prinzip „verdeutlicht" er den Jesuiten, indem er sie zum Rollentausch nötigt. Zwar führt der Herzog hier keine besonders feine argumentative Klinge, die Episode illustriert aber: Ein Wandel der Moral schließt ein, dass sich auch das moralische Bewusstsein ändert, das Ethos. Und damit ist eine reflexiv gewonnene Einsicht verbunden, eine ethische.

Das zweite Beispiel: Fast alles, was wir heute der Rechtsstaatlichkeit und der Demokratie zuordnen, haben Philosophen des 17. bis 19. Jahrhunderts zum ersten Mal formuliert und eingefordert: Staatsvertrag, Gewaltenteilung, Stimm- und Wahlrecht, Souveränität des Volkes und so weiter. Man rechnet diese Denker – Thomas Hobbes, John Locke, Jean-Jacques Rousseau, Immanuel Kant und viele andere – zwar eher der politischen Philosophie zu. Doch sie argumentieren oft ethisch, ihre Gedanken sind vielfach im zweiten Stock angesiedelt. Wären diese Ideen nicht irgendwann formuliert, diskutiert und postuliert worden, auf der ethischen Ebene, hätte sich die gesellschaftliche Realität, die Moral, nicht verändert.

Kein Mensch, der sich in ernsthafter Absicht in den zweiten Stock begibt, wird nämlich bestreiten, dass Gewalt zu verurteilen ist, dass Frieden besser als Krieg ist, dass allen Menschen gleiche Rechte zugestanden werden sollten, dass Lug und Betrug unethisch sind. Pinkers „Trends" *sind* ethische Trends. Er beschreibt nichts anderes als eine Entwicklung hin zu mehr Ethik. Und gleichzeitig natürlich: hin zu mehr Menschlichkeit.

Pinker bestätigt diesen Stellenwert der Ethik im letzten Teil seines Buches. Dieses trägt im englischen Original den Titel „The Better Angels of our Nature". Diesen besseren Engeln, die Gewalt eindämmen können, widmet sich Pinker gegen Schluss seines Werkes. Konsequenterweise zählt er zu ihnen denn auch ethische Elemente – Empathie, Selbstbeherrschung, Moralgefühl und Vernunft. Gewiss, man kann beklagen, dass Ethik in der Geschichte der Menschheit nicht mehr vermocht hat. Angemessener erscheint mir persönlich aber die optimistische Beurteilung: Immerhin gehört die Ethik zu den wesentlichen Treibern einer humaneren Welt. Immerhin hat sie dazu beigetragen, Gewalt und Unmenschlichkeit in den letzten Jahrhunderten massiv zu reduzieren. Daran sollten wir uns halten, statt ihre Ohnmacht zu beklagen.

Insgesamt überzeugt also der Einwand gegen die Ethik, sie sei chancenlos gegen das Übermaß an Gewalt und Schändlichkeiten, nicht sonderlich. Pinkers groß angelegte Darstellung der Gewalt in der Menschheitsgeschichte läuft vielmehr auf ein eindrückliches Plädoyer für die Ethik hinaus. Mag sein, dass nicht sie allein die Gewalt zurückgedrängt hat. Aber ganz sicher hat sie einen entscheidenden Beitrag dazu geleistet. Auf sie müssen wir setzen, wenn uns etwas daran liegt, dass wir nicht in blutige Zeiten zurückfallen und stattdessen unsere Welt immer gewaltfreier, menschlicher gestalten wollen. Ohne jeden Zweifel.

4

Ethik – der Standpunkt von Leadern

Die Metapher vom Haus der Ethik verdeutlicht, was Ethik bedeutet: das Gespräch darüber, wie wir mit anderen Menschen umgehen sollen, den Diskurs im zweiten Stock, das Bemühen zu begründen, welches Handeln vertretbar ist. Doch wo steht das Haus der Ethik eigentlich? Wie lässt sie sich von anderen Lebensbereichen wie Wirtschaft, Politik, Wissenschaft oder Technik abgrenzen? Wann sollen wir deren Regeln folgen und wann ethischen? Kurz, wann müssen wir in den zweiten Stock steigen?

Dass die zwischenmenschliche Gewalt den Prototyp unethischen Verhaltens darstellt, ist klar. Unsere Menschlichkeit bemisst sich daran, wie weit wir auf sie verzichten können. Doch ebenso offenkundig gehören viele weitere Themen in den zweiten Stock: aufrichtig kommunizieren oder lügen, mit anderen kooperieren oder sie ausnützen, anders Denkende und anders Fühlende leben lassen oder sie diskriminieren, einander Gutes antun oder Schlechtes und so weiter. Wo sollen überhaupt ethische Überlegungen eine Rolle spielen?

Die Antwort ist einfach: überall, wo Menschen miteinander interagieren. Ich will diese These auf den folgenden Seiten entfalten und Ihnen, liebe Leserin, lieber Leser, aufzeigen, dass wir uns permanent der Ethik stellen müssen – außer wenn wir allein durch eine einsame Landschaft wandern oder am Abend einsam am Kaminfeuer sitzen.

26. Juni 2019

Ich greife einen x-beliebigen Tag heraus, zum Beispiel diesen 26. Juni 2019, an dem ich dieses Kapitel zu schreiben anfange, und blättere meine Hauszeitung durch (Tages-Anzeiger). Geht es hier um Ethik?

Die Schlagzeile auf der Titelseite ist einem Schweizer Chefbeamten gewidmet, der kurz vor seinem Wechsel ins Präsidium eines großen nationalen Verbandes dem neuen Arbeitgeber vertrauliche Informationen über Interna einer parlamentarischen Kommission zukommen ließ, um diesem ein entsprechendes Lobbying zu ermöglichen. Da der Mailverkehr öffentlich wurde, droht dem Beamten nun eine Klage wegen Amtsgeheimnisverletzung. Was hat das mit Ethik zu tun? Der Fall, obwohl anscheinend auf der juristischen Ebene angesiedelt, also im Erdgeschoss, betrifft eine wichtige ethische Frage. Menschen haben als Träger einer Funktion immer auch Einsicht in Informationen, die mit gutem Grund als vertraulich gelten. Auf der anderen Seite lässt sich ein solcher Wissensvorsprung leicht zum persönlichen Vorteil nutzen oder zur Begünstigung von Gruppierungen, die mir selber nahe stehen. Ob man der Verlockung nachgibt, vielleicht auch nur in der juristischen Grauzone, ist eine Frage des persönlichen Ethos und der eigenen ethischen Prinzipien.

Ebenfalls auf der Titelseite wird darüber berichtet, dass an der Südgrenze der USA Hunderte von Migrantenkindern von ihren Eltern getrennt, in Lager gesteckt und unter „besorgniserregenden" Umständen festgehalten werden: Sie müssen auf dem Betonboden schlafen und erhalten kaum Nahrung und Wasser. Die Flüchtlingsproblematik, die natürlich uns Europäer ebenso betrifft wie die USA, ist eine fundamental ethische Frage. Auf der einen Seite haben die Migranten Rechte und in vielen Fällen auch höchst dringliche Gründe, ihre Heimat zu verlassen. Auf der anderen ist kein Staat verpflichtet, sämtliche Menschen aufzunehmen, die einwandern wollen. Wie sollen die konfligierenden Interessen gegeneinander abgewogen werden? Wann haben welche Vorrang? Und wie ist mit den Menschen umzugehen, denen der Zutritt verweigert wird, zumal mit wehrlosen Kindern?

Weiter hinten knüpft ein Artikel an den Frauenstreik an, der vor Kurzem die Schweiz bewegt hat. „Lohnunterschied zwischen Männern und Frauen bleibt drastisch" heißt es hier, und der Text unterstreicht den Titel mit einer Reihe von Zahlen. Natürlich geht es nicht einfach um diese, sondern um die zentrale Frage der Gerechtigkeit, mit der sich Philosophen und Ethiker seit der Antike befassen. Kein Zweifel, in fast allen Zeiten und Kulturen lag die Macht in Männerhänden, wurden Frauen unterdrückt und kleingehalten. Kein Zweifel, dass es längst an der Zeit ist, diese Ungerechtigkeit zu beseitigen. Nur, wie kann man Geschlechter-Gerechtigkeit herstellen? Schließt sie automatisch Gleichheit ein? Was bedeutet Gerechtigkeit überhaupt? Die Begriffsdefinition ist, will man sich nicht auf ein subjektives Gerechtigkeits*gefühl* verlassen, eine eminent ethische Frage, gemacht für den zweiten Stock.

Dann ist vom „Ökoterrorismus" die Rede. Mit diesem Schlagwort sagt eine große Partei „der links-grünen Klimapolitik den Kampf an". Da geht es um Verantwortung, ebenfalls ein ethisches Konzept. Die Verantwortung für eine intakte Erde, die wir unseren Kindern und Enkeln gegenüber tragen. Die Verantwortung, dafür entsprechende Maßnahmen zu treffen und unser Verhalten zu ändern. Aber auch die Verantwortung der Politiker der Wahrheit gegenüber, die auch darin besteht, nicht durch eine verzerrte Darstellung die Rettung des Planeten zu hintertreiben.

Der Wirtschaftsteil der Zeitung berichtet von der Ausfuhr chemischer Stoffe nach Syrien, die sowohl für Medikamente wie auch für die Herstellung von Chemiewaffen verwendet werden können. Die Schweizer Unternehmen, die den Stoff hergestellt und ausgeliefert haben, behaupten, Syrien habe ihn für Ersteres gebraucht. Aber Dokumente lassen diese Rechtfertigung zweifelhaft erscheinen, und das syrische Regime hat seine Bevölkerung nachweislich mit chemischen Waffen malträtiert. Natürlich steht nicht nur der Täter auf dem ethischen Prüfstand, sondern auch wer Beihilfe leistet. Der Export von Gütern, die für Waffen eingesetzt werden können, führt darum sofort ins Zentrum der Ethik: Welche Waren sollen unter welchen Bedingungen geliefert werden dürfen? Dass viele Unternehmen sich mit dem Argument rechtfertigen, sie hätten die gesetzlichen Bestimmungen eingehalten, die ja im Erdgeschoss geschrieben werden, reicht nicht. Es gibt Beispiele genug, wo westliche Länder völlig legal in Drittweltstaaten Waffen geliefert haben, mit denen die Zivilbevölkerung massakriert wurde.

Im Sportteil kündigt eine kurze Meldung die Rückkehr des brasilianischen Fußballstars Neymar von Paris St. Germain zum FC Barcelona an und ergänzt, dort werde er wohl weniger verdienen. Der Sport und das Geld, auch das betrifft die Ethik, zumindest wo zweistellige Millionensaläre und Ablösesummen in dreistelliger Millionenhöhe bezahlt werden wie bei Neymar. Wie weit soll das große Geld den Sport bestimmen? Wo liegt die Grenze zum Menschenhandel? Der Philosoph Michael Sandel stellt die Frage in seinem Buch „Was man mit Geld nicht kaufen kann". Sie berührt die menschliche Würde und die Rechte von Individuen und gehört darum gleichfalls in den zweiten Stock.

Die Reihe ließe sich beliebig fortsetzen. Das ist Politik, Wirtschaft, Sport, mögen Sie sagen. Sicher. Doch worauf es mir ankommt, ist der Nachweis, dass in all diesen Sphären immer auch eminent ethische Fragen berührt sind. Obwohl es um konkrete Einzelfälle geht, betreffen die Probleme immer auch ethische Grundfragen, ethische Prinzipien und Entscheidungen. Gewiss, die Journalisten berichten und kommentieren nicht immer aus dem zweiten Stock. Die Ereignisse und Handlungen aber, um die es geht, enthalten fast immer auch eine ethische Dimension.

Und Sie?

Schön und gut, sagen Sie vielleicht, das ist die Welt der Politik und Wirtschaft. Was hat das mit mir zu tun? Aber aufgepasst, da kann man sich leicht täuschen. Tatsächlich haben all die Fragen auch mit uns zu tun. Lassen Sie mich das an meinem eigenen Beispiel erläutern. Ich bin selber Akteur im Staat, dem ich zugehöre, in der Schweiz. Ich wähle seine Vertreter mit, die dann unsere Politik leiten. Ich stimme über Sachfragen ab. Auch wenn ich nur einer von vielen bin, trage ich zu dem Prozess bei, der sich aus der Summe aller Einzelentscheidungen an der Urne ergibt. Ich habe auch die Wahl, mich selber politisch zu betätigen, in einer Partei oder außerhalb, mich für ein Amt zu bewerben oder mich in der schweigenden Mehrheit zu verstecken, an Demonstrationen teilzunehmen oder nicht.

Darüber hinaus bin ich aber auch selber vor ähnliche Entscheidungen gestellt wie die Politiker oder Wirtschaftsführer. Auch ich habe Funktionen übernommen, in denen ich über vertrauliche Informationen verfüge, als Ausbilder von Führungskräften oder als Berater in Unternehmen. Behalte ich sie für mich oder streue ich sie bei Gelegenheit ein, vielleicht auch nur, um damit zu renommieren? Auch ich muss mit Männern und Frauen umgehen. Behandle ich sie mit demselben Respekt oder fließt da und dort eine kleine Bevorzugung meines eigenen Geschlechts ein? Auch ich habe mich dem Klimawandel zu stellen: Wieviel Energie verbrauche ich? Wie bewege ich mich fort: im Auto oder mit dem Zug? Fliege ich in die Ferien oder fahre ich im Zug? Welche Produkte kaufe ich im Supermarkt? Wie ernähre ich mich? Ich entscheide auch, ob ich direkt oder indirekt das heutige Megageschäft Sport unterstütze, und sei es nur als Fernsehzuschauer von Championsleague-Spielen.

Selbstverständlich geht die Reihe der Beispiele weiter, hinein in die Bereiche, welche die heutige Zeitung aus purem Zufall nicht angeschnitten hat: Wie gehe ich mit all den Menschen um, die mir täglich über den Weg laufen? Wie behandle ich im Beruf Mitarbeitende, Kolleginnen, Kunden? Stelle ich mich an der Fleischbank im Supermarkt geduldig wartend an, bis ich an der Reihe bin, oder dränge ich mich vor? Ja, esse ich überhaupt Fleisch oder verzichte ich darauf, weil ich die Massentierhaltung boykottieren und die Umwelt entlasten will? Lasse ich meinen Verpackungsabfall im Einkaufswagen liegen, damit mein Nachfolger ihn entsorgt? Und so weiter.

Und Sie? Sind auch Sie fortwährend mit ethischen Fragen konfrontiert und vor ethische Entscheidungen gestellt wie ich? Die Frage ist müßig. Wir Menschen sind soziale Wesen, bewegen uns in hochkomplexen, miteinander verwobenen gesellschaftlichen Gruppen, interagieren fortwährend, direkt und indirekt, und entscheiden darum auch permanent, wie wir unsere Mitmenschen behandeln. Wir können die Interaktion mit anderen gar nicht vermeiden. Wir können nicht *nicht* mit ihnen umgehen. Und darum geben wir unentwegt Antworten auf die Frage, die sich mit meiner ersten Ethik-Definition stellt: Nimmst du auf deine Mitmenschen Rücksicht oder nicht? Fortwährend handeln wir auch in der ethischen Dimension.

Darum ist Ethik nicht ein weiteres Handlungsfeld neben dem politischen, beruflichen, sportlichen. Es gibt auch keine Sonntags- oder Freizeitethik. Wer glaubt, er könne im Geschäft auf anderen herumtrampeln, um dies zu Hause mit liebevoller Fürsorglichkeit zu kompensieren, täuscht sich selber. Wer sich im Beruf um Ethik foutiert, weil er ja den WWF und Médecins sans Frontières großzügig mit Spenden bedient, macht sich selber etwas vor.

Ethik ist vielmehr *verwoben mit all unseren zwischenmenschlichen Aktivitäten*. Wir handeln permanent ethisch. Damit ist natürlich nicht gemeint, dass wir permanent den ethischen Standards entsprechen. Aber unser gesellschaftliches Handeln fällt immer schon in die Kategorie, über die ethisch geurteilt werden kann. Es muss permanent einer Überprüfung, einer Legitimation standhalten, wie sie im zweiten Stock geschieht. Ethik tritt *nicht neben* andere Orientierungen, wie etwa die wirtschaftliche oder die politische, sondern sie eröffnet eine zusätzliche Dimension unseres Handelns *in allen Aktionsfeldern*. Das Haus der Ethik steht überall.

Das Verantwortungsdreieck

Das lässt sich auch mit dem Begriff der Verantwortung verdeutlichen. Ursprünglich stammt er aus der Sprache des Rechts. Verantwortlich für seine Tat ist der Angeklagte vor dem Richter. Die Etymologie weist darauf hin: Er muss dem Richter antworten. Und zwar auf die Fragen, die ihm dieser zur

Tat stellt. Philosophisch gesprochen: Verantwortung meint eine dreistellige Relation. *Jemand* ist *vor jemandem* verantwortlich *für etwas.*

Das Verantwortungsdreieck gilt auch für die Ethik, die den juristischen Begriff übernommen hat. Aber sie verallgemeinert die drei Instanzen. Verantwortungsträger ist nicht bloß ein Täter im rechtlichen Sinn, sondern jeder Mensch. Verantwortung trägt er nicht nur für eine einzelne Tat, sondern für all sein Handeln. Das ist ja das Fazit der Überlegungen in diesem Abschnitt. Die dritte Instanz könnte sein eigenes Gewissen sein, sein Ethos. Nur ist dies leider subjektiv und oft eine trügerische Orientierung. Die Sphäre der Ethik fängt erst da an, wo dieses subjektive moralische Bewusstsein sich der intersubjektiven Überprüfung unterzieht, also im zweiten Stock. Hier, in der Ethik, geht es ja gerade um Rechtfertigung, um argumentativ untermauerte Legitimation. An die Stelle des Richters tritt darum der ethische Diskurs.

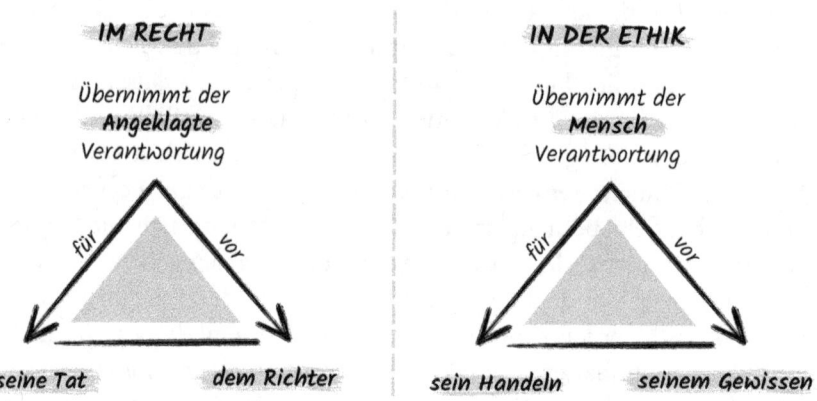

Verantwortlich sind wir Menschen also für alles, was wir tun. Für jede einzelne Handlung. Ein gewaltiger Anspruch, werden Sie denken. Wer kann dem schon gerecht werden? Wer kann sein ganzes Tun und Lassen so gestalten, dass es allen ethischen Maßstäben genügt?

Ganz konkret: Sind Sie verantwortlich für die finanziellen Nöte ihrer Nachbarin? Sie könnten ihr gewiss mit einem Beitrag unter die Arme greifen. Für den Jobverlust Ihres entfernten Bekannten? Sie haben sicherlich noch nicht alle Ihre Verbindungen spielen lassen, um ihm zu einen neuen zu verhelfen. Für die Kinder, deren Billigarbeit Sie Ihre Nike-Schuhe verdanken? Sie haben wohl kaum seriös genug evaluiert, welche Sportschuhe ethisch am ehesten vertretbar wären? Für die Menschenrechtsverletzungen in China? Sie könnten ja auf Produkte aus diesem Land verzichten. Für das Leiden der Tiere, deren Fleisch Sie essen? Sie sollten Vegetarierin werden.

Natürlich kann niemand einem solchen Anspruch genügen. „Alles, was geschieht, geht dich an", heißt es in einem Hörspiel von Günter Eich. Das ist wahr und stürzt uns zugleich in eine praktische Unmöglichkeit. Unser Handeln ist derart vielfältig vernetzt, dass wir gelähmt wären, müssten wir jede einzelne Entscheidung erst einem ethischen Check unterziehen. Wir könnten uns in unserer multikomplexen Welt kaum mehr bewegen, wollten wir fortwährend in den zweiten Stock steigen. Ganz zu schweigen davon, dass ethische Bedenken für gegensätzliche Optionen vorliegen und uns ins Dilemma stürzen: Es gibt sehr oft nur schlechte Alternativen.

Der Anspruch ist übermenschlich, und es stellt ihn auch niemand, außer vielleicht die Moralisten, von denen im Zusammenhang mit Nietzsche die Rede war. Vielmehr geht es in der Ethik sehr häufig um Ermessensentscheide. Sie müssen abwägen und mit möglichst guten Gründen entscheiden. Es gibt – neben der grundsätzlichen Verpflichtung für Ihr ganzes Handeln – auch entlastende Kriterien. Zum Beispiel folgende:

Ihre Ohnmacht: Wo Sie gegen eine übermächtige Instanz ankämpfen müssten, sind Sie von der Verpflichtung befreit. Sie können den Krieg in Oman kaum unterbinden. Die große Zahl: Es gibt Millionen von notleidenden Menschen in aller Welt. Nicht allen können Sie helfen. Die Ferne: Einem Menschen weit weg sind Sie nicht gleichermaßen verpflichtet wie denen in Ihrem unmittelbaren Umfeld. Ihre Unwissenheit: Kann man Sie verantwortlich machen für unethisches Handeln, von dem Sie keine Ahnung haben? Und für Taten, die gar nicht von Ihrem Tun abhängen – wo gar keine „Tatherrschaft" vorliegt, wie Aristoteles sagt – können Sie nichts. Kurz: Sie können nicht das ganze Elend der Welt auf Ihre Schultern laden.

Leader in den zweiten Stock!

Entscheidend ist vielmehr, ob Sie sich überhaupt in die ethische Dimension hineinbewegen wollen. Welchen Stellenwert Sie der Ethik in Ihrem Leben einräumen wollen. Ob Sie den Anspruch haben, das, was Sie tun und lassen, auch unter einer ethischen Perspektive rechtfertigen zu können – und nicht nur gegenüber den Nachbarn, den Kolleginnen oder dem Chef. Das Haus der Ethik steht überall – die Frage ist bloß, ob Sie es betreten und in den zweiten Stock steigen wollen. Wer das tut, nimmt einen ganz bestimmten Standpunkt ein. Ich nenne ihn den ethischen Standpunkt.

Damit bin ich bei der zentralen These dieses Buches. Sie lautet: Leader sollten diesen Standpunkt einnehmen. Menschen, die anderen vorangehen, sollten sich damit auseinandersetzen, ob das, was sie tun, ethisch richtig ist. Menschen, die andere führen, müssen den Weg begründen können, den sie gehen: den anderen voran. Unter Begründen verstehe ich dabei mehr als bloße Rechtfertigung in betriebswirtschaftlicher Terminologie oder in politischem Jargon. Mit Begründen meine ich Legitimieren, Rechtfertigen in einem umfassenden Sinn. Was Menschen tun, vormachen und anderen empfehlen, muss einen Sinn haben nicht nur für sie selber, sondern auch für die, die ihnen folgen sollen, und für die Gesellschaft. Begründen heißt Rechtfertigen im Licht der Menschlichkeit.

Doch wer ist ein Leader? Mit diesem Begriff meine ich nicht einfach die Menschen, die gemäß Organigramm eine Führungsfunktion haben. Überall in der Gesellschaft übernehmen Menschen Führung: als Vorgesetzte oder politischer Vordenker, als Wissenschaftlerin oder Verwaltungsrat, als Lehrer oder Beraterin, als Vater oder Mutter. Führung findet ganz einfach dort statt, wo Menschen sich von anderen leiten lassen, weil diese ihnen voraus sind: im Wissen oder Können, an Erfahrung oder Klugheit, an Weisheit oder Persönlichkeit. Führung findet überall und in allen Gesellschaften statt. Sie ist ein anthropologisches Grundphänomen.

Wenn ich allerdings den englischen Ausdruck Leader verwende, will ich damit einen speziellen Aspekt betonen. Führung findet vielerorts statt, als Leader bezeichne ich hingegen Menschen, die andere auf außerordentliche, vorbildliche Weise führen. Das heißt, ich werte. Leader führen Menschen so, wie man dies tun sollte: nicht über Macht, Manipulation, Verführung oder Tricks, sondern über die Kraft der Überzeugung. Und diese wurzelt in ihrer Persönlichkeit. Dass nicht alle, die das Organigramm in eine Führungsposition stellt, tatsächlich Leader in diesem Sinn sind, wissen Sie aus eigener Erfahrung. Genauso wie es Menschen außerhalb von Organisationen gibt, die ihre Leadership keiner formalen Zuschreibung verdanken.

Die Forderung lautet also: Leader nehmen den ethischen Standpunkt ein. Sie befinden sich im zweiten Stock. Oder aber: Sie qualifizieren sich gerade dadurch, dass sie in den zweiten Stock steigen, als Leader. Sie merken natürlich, dass dies noch kein Beweis ist. Wohl aber ist es eine These, oder wenn Sie wollen, eine Forderung. Die Begründung dafür, die Argumente, die sie stützen, werde ich in diesem Buch nach und nach zusammentragen.

Genauso gut könnte ich bei Leadern auch Menschlichkeit einfordern. Sie haben als mitdenkende Leserin oder als aufmerksamer Leser natürlich realisiert: Bei all den Entscheidungen dieses Kapitels steht die Menschlichkeit zur Debatte. Wie Sie entscheiden, wie ich es tue, hängt von unserer

Menschlichkeit ab. Ethisch vertretbar handeln heißt: menschlich handeln. Wenn ich also für Verantwortungsträger den ethischen Standpunkt reklamiere, fordere ich damit auch Leadership im Zeichen der Menschlichkeit.

Das Fazit dieses Kapitel lautet also:

1. Ethik ist kein Handlungsfeld neben anderen wie etwa Politik oder Wirtschaft. Sie betrifft vielmehr *unser ganzes Handeln in allen Feldern*. Sie stellt eine neue Dimension dar, eine andere Perspektive, aus der unser Tun und Lassen überprüft wird unter dem Aspekt, ob es den Anforderungen eines rücksichtsvollen Umgangs der Menschen miteinander entspricht.
2. Darum sind wir auch auf Schritt und Tritt mit ethischen Fragen konfrontiert. So konkret und beiläufig unsere Entscheidungen auch sein mögen, sie *berühren immer auch ethische Fragen*. Und oft ganz grundsätzliche.
3. Es geht dabei nicht um die anderen, sondern immer *um mich*: den ethischen Standpunkt einzunehmen, heißt zu fragen: Ist das, was ich tue, vertretbar?
4. Obschon ich grundsätzlich für all mein Tun Verantwortung trage, zwingt mich die Komplexität und Vernetzung unserer Welt dazu, sie auf ein *menschenmögliches* und praktikables *Maß* einzuschränken.
5. Leader, also Menschen, die andere vorbildhaft führen, zeichnen sich dadurch aus, dass sie sich auf ethische Fragen einlassen, dass sie also ihr Handeln einem Legitimitätstest unterwerfen: dass sie *den ethischen Standpunkt* einnehmen. Das heißt, dass sie *menschlich führen*.

Damit habe ich freilich noch keine Gründe dafür genannt, warum *Sie persönlich* sich auf die Ethik einlassen sollten. Davon wird noch die Rede sein. Wohl aber hoffe ich deutlich gemacht zu haben, dass Ethik, sofern wir sie als Dimension unseres Handelns zulassen, unser ganzes Tun und Lassen durchdringt.

Teil II

Regeln: Wie Ethik funktioniert

5

„Der Zweck heiligt die Mittel" – meint das Sprichwort

Ethik kommt praktisch überall ins Spiel, wo Menschen miteinander umgehen müssen. Das Haus der Ethik steht überall. Wie aber sieht eine ethische Argumentation genau aus? Was geschieht im zweiten Stock? Das will ich in diesem und den folgenden Kapiteln zeigen, und zwar immer an konkreten Beispielen. Dabei werden Sie auch eine Reihe von ethischen Grundsätzen, Argumenten, Fragestellungen und Antworten aus der Tradition der Ethik kennen lernen: Werkzeuge, die Sie in einem ethischen Diskurs einsetzen können.

Das Sprichwort „Der Zweck heiligt die Mittel" setzen etwas hemdsärmelige Zeitgenossen gerne ein, um ihr vielleicht nicht ganz lupenreines Vorgehen zu rechtfertigen. Wo gehobelt wird, müssen Späne fallen. Nicht allzu zimperlich, lautet die Devise. Tatsächlich sollte man die Frage ernst nehmen, weil sie von großer ethischer Bedeutung ist: Kann der gute Zweck die Mittel rechtfertigen? Muss man in Kauf nehmen, jemandem weh zu tun, wenn man ein wichtiges Ziel nur so erreichen kann? Es hat doch manchmal viel größeres Gewicht als die Verletzung, die man dabei jemand zufügen muss. Ist eine solche Tat ethisch vertretbar? Oder sogar geboten?

Und was verlangt die Menschlichkeit in solchen Fällen? Sie sehen sofort, hier versteht sich das keineswegs von selbst. Eben darum ist ein schärferer Blick nötig. Bei Entscheidungen dieser Art müssen wir genauer hinschauen und zu klären versuchen, was sich ethisch vertreten lässt und was nicht. Das heißt, hier reicht unsere Intuition von Menschlichkeit nicht. Hier müssen wir analysieren und abwägen – also in den zweiten Stock steigen und ethisch überlegen. Die meisten Beispiele der folgenden Kapitel in Teil II des Buches werden uns dazu nötigen.

Flugzeuge für Diktatoren

Ein bekanntes Schweizer Unternehmen produziert Kleinflugzeuge, die für private Transporte, für die medizinische Versorgung entlegener Gebiete oder für die Schädlingsbekämpfung in Plantagen eingesetzt werden können, aber auch als Trainingsflugzeuge für Militärpiloten in Ländern, die sich keine teuren Kampfjets leisten können (Ulrich et. al. 1996, 225–241). In einer Version mit verstärkten Tragflächen können sie sogar mit Bomben bestückt und so auch für militärische Zwecke verwendet werden.

Das Unternehmen hat lange Zeit floriert und bildet in der Region die eigentliche Stütze der lokalen Wirtschaft, zumal es nicht nur etwa 2300 Mitarbeitende beschäftigt, sondern auch die Existenz einer großen Zahl von Zulieferfirmen sichert. Allerdings steht es seit Jahren auch in der Kritik: Mehrmals hat es Flugzeuge in Drittweltstaaten geliefert, mit denen autoritäre Regimes Gruppierungen der eigenen Bevölkerung bombardiert haben, etwa Aufständische oder sogar die unschuldige Zivilbevölkerung. Und dies, wohlgemerkt, obwohl die Lieferungen von den Schweizer Behörden abgesegnet waren.

Stellen Sie sich vor, Sie arbeiten für dieses Unternehmen als Verkaufsleiterin und haben erfolgreich mit Südland verhandelt. Die Regierung ist bereit, 24 Flugzeuge zu kaufen, was auf einen Schlag das mittelfristige Überleben des Unternehmens garantieren würde. Das ist umso erfreulicher, als in diesem Geschäft ein einzelner großer Auftrag eine Firma für Jahre auslasten oder aber, wenn er wegfällt, in die Krise stürzen kann.

Allerdings stimmen die Verhandlungen mit dem Regime Sie auch nachdenklich. Südland ist eine Militärdiktatur, die ziemlich unzimperlich mit den Rebellen im Norden des Landes umgeht und sich vorgenommen hat, sie zu vernichten. Die Flugzeuge wolle man aber in den Plantagen einsetzen, nicht im Bürgerkrieg, wurde erklärt. Trotzdem bestanden die Verhandlungspartner auf der Version mit verstärkten Tragflächen, vielleicht brauche man die Jets dereinst für die Landesverteidigung. Ihre Zweifel an dieser Erklärung interpretierte man als Misstrauensvotum. Man hat zudem strikte einen Wartungsvertrag abgelehnt, der es Ihrem Unternehmen ermöglicht hätte, die Verwendung der Maschinen zu kontrollieren.

Auf dem Rückflug von Südland wächst Ihre Gewissheit: Sie müssen damit rechnen, dass Südland die Flugzeuge gegen die Rebellen, vielleicht sogar gegen die Zivilbevölkerung im Gebiet der Aufständischen einsetzen wird. Was würden Sie in dieser Situation tun? Lassen Sie uns den ethischen Diskurs führen.

Ein Gegner des Verkaufs würde wohl argumentieren, dass Sie sich mit ihm an der Tötung von Menschen beteiligen würden. Nicht nur wer unschuldige Menschen massakriere, mache sich schuldig, sondern auch, wer die Täter dabei unterstütze. Eine solche Lieferung sei vor dem eigenen Gewissen schlicht nicht vertretbar. Eine Befürworterin des Verkaufs könnte erklären, die Südländer würden sich ihre Jets ohnehin zu beschaffen wissen, wenn nicht bei ihnen, dann bei irgendeinem anderen Lieferanten. Folglich könnten Sie mit dem Abbruch der Verhandlungen in Südland gar nichts bewirken und sicher den Bürgerkrieg nicht verhindern. Hingegen könnten Sie mit der Lieferung im eigenen Land sehr viel Positives schaffen: das Unternehmen vor dem drohenden Konkurs retten, die Mitarbeitenden vor der Entlassung, die Zulieferer vor dem Ruin. Ein Segen für die ganze Region.

Wenn Sie beide Argumente ernst nehmen, befinden Sie sich in einem Dilemma. Und tatsächlich sind die Gründe gewichtig, ist die Situation alles andere als einfach. Lassen Sie uns die beiden Argumente genauer betrachten. Sie markieren nicht nur zwei unterschiedliche Grundhaltungen in der Ethik, zwei verschiedene Typen ethischen Argumentierens, zwei Perspektiven, die man im ethischen Diskurs einnehmen kann. Sondern diese beiden

Perspektiven stürzen Menschen sehr häufig in einen Gewissenskonflikt. Und dies, obwohl – oder besser: gerade weil – sie gleichermaßen berechtigt sind.

Das Argument des Verkaufsgegners lautet: Du sollst das Töten von Menschen nicht unterstützen. Oder einfacher: Du sollst nicht töten. Warum nicht? Könnten Sie fragen. Aber die Frage ist absurd. Dafür braucht es keinen Grund. Einen Menschen zu töten, ist ganz einfach nicht vertretbar. Wer so argumentiert, beurteilt direkt eine bestimmte Handlung. Sie selbst ist entweder gut, zum Beispiel Menschen helfen, sie gerecht behandeln, unterstützen. Oder sie ist schlecht: Menschen belügen, bestehlen, töten.

Das Argument der Verkaufsbefürworterin funktioniert dagegen ganz anders. Sie beurteilt gar nicht die Handlung selbst, sondern schaut lediglich auf die Folgen. In ihrer Sicht sind die Handlungen selbst weder gut noch schlecht. Vielmehr kommt es darauf an, was man mit ihnen bewirkt. Sie wägt die Folgen beider Handlungsmöglichkeiten ab und entscheidet sich dann für diejenige mit den positiveren Auswirkungen. Mit dem Rückzug kann ich in Südland genauso wenig bewirken wie mit dem Verkauf. Dieser aber schafft zu Hause sehr viel Gutes. Das muss den Ausschlag geben.

Pflichtethik versus Folgenethik

Die Philosophen bezeichnen die beiden ethischen Positionen als Pflicht- und als Folgenethik. Weil auch sie gerne mit gescheiten Wörtern hantieren, gibt es dafür Fachbegriffe: deontologische und teleologische Ethik. Das griechische Wort „to deon" heißt: die Pflicht. „To telos" bedeutet: das Ziel, der Zweck.

Heiligt der Zweck die Mittel? lautete eingangs des Kapitels die Frage. Sie sehen jetzt, dass die beiden Vertreter sie unterschiedlich beantworten. Der Deontologe sagt: Niemals kann der Zweck das Mittel rechtfertigen. Töten ist nie erlaubt. Der Teleologe dagegen meint: manchmal schon. Da es auf den Zweck ankommt, kann eine Handlung je nach Situation gut oder schlecht sein. In gewissen Situationen heiligt der Zweck die Mittel.

ZWEI ETHISCHE PERSPEKTIVEN

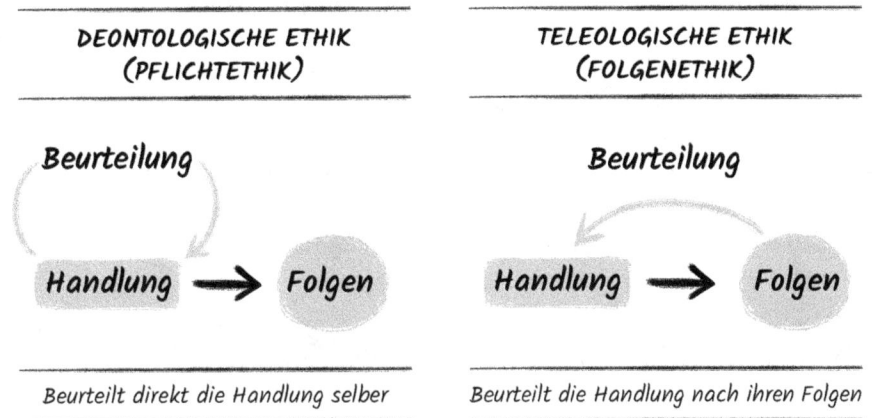

Es gibt ein paar typische ethische Fragen, die der Deontologe und der Teleologe grundsätzlich verschieden behandeln. Eine hat man schon in der Antike diskutiert, unter dem Titel des Tyrannenmords. Ist es erlaubt – oder vielleicht sogar moralisch geboten –, einen rücksichtslosen Alleinherrscher umzubringen, der vielleicht sehr viel Leid schafft und seinerseits vor der massenhaften Tötung von Menschen nicht zurückschreckt? Darf – oder soll – man einen Hitler, einen Saddam Hussein oder einen Baschar al-Assad eliminieren? Der Deontologe antwortet: nein. Töten ist immer falsch. In vielen Fällen würde hingegen der Teleologe die Frage bejahen. Denken Sie zum Beispiel an den Hitler-Attentäter Claus Graf von Stauffenberg, der den Diktator 1944 mit einer Bombe beseitigen wollte. Die Tat missglückte und er wurde mit seinen Verbündeten standrechtlich erschossen. In den Augen einer Teleologin waren sie Helden, die ethisch bewunderswürdig gehandelt haben: Wäre das Attentat gelungen, hätte es die Naziherrschaft wohl um ein Jahr verkürzt und Millionen Menschenleben gerettet.

Ein zweiter Standardfall ist die Lüge. Für den Deontologen ist sie immer verwerflich. Lügen kann für ihn nie gut sein. Der Teleologe würde sie hingegen in bestimmten Fällen zulassen, nämlich wenn eine Lüge weniger Leid schafft als die nackte Wahrheit. Dass diese viel Unheil anrichten kann, lässt sich leicht vorstellen. Vermutlich flunkern auch Sie gelegentlich. Sie hören zu Beispiel jemand rücksichtslos über einen Menschen lästern, der Ihnen nahesteht, zum Beispiel einen Freund. Dummerweise will dieser von Ihnen wissen, was jener andere über ihn gesagt hat. Würden Sie ihm die Schändlichkeit ungeschminkt überbringen?

Auch die generelle Frage der Gewalt – der Tyrannenmord ist ja nur ein Spezialfall davon – scheidet die Vertreter der beiden ethischen Standpunkte voneinander. Deontologen lehnen es grundsätzlich ab, Gewalt als Mittel zum Zweck zuzulassen. Für teleologische Ethiker muss sie nicht tabu sein, sofern sich ein höher gewichtetes Ziel nur mit ihrer Hilfe erreichen lässt.

Bevor ich die Frage untersuche, welche der beiden Positionen vorzuziehen sei, möchte ich für jede ein exemplarisches Argument vorstellen. Das wird die Eigenart der beiden Standpunkte noch klarer hervorheben. Das heißt, ich stelle Ihnen die bekannteste deontologische und teleologische Theorie vor: den kategorischen Imperativ Kants und das utilitaristische Prinzip Mills.

Der kategorische Imperativ: Handle reziprok

Eine der wirkungsmächtigsten ethischen Theorien überhaupt stammt von Immanuel Kant (1724–1804). Er fragt in seinen Werken „Die Grundlegung zur Metaphysik der Sitten" und „Kritik der praktischen Vernunft" nach dem allergrundlegendsten Prinzip der Ethik. Es gibt Dutzende von ethischen Regeln und Empfehlungen. Welches ist die fundamentalste von ihnen? Welcher moralische Grundsatz liegt all unserem ethischen Tun zugrunde? Diesen Grundsatz nennt Kant den kategorischen Imperativ. Ein Imperativ ist eine Handlungsaufforderung: Ehre deinen Vater und deine Mutter; du sollst nicht töten; du sollst nicht stehlen etc. Im 2. Kapitel habe ich solche Sätze Normen genannt.

Die meisten Imperative sind hypothetisch, das heißt bedingt. Sie gelten nur unter einer bestimmten Bedingung: Wenn du das Diplom erreichen willst, solltest du fleißig arbeiten. Wenn Sie einen Bonus erhalten wollen, sollten Sie großes Engagement zeigen. Obwohl die zehn Gebote scheinbar absolut gelten, sind sie tatsächlich doch eingeschränkt. Du sollst keinen Gott neben mir halten, den Sonntag heiligen: Das gilt für das jüdische Volk, nicht für die ganze Menschheit. Gibt es einen Imperativ, der nicht bloß unter einer bestimmten Bedingung gilt? Nicht nur für einzelne Menschen oder einzelne Gesellschaften? Sondern im zweiten Stock: als Basis aller Ethik? Einen *unbedingten*, der immer gilt, eben einen *kategorischen* Imperativ? Kant antwortet ja. Er lautet:

> *Handle nur nach derjenigen Maxime, durch die du zugleich wollen kannst, dass sie ein allgemeines Gesetz werde.* (Kant 1785, BA 52)

Eine Maxime ist eine subjektive Handlungsregel, ein Grundsatz, den ich mir vorgenommen habe und der mein Handeln leitet. Dieser soll also, meint Kant, so beschaffen sein, dass ich auch wünschen kann, dass alle nach ihm vorgehen. Ich soll, vereinfacht gesagt, so handeln, wie ich auch möchte, dass alle anderen handeln sollen – mir gegenüber, denn das ist die Pointe: Ich muss den Spieß umdrehen können. Ich soll so behandelt werden, wie ich andere behandle. Sonst stimmt etwas nicht. Ich kann mir anderen gegenüber nicht herausnehmen, was ich mir im umgekehrten Fall verbitten würde. Handeln muss reziprok sein, umkehrbar.

Den Gedanken kennen Sie zum Beispiel aus dem Sprichwort „Was du nicht willst, dass man dir tu, das füg auch keinem andern zu". Oder von der „Goldenen Regel", die sich in allen großen Religionen in ganz ähnlichen Formulierungen als Verhaltensgrundsatz findet. Sie fordert die Kongruenz von Handeln und Behandelt-Werden. An Kants philosophischer Version des Gedankens sind mehrere Aspekte speziell. Einerseits formuliert er ihn *positiv,* im Gegensatz zum Sprichwort: Er sagt, was geboten, nicht was verboten ist. Mit dem Begriff der Maxime betont er außerdem, dass wir uns dabei nach *Regeln* ausrichten sollen. Er spricht von einem „allgemeinen" Gesetz, um zu unterstreichen, dass diese Regel nicht nur für zwei Beteiligte oder nur für eine bestimmte Gruppe muss gelten können, sondern *für alle Menschen*. Und indem er fordert, ich müsse „wollen" können, dass sie gilt, macht er mich selber zum Gesetzgeber. Er verankert die Ethik *in der Person* des Handelnden.

Wie funktioniert der kategorische Imperativ? Ein Beispiel: Sicher waren Sie auch schon in der Lage, dass Sie eine Vereinbarung, ein Gesetz oder einen Vertrag brechen konnten, zu Ihrem Vorteil und ohne dass es der andere gemerkt hätte. Wie verhalten Sie sich da? Vielleicht lautet Ihre Maxime: Wenn er's nicht merkt, ergreife ich die schöne Gelegenheit – und breche unbemerkt die Abmachung. Jetzt kommt der kategorische Imperativ ins Spiel: Können Sie wollen, dass alle nach dieser Regel handeln? Gewiss nicht, denn das nächste Mal sind Sie der Geprellte. Sagen Sie hingegen: Vereinbarungen sind einzuhalten, von allen, dann müssen auch Sie sich daran halten. Sie wollen auch nicht hinterrücks über den Tisch gezogen werden. Der kategorische Imperativ ist also ein *Test.* Sie legen ihn wie ein Messgerät an Ihre Handlungsregel an. Führt dies zu einem Widerspruch, ist sie ethisch falsch, andernfalls hat sie die ethische Feuertaufe bestanden. So denkt auch der Gegner der Flugzeuglieferung: Das Tötungsverbot soll für alle gelten.

Kant hat für den kategorischen Imperativ noch eine zweite Formulierung gefunden:

> *Denn vernünftige Wesen stehen alle unter dem Gesetz, dass jedes derselben sich selbst und alle andere niemals bloß als Mittel, sondern jederzeit zugleich als Zweck an sich selbst behandeln solle.* (Kant 1785, BA 74 f.)

Nur auf den ersten Blick verlangt diese Version etwas anderes als die erste. Etwas einfacher ausgedrückt, fordert sie, dass ich einen anderen Menschen nicht als bloßes Mittel für meine Zwecke missbrauchen darf. Ich darf ihn nicht instrumentalisieren. Sobald ich dies nämlich täte, würde ich gegen das Reziprozitätsprinzip verstoßen. Mein Handeln ihm gegenüber lässt sich nicht mehr umkehren. Ich kann nicht wollen, dass er mich als Mittel für seinen Zweck einsetzt. Beide Formen des kategorischen Imperativs drücken denselben Gedanken aus. Wie auch immer ich mit einem anderen Menschen umgehe, mein Handeln muss reziprok sein: Ich muss damit einverstanden sein, dass er den Spieß umdreht.

Utilitarismus: das größte Glück der größten Zahl

Ganz anders entwickeln die sogenannten Utilitaristen ihre Argumentation, wie zum Beispiel der britische Philosoph John Stuart Mill (1806–73). Sie verdanken ihren Namen dem lateinischen Wort „utilis": nützlich. Denn sie sehen den Wert einer Handlung im Nutzen, den sie schafft. Kein Zweifel, wenn Menschen sich auf den ethischen Standpunkt begeben, sollten sie so handeln, dass sie bei anderen Gutes bewirken und Schlechtes vermeiden. Da alle Menschen letztlich nach Glück streben und Unglück vermeiden möchten, sollte ich mit meinem Handeln möglichst viel Glück bewirken und möglichst wenig Unglück. Mill definiert also,

> *dass Handlungen insoweit und in dem Masse moralisch richtig sind, als sie die Tendenz haben, Glück zu befördern, und insoweit moralisch falsch, als sie die Tendenz haben, das Gegenteil von Glück zu bewirken. Unter ‚Glück' [happiness] ist dabei Lust [pleasure] und das Freisein von Unlust [pain], unter ‚Unglück' [unhappiness] Unlust und das Fehlen von Lust verstanden.* (Mill 1976, 13)

Dieses Prinzip verbindet vier verschiedene Gedanken:

1. Das teleologische Prinzip: Die Handlung wird nicht an sich bewertet, nicht direkt, sondern nach ihren *Folgen*. Es kommt darauf an, was ich mit ihr „bewirke".
2. Das Nützlichkeitsprinzip: Was soll ich denn bewirken? Ich soll den Menschen *nützen,* und zwar so sehr wie möglich. Daher formuliert Mill: „insoweit", „in dem Maß", „die Tendenz".
3. Das Glücksprinzip: Worin besteht der Nutzen? Im *Glück* selbstverständlich.
4. Das Universalitätsprinzip: Um wessen Glück geht es? Um das *aller,* die von meiner Handlung in irgendeiner Weise betroffen sind, direkt oder indirekt. Das sagt Mill im Zitat nicht ausdrücklich, im Kontext seiner Argumentation ist es aber klar.

Dieses Prinzip funktioniert ganz anders als der kategorische Imperativ. Nach Mill gibt es nicht eine Handlung, die ich für sich als gut oder schlecht beurteilen kann. Vielmehr steht mir immer eine ganze Palette von Entscheidungsmöglichkeiten offen, die an sich weder gut noch schlecht sind, sondern ethisch neutral. Aber je nach den Folgen, die meine Entscheidung nach sich zieht, erweist sie sich als besser oder schlechter. Ethisch zu handeln bedeutet also, die Entscheidung mit den besten Folgen zu treffen. Der utilitaristische Grundsatz ist ein *Optimierungsprinzip.* Und genauso argumentiert im Beispiel die Befürworterin des Flugzeugverkaufs: Insgesamt bewirke ich am meisten positive Folgen, wenn ich die Maschinen liefere.

Zurück zur Frage, was vorzuziehen sei, eine Pflicht- oder eine Folgenethik, der kategorische Imperativ oder das utilitaristische Kalkül. Ganz allgemein lässt sich sagen, dass jede der beiden Perspektiven auf einem Auge blind ist. Das zeigt sich vor allem dort, wo ihre Vertreter besonders „linientreu" argumentieren.

Die deontologische Ethik neigt dazu, die Folgen auszublenden: Ihr geht es ums Prinzip. Sie läuft darum Gefahr zu übersehen, was seine bedingungslose Durchsetzung bei den Menschen anrichten kann. Das zeigt sich zum Beispiel in gewissen Verlautbarungen eines konservativen Katholizismus. Er denkt fast immer deontologisch. Abtreibungen sind Verbrechen an der sogenannten Heiligkeit des Lebens. Das gilt auch dann, wenn die Frau vergewaltigt wurde oder das Kind missgebildet ist. Präservative, die in Afrika Tausende von Menschen vor Aids schützen würden, sind tabu, weil die Sexualität ihren einzig richtigen Platz in der Ehe hat. Sogar der große Immanuel Kant kommt einem ethischen Rigorismus gefährlich nahe, wenn er die Lüge zum absoluten Tabu erklärt:

> Es ist also ein heiliges, unbedingt gebietendes, durch keine Konvenienzen einzuschränkendes Vernunftgebot; in allen Erklärungen wahrhaft (ehrlich) zu sein. (Kant 1797, 3 f.)

Teleologische Ethiken wiederum ignorieren oft das Gerechtigkeitsprinzip. Sie sind unter Umständen bereit, das Glück einzelner, wenn nicht gar deren Leben, einem vergleichsweise bescheidenen Glückszuwachs der Mehrheit zu opfern. Wenn man bloß die Glücksgewinne und -verluste gegeneinander aufrechnet, kommen leicht Einzelne unter die Räder. Auch das zeigt sich besonders deutlich an extremen Beispielen, etwa bei vielen Revolutionäre rechter und linker Provenienz. Sie sind oft radikale Teleologen und haben die Tendenz, die Rechte Einzelner zu missachten zugunsten eines vermeintlichen Wohls für die Mehrheit. Doch Ethik ist kein mathematisches Kalkül. Denn ein solches, das spüren wir intuitiv, verletzt den Grundsatz der Gerechtigkeit.

Die Antwort ist darum klar: Jede der beiden ethischen Perspektiven birgt die Gefahr der Radikalität. Jede kann, blendet sie die Gegenseite aus, fundamentalistisch werden. Positiv formuliert: Sie können keine rein deontologische oder rein teleologische Ethik betreiben. Pflicht- und Folgenethik müssen beide berücksichtigt werden. Die beiden Perspektiven und ihre Argumente müssen gegeneinander abgewogen und gleichermaßen berücksichtigt werden. Im zweiten Stock müssen unbedingt beide Parteien zu Wort kommen, Deontologen und Teleologen – oder ihre Argumente. Oder anders gesagt: Sie können sich nicht um die Folgen foutieren – diese rechtfertigen aber auch keineswegs jedes Mittel.

Abwägen statt Fundamentalismus

Wie könnte eine solche Abwägung gegensätzlicher Perspektiven aussehen? Das hängt natürlich vom konkreten Fall ab. Ich will das am Flugzeug-Beispiel skizzieren. Dabei greife ich einige Argumente auf, die in meinen Ethik-Seminaren aufgetaucht sind, wo ich das Fallbeispiel vielfach diskutieren ließ. Erfahrungsgemäß entscheidet sich eine Mehrheit für den Verkauf, eine starke Minderheit verweigert sich diesem.

Auf den ersten Blick scheinen sich die beiden Argumente – „du sollst nicht töten" versus „sorge für möglichst positive Folgen" – die Waage zu halten. Das teleologische Argument unterschlägt allerdings ein wichtiges Faktum: Es geht davon aus, dass ich als Verkaufsleiterin oder Ingenieurin mit dem Verkauf einen Zusatznutzen schaffe, indem ich die lokalen Arbeitsplätze rette. Gleichzeitig unterstellt das Argument aber auch, dass die Flugzeuge anderswo produziert und geliefert werden könnten, falls wir es nicht täten. Aber dort, nehmen wir an, irgendwo in den USA, geht es auch um Arbeitsplätze, die eventuell verloren gingen, wenn wir liefern würden. Tatsächlich würde ich also mit dem Verkauf keinen zusätzlichen Nutzen schaffen, sondern diesen bloß anders verteilen. Damit scheint das teleologische Argument erledigt.

Freilich stellt sich damit eine nächste Frage, die für die Ethik sehr wichtig ist: Wie weit reicht meine Verantwortung? Wen muss ich bei meinen Überlegungen mit einbeziehen? Welche Betroffenen: nahe und ferne, direkt und indirekt tangierte? Vielleicht wiegt die Verantwortung für diejenigen Leute schwerer, die mir näherstehen, geografisch und beziehungsmäßig. Vielleicht bin ich meinen eigenen Leuten mehr verpflichtet als denen in Ohio.

Damit geraten die beiden Waagschalen wieder in Bewegung. Weitere Einwände tauchen auf. Ich liste sie auf und gebe darauf die Antwort, die ich für plausibel halte – ob Sie ihr folgen, bleibt natürlich Ihnen überlassen:

- „Das Unternehmen hat sich an die gesetzlichen Vorgaben gehalten, darum ist der Verkauf in Ordnung." – Die Feststellung stimmt natürlich, nur bleibt sie im Erdgeschoss stehen, auf der Ebene der Moral. Das Geschäft ist legal – aber damit noch keineswegs ethisch legitimiert.
- „Man kann jemand mit einem Taschenmesser erstechen oder mit einem Stuhl erschlagen. Wenn ich dem Deontologen folge, kann ich kein Gut mehr exportieren, weil es missbraucht werden könnte." – Es ist gewiss richtig, dass fast alles für fast alles missbraucht werden kann. Aber es gibt Unterschiede: Waffen werden hergestellt, *damit* man mit ihnen töten kann, Stühle aber zum Sitzen und Taschenmesser fürs Campieren. Im ersten Fall muss ich mit einer unvergleichlich höheren Wahrscheinlichkeit damit rechnen, dass mit ihnen getötet wird. Entscheidend ist also nicht, was man – theoretisch – mit einem Produkt anstellen kann, entscheidend ist vielmehr, wozu es – in der konkreten praktischen Situation – vermutlich verwendet wird. Das Problem akzentuiert sich bei sogenannten „dual use"-Produkten, die sowohl für friedliche als auch für kriegerische Zwecke eingesetzt werden können, wie etwa Pickups oder Leichtflugzeuge. Man muss also immer die Wahrscheinlichkeit abschätzen, dass das Produkt

ethisch vertretbar oder eben auf unethische Weise eingesetzt wird. Dass wir uns stets auf Wahrscheinlichkeiten abstützen müssen, gilt übrigens nicht nur für die Ethik, sondern für all unser Handeln.

- „Es ist offen, ob das südländische Regime die Flieger tatsächlich missbrauchen wird." – Gewiss, aber doch sehr wahrscheinlich. Die verstärkten Tragflächen, die Verweigerung des Wartungsvertrags, vor allem aber die bisherige Rücksichtslosigkeit der Generäle stimmen wenig zuversichtlich, was deren Friedfertigkeit betrifft. Ich muss mit einem Missbrauch rechnen. Auch in dieser Hinsicht habe ich mich also an die Wahrscheinlichkeit zu halten.
- „Wir liefern nur die Flugzeuge; was die Südländer damit machen, ist ihr Bier." – Wer so argumentiert, macht es sich zu leicht. Wenn ich einem gewaltbereiten Täter die Waffe beschaffe, ohne die er die Tat nicht ausführen kann, bin ich dafür ethisch mitverantwortlich. Wer drückt schon einem Mörder die Kalaschnikow in die Hände?
- „Kann man überhaupt Menschenleben gegen Arbeitsplätze aufrechnen? Das utilitaristische Nutzen-Schaden-Kalkül wird der Entscheidung nicht gerecht." – Zweifellos gibt es Folgen, die in ihrer Bedeutung gar nicht gegen andere aufgerechnet werden können. Das Leben zu verlieren, ist für die allermeisten unvergleichlich gravierender als den Arbeitsplatz, vom Leid der Hinterbliebenen ganz zu schweigen. Damit mag eine simple utilitaristische Buchhaltung erledigt sein. Aber wir entrinnen so nicht der Unausweichlichkeit, Folgen abschätzen und gegeneinander abwägen zu müssen. Die Frage ist, ob es dafür ein angemessenes Verfahren gibt.
- „Wenn wir keine Waffen mehr produzieren, sind wir gewaltbereiten Ländern ausgeliefert." – Vielleicht gibt es gute Gründe, auch ethische, dass wir uns gegen Gewaltregimes bewaffnen sollten. Nur, heißt sich bewaffnen automatisch, Waffen selber zu produzieren? Heißt Waffen produzieren schon, sie auch anderen zu liefern? Und welche Waffen? Und in welche Länder? Und welche Bewaffnung brauchen wir zu unserem Schutz? Gegen welche potenziellen Gegner? – Sie sehen, Differenzierung ist angesagt. So simpel wie das Argument formuliert ist, sticht es nicht. Und das heißt: Wer gegen die Ausfuhr der Jets an Südland ist, bezieht nicht generell Stellung gegen Armeen, Waffen oder Waffenproduktion, auch nicht gegen das, was man oft als „Selbstverteidigung" deklariert.
- „Ich kann gar nicht in die Situation des Verkaufsleiters geraten, weil ich bei dieser Firma gar nicht angeheuert hätte." – Diese Überlegung stimmt wohl für viele. Und sie weist auf einen grundsätzlichen Sachverhalt hin, der von großer Bedeutung für die Ethik ist. Ich habe Sie genau wie die Teilnehmenden meiner Seminare in eine bestimmte Situation gesteckt, in

die Sie in der Wirklichkeit nur geraten wären, wenn Sie vorher bestimmte andere Entscheidungen getroffen hätten: den Beruf als Ingenieurin zu ergreifen, sich von diesem Unternehmen anstellen zu lassen, sich zur Verkaufsleiterin befördern zu lassen, mit Südland zu verhandeln etc. Das nenne ich die Entscheidungskette. Im Beispielfall habe ich diese Kette für Sie gekappt und Sie einfach in die Situation hineingeworfen. Tatsächlich aber fällen wir im Leben permanent Entscheidungen, die uns irgendwann vor bestimmte andere Entscheidungen stellen, die wir andernfalls nie fällen müssten. Das heißt, wir stellen dauernd Weichen. Wo es nicht um Ethik geht, wissen wir das sehr gut. Vielleicht vergessen wir häufig, dass viele Entscheidungen auch eine ethische Dimension aufweisen – das Haus der Ethik steht überall. Die Verkaufsleiterin hat bereits mitbestimmt, dass sie in dieses Dilemma geraten könnte, als sie in diese Firma eintrat.

Lassen Sie mich zum Schluss meine eigene Entscheidung zum Flugzeugfall darstellen. Ich stimme der Minderheit zu: Im Grunde ist es für ein Unternehmen ethisch nicht vertretbar, solche Flugzeuge einem derartigen Regime auszuliefern. Und für mich, dabei mitzuwirken.

Allerdings wäre die beste Lösung gewesen, das Unternehmen hätte die Weichen schon früher anders gestellt, die Entscheidungskette anders geschmiedet, oder betriebswirtschaftlich gesprochen: die Strategie geändert. Das hätte ganz konkret heißen können, nur noch Flugzeuge zu produzieren, die nicht für militärische Zwecke eingesetzt werden können, zumal das Unternehmen schon seit Jahrzehnten regelmäßig in dasselbe ethische Dilemma geraten war.

Und Sie? Sie sind ja wohl nicht Verkaufsleiterin eines Produzenten von „dual-use"-Gütern. Dennoch ahnen Sie vermutlich, dass auch Sie von vielen dieser Fragen selber persönlich betroffen sind, als Schweizerin oder Schweizer ohnehin. Gerade jetzt, da ich dieses Kapitel schreibe, hat der Bundesrat entschieden, dass das Unternehmen die Flugzeuge, die es zwei arabischen Staaten geliefert hat, nicht mehr warten darf, weil diese sie in einem ziemlich dreckigen Krieg einsetzen. Das hat eine Debatte unter Politikern und in den Medien ausgelöst. Andere demokratische Rechtsstaaten sind mit solchen Fragen ebenfalls konfrontiert.

Vermutlich gibt es aber auch in dem Feld, in dem Sie tätig sind, ethisch sensible Bereiche. In der Bekleidungsbranche zum Beispiel: die fragwürdigen Produktionsbedingungen in den Herkunftsländern. Auf der Bank: die Finanzierung heikler Geschäfte. Im Detailhandel: die unfaire Entlohnung von Agrarproduzenten in Drittweltländern. Und ganz gewiss sind Sie auch im privaten Umfeld gelegentlich in einem Konflikt um Mittel und Zweck. Da fragen Sie sich vielleicht, ob Sie es vertreten können, ein ethisch zweifelhaftes Mittel für einen guten Zweck einzusetzen.

Und möglicherweise sind Sie ein Leader, ein Mensch, der in Wirtschaft, Politik oder einem anderen gesellschaftlichen Bereich besondere Verantwortung trägt. Ein Mensch, auf den andere hören und dem sie folgen, weil er sie überzeugt. Dann leuchtet Ihnen ein, dass Sie sich die intellektuelle Auseinandersetzung, wie ich sie in diesem Kapitel skizziert habe, nicht sparen können. Dass Sie Ihrer Verantwortung nur gerecht werden, wenn Sie den ethischen Standpunkt einnehmen und sich am Diskurs über die Entscheidungen beteiligen, die Sie selber treffen – und die Menschen, die Ihnen folgen. Das gilt nicht nur dann, wenn Sie als Verkaufsleiterin für einen Flugzeugbauer arbeiten.

Auf jeden Fall hat das Kapitel eine Reihe von Einsichten erarbeitet, die ich abschließend zusammenstellen will. Einige betreffen eher ethische, andere eher metaethische Fragen. Das heißt, sie gehören teils in den zweiten Stock, teils in den Dachstock.

Auf der Ebene der Ethik:

1. Im Diskurs über das richtige Handeln können Sie zwei unterschiedliche Perspektiven einnehmen: Sie können die *Entscheidungen selbst* beurteilen oder darauf fokussieren, was sie *bewirken*.
2. Die Pflicht- oder *deontologische Ethik* bewertet allein die *Handlung oder die Handlungsregel,* nach der Sie sich richten, als richtig oder falsch. Der Zweck kann also die Mittel nie heiligen.
3. Die Folgen- oder *teleologische Ethik* empfiehlt die Entscheidung, die am meisten positive und am wenigsten negative *Auswirkungen* hat. Der Zweck kann unter Umständen die Mittel heiligen.
4. Die beiden ethischen Perspektiven sollten *einander ergänzen*. Andernfalls können sie in radikale Positionen münden. Nicht selten bleibt dann die Menschlichkeit auf der Strecke.

Auf der Ebene der Metaethik:

1. Ethik bedeutet, Handlungen und *Entscheidungen zu begründen.* Im zweiten Stock werden nicht Behauptungen ausgetauscht, sondern *Argumente* gegeneinander abgewogen.
2. Damit droht aber auch die *Gefahr der Rabulistik,* der Wortklauberei, des Scheingefechts mit Worten.

3. Freilich sind Argumente *unterschiedlich plausibel.* Manchmal entpuppen sie sich schnell als wenig durchdacht, manchmal lassen sie sich gar nicht abweisen, so überzeugend sind sie.
4. Begründungen haben *Regelcharakter.* Ethische Normen sind immer allgemeine Aussagen, wenngleich von unterschiedlichem Allgemeinheitsgrad. Die Begründungen sind umso überzeugender, je klarer sie aus einfachen, unmittelbar einleuchtenden Regeln hervorgehen, wie zum Beispiel das Tötungsverbot.
5. Regeln können *Ausnahmen* zulassen. Aber auch diese müssen wiederum als Regeln formuliert werden. Zum Beispiel: Das Tötungsverbot ist aufgehoben, wenn Notwehr vorliegt.
6. Allerdings tauchen im ethischen Diskurs auch neue Fragen auf, und bisweilen ganz *grundsätzliche,* von deren Klärung es abhängt, welche Entscheidung schließlich vertretbar ist. Einige dieser Fragen werde ich in diesem Buch noch diskutieren.

6

Spektakuläre Ethik: Das Trolley-Problem

Bald werden wir unsere Personenwagen nicht mehr selber lenken müssen. Selbstfahrende Autos werden uns die manchmal mühselige Aufgabe abnehmen und erst noch weniger Unfälle produzieren – meinen hoffnungsfrohe Technikfreunde. Was sie dabei übersehen: Damit sind gravierende ethische Fragen verbunden. Selbstfahrende Autos zeigen beispielhaft, wie unabdingbar es ist, dass wir uns mit ethischen Überlegungen befassen. Gerade dort, wo uns technische Errungenschaften alltägliche Entscheidungen abnehmen sollen, die wir bisher selber fällen mussten. Gewiss, selbstfahrende Autos könnten die Zahl der Unfälle reduzieren und Menschenleben retten. Sie konfrontieren uns aber mit neuen ethischen Problemen.

Stellen Sie sich vor, Sie fahren in ihrem Auto auf einer Straße mit Gegenverkehr. Plötzlich tritt vor Ihnen ein Fußgänger unerwartet auf die Fahrbahn. Instinktiv treten Sie aufs Bremspedal. Was aber, wenn die Bremsen versagen? Sie könnten auf die Gegenfahrbahn ausweichen und frontal mit einem Lastwagen kollidieren. So würden Sie das Leben des Fußgängers retten – aber ihr eigenes verlieren. Die meisten würden wohl keinen Richtungswechsel vornehmen. Doch wenn der Fußgänger ein Kind wäre? Eine Mutter mit Kinderwagen? Eine ganze Gruppe von Kindern? Eine Familie?

Vielleicht fahren Sie aber auf einer Einbahnstraße, zu schmal, um auszuweichen. Sie können das Auto in einen Betonpfeiler lenken und so das Leben des Fußgängers retten. Wenn es zwei oder drei sind, steht ein Leben gegen mehrere. Auch in Ihrem Fahrzeug könnten mehrere Passagiere sitzen, zum Beispiel eine ältere Person oder Ihre Familie. Hängt Ihre Reaktion vom Alter der Betroffenen ab? Vom Geschlecht? Von der Anzahl? Oder davon, wer sich dabei an die Verkehrsregeln hält oder sie bricht? Wer bei Rot auf den Fußgängerstreifen tritt, wird überfahren, wer Grün hat, nicht?

All diese Probleme, in allen möglichen Kombinationen, stellen sich nicht, solange Sie selber das Auto lenken – bis zu dem Moment, in dem Sie plötzlich in eine solche Situation geraten. Dann werden Sie spontan und blitzschnell reagieren, intuitiv. Zeit für Überlegungen bleibt da nicht. Sie können nicht in den zweiten Stock steigen, um nach ethischen Gesichtspunkten zu erörtern, wie sie reagieren sollen. Aber was tut ein selbstfahrendes Auto?

Was ihm sein Programm befiehlt. Es sind Menschen, die dieses Programm schreiben. Wir können es uns leicht machen und das Thema an die Techniker delegieren, welche die Software für selbstfahrende Autos programmieren. Freilich wird dann die Software die Insassen unter allen Umständen schützen – auch wenn andere Verkehrsteilnehmer dafür geopfert werden müssen. Denn die Kunden wollen Autos mit größtmöglicher Sicherheit für die Insassen. Die Studie einer Forschergruppe um den Franzosen Jean-François Bonnefon hat genau das ergeben (Emerging Technology 2015): Die meisten Teilnehmenden sprechen sich zwar dafür aus, dass ein Programm den Schaden an Leib und Leben minimieren soll, auch auf Kosten des Fahrers. Sie selber hingegen würden nur eines kaufen, das diesen unter allen Umständen beschützt. Darum können wir das Problem nicht den Autobauern überlassen.

Ein Opfer oder fünf?

In der Philosophie werden derartige moralische Dilemmata, wie sie sich bei selbstfahrenden Autos stellen, unter dem Titel Trolley-Problem diskutiert. Das Gedankenexperiment geht zurück auf die Juristen Karl Engisch und Hans Welzel. Die Philosophin Philippa Foot (1920–2010) brachte es in seine klassische Form und lancierte damit eine ethische Diskussion, die immer noch anhält (Foot 1967). In Foots Version sieht das Dilemma so aus:

6 Spektakuläre Ethik: Das Trolley-Problem

Stellen Sie sich vor, eine Straßenbahn ist auf abschüssigem Terrain außer Kontrolle geraten. Die Bremsen haben versagt. Der Tramfahrer hat keine Möglichkeit, den Zug zu stoppen. Er rast auf eine Gruppe von fünf Gleisarbeitern zu, die davon nichts ahnen. Aber Sie können deren Tod vermeiden, indem Sie eine Weiche stellen, die den Zug auf ein Nebengleis lenkt. Unglücklicherweise arbeitet auch dort ein Mensch, der sterben wird, wenn Sie dies tun. Die Illustration verdeutlicht die Situation. Was tun Sie? Bitte überlegen Sie einen Moment, bevor Sie weiterlesen.

Wenn Sie den Zug aufs Nebengleis führen, entscheiden Sie so wie meisten Menschen, die mit dem Problem konfrontiert werden. Sie finden es richtig, den einen zu opfern, um die fünf zu retten. Viele denken sogar, das sei moralisch geboten.

Haben Sie realisiert, dass hier der Gegensatz von deontologischer und teleologischer Ethik aus dem vorangegangenen Kapitel ins Spiel kommt? Ein strikter Pflichtethiker hält das Umstellen der Weiche für unzulässig: Damit tötet er selbst einen Menschen, wenn auch nur indirekt. Eine Handlung, die nie gestattet ist. Die Folgenethikerin dagegen würde es nicht nur für erlaubt, sondern gar für geboten halten: Wenn einer statt fünf stirbt, werden die negativen Folgen minimiert. Wenn Sie also die Weiche betätigen, haben Sie teleologisch oder utilitaristisch gedacht.

Gilt dies immer noch, wenn wir die Situation leicht ändern (vergl. Illustration)? Stellen Sie sich jetzt vor, es gebe nur ein Gleis. Hingegen überquert eine Brücke zwischen der Bahn und den fünf Arbeitern die Trasse. Auf dieser Brücke stehen Sie und neben Ihnen ein dicker Mann. Er bringt so viel Gewicht auf die Waage, dass sein Körper den Trolley stoppen und die Arbeiter retten würde, wenn Sie ihn aufs Gleis hinunterstießen. Würden Sie das tun?

Falls Sie jetzt anders entscheiden als im ersten Fall, liegen Sie auch da gleich wie die Mehrheit. Nur, wo ist der Unterschied zwischen den zwei Fällen? Beide Male opfern Sie einen Menschen, um fünf zu retten. Ethisch gesehen sollten Sie also gleich entscheiden. Dass der Mann dick ist, dürfte kaum den Unterschied ausmachen. Im Gedankenexperiment muss er es lediglich darum sein, weil er nur so den Zug stoppen kann. Und auch falls Sie selber in den Tod springen wollten, würde das Ihr Problem nicht lösen. Auch wenn Sie sich natürlich fragen können, ob Sie dies tun würden.

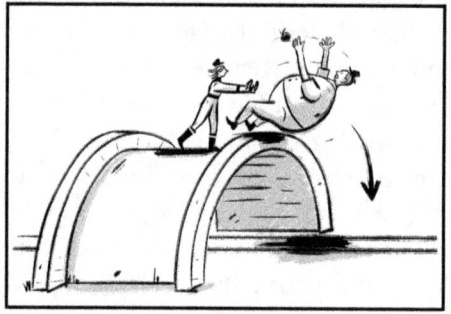

Verstand oder Intuition?

Der Befund irritiert. Befremdlich wirkt, dass schon im ersten Fall nicht alle Menschen dieselbe Intuition haben. Warum sagt sie den einen, sie sollten den Zug umleiten, anderen aber verbietet sie dies? Warum zögern wir überhaupt? Die Situation ist doch denkbar einfach. Erklärungsbedürftig ist aber auch der Unterschied zwischen den beiden Situationen. Ethisch betrachtet sollten sie zur gleichen Entscheidung führen: Entweder Sie bewahren das Leben der fünf Menschen, auf Kosten eines Einzelnen, der dafür sterben muss, in beiden Fällen. Oder aber Sie greifen nicht ein und lassen die fünf sterben, auch in beiden Fällen. Dennoch sagt die Intuition vielen, die mit den beiden Fällen konfrontiert werden, etwas Unterschiedliches. Vielleicht auch Ihnen. Warum? Und worauf sollen wir uns stützen: auf unsere Intuition oder auf den Verstand? Müssen wir vielleicht unser unmittelbares ethisches Urteil revidieren, weil wir es nicht begründen können? Was zählt: unser Bauchgefühl oder das Argument?

Philosophinnen und Philosophen, die das Trolley-Problem diskutieren, bringen mehrere Überlegungen vor, um die unterschiedlichen Intuitionen zu erklären. Dabei haben sie über ein Dutzend weitere Varianten des Trolley-Problems konstruiert, aber auch zusätzliche hypothetische Szenarien eingeführt, um Klarheit in das Wirrwarr der Bauchgefühle zu bringen:

1. Einige berufen sich auf die sogenannte Theorie der Doppelwirkung, die auf den mittelalterlichen Philosophen Thomas von Aquin (1225–74) zurückgeht: Er unterscheidet zwischen den tatsächlich beabsichtigten und den nicht beabsichtigten Folgen einer Handlung. Letztere sieht der Weichensteller zwar voraus, will sie aber nicht. Er *lässt sie bloß zu*, weil sie unausweichlich sind, wenn er seine tatsächliche Absicht erreichen will, nämlich die fünf zu retten. Wer hingegen den Dicken von der Brücke stößt, *will* seinen Tod. Denn nur so wird der Zug gestoppt. – Diese Erklärung überzeugt mich persönlich nicht. Es scheint mir zwar durchaus einen Unterschied zwischen den beiden Aktionen zu geben: Beabsichtigen und Zulassen sind nicht dasselbe. Im Trolley-Fall reicht mir das aber nicht als Erklärung, denn der Schubsende könnte mit Recht sagen: Ich will nicht den Tod des Dicken, sondern bloß die Bremswirkung, die sein Körper erzeugt.
2. Philippa Foot unterscheidet zwischen *Negativ- und Positivpflichten,* also zwischen Verboten und Geboten. Jene sagen mir, was ich nicht tun darf, diese, was ich tun soll. So kollidiert im Dilemma das Gebot, Leben zu

retten, mit dem Verbot zu töten. Weil in der Ethik Verbote aber schwerer wiegen als Gebote, darf ich den einen nicht zugunsten der fünf töten. – Mit der Unterscheidung hat Foot sicherlich recht. Verbote, so scheint es, gelten tatsächlich zwingender als Gebote. Unrecht vermeiden sollten wir immer, Gutes schaffen können wir nicht grenzenlos. Tatsächlich erklärt diese Unterscheidung, warum einzelne die Weiche nicht stellen: Sie folgen dem Tötungsverbot. Hingegen macht sie nicht verständlich, warum jemand in den zwei verschiedenen Szenarien – Nebengleis und Brücke – unterschiedliche Intuitionen hat.

3. Auf diese Differenz zwischen den beiden Fällen zielt Judith Jarvis Thomson (*1929) ab. Sie beruft sich auf Kants zweite Formulierung des kategorischen Imperativs: *Behandle einen anderen nie als bloßes Mittel, sondern stets als Zweck.* Wir zögern, den dicken Mann hinunterzustoßen, weil wir ihn so als bloßes Mittel behandeln würden. Beim Weichensteller hingegen lässt sich wohl nicht so eindeutig sagen, er behandle den Mann auf dem Nebengleis als Mittel. – Mir scheint, dass der kategorische Imperativ im Trolley-Problem tatsächlich eine zentrale Rolle spielt: Er lässt uns überhaupt erst zögern, den einen Menschen zu opfern. Ohne den kategorischen Imperativ, also rein utilitaristisch gedacht, wäre der Fall klar: Besser einer stirbt als fünf. Allerdings scheint mir Kants Grundsatz nicht auszureichen, um die intuitive Differenz zwischen den Fällen zu begründen. Ist es nicht etwas wortklauberisch zu sagen: Der Dicke wird als Mittel missbraucht, nicht aber der Mann auf dem Nebengleis?

4. Man könnte freilich auch psychologisch argumentieren und sagen: Einen Menschen von der Brücke zu stoßen ist etwas ganz anderes, als eine Weiche zu stellen. Prüfen Sie das selber, indem Sie ein drittes Szenario (siehe Illustration) betrachten: Jetzt müssen Sie den Dicken nicht schubsen. Vielmehr befindet sich eine Falltür auf der Brücke, die Sie mit einem Hebel betätigen können, so wie der Weichensteller im ersten Beispiel. Wären Sie dazu eher bereit, als den Mann selber hinunterzustoßen? Der Harvard-Psychologe Joshua Greene (*1974) hat jedenfalls in Experimenten herausgefunden, dass deutlich mehr Menschen damit einverstanden sind. Den Hebel zu betätigen, sind etwa doppelt so viele Versuchspersonen bereit, wie den Dicken hinunterzustoßen. Offensichtlich lässt uns die Vorstellung zurückschrecken, einem Menschen *persönlich und direkt physische Gewalt anzutun*, sodass wir weniger bereit sind, ihn zu opfern, um die fünf zu retten. – Die Erklärung scheint mir plausibel. Auf Greenes Untersuchungen komme ich im 14. Kapitel zurück.

5. Thomson hat einen Parallelfall zum Trolley-Problem konstruiert, der diesem ähnelt, der bei den meisten Menschen jedoch ganz andere Intuitionen weckt. Sie sind Chirurg und haben fünf Patienten in Ihrem Spital, von denen jeder auf ein anderes lebensrettendes Organ wartet: Herz, Niere etc. Ein gesunder Fremder betritt die Klinik wegen eines Bagatellfalls. Sie könnten ihn töten und mit seinen Organen die fünf retten, ohne dass dies ans Licht käme. Würden Sie den Fremden als Spendenlieferanten benützen? Genau wie in den Trolley-Fällen geht es in diesem Szenario um die Frage: ein Leben oder fünf? Doch hier weisen wir den Gedanken, den Fremden zu töten, intuitiv und entschieden zurück. Auch Sie, nehme ich an. Warum? Nach Thomson gibt es zwei Unterschiede zwischen dem Trolley- und dem Chirurgen-Problem: Im ersten wird eine bereits bestehende Gefahr lediglich umgeleitet, im zweiten nicht. Und der Chirurg würde, falls er den Fremden töten würde, ein elementares Recht dieses Menschen verletzen. – Beide Argumente Thomsons formulieren meiner Ansicht nach zentrale ethische Prinzipien. Zum einen macht es einen entscheidenden Unterschied, ob ich *auf eine objektiv bestehende Bedrohung reagiere* oder ob ich sie selber *schaffe*. Und zweitens *hat jeder Mensch elementare und unantastbare Rechte, die wir nicht verletzen dürfen*, außer dies sei unvermeidlich. Der Chirurg würde gegen beide Prinzipien verstoßen, der Weichensteller zumindest nicht das gegen das erste. Thomson meint, auch nicht gegen das zweite: eine Weiche zu stellen sei *an sich* keine Verletzung eines Elementarrechts, das Töten eines Menschen aber schon. Vielleicht zögern Sie – wie ich –, diesem letzten Argument zu folgen. Die beiden Grundsätze unterstreichen dennoch, *dass es auf mich ankommt*, darauf, was *ich* tue: ich persönlich, mit meiner Tat. Das Chirurgen-Beispiel liefert ein starkes Indiz für die deontologische Perspektive: ein gewichtiges Argument dagegen, ethische Entscheidungen allein auf utilitaristische Gründe zu stützen.

Was wir von Trolley-Problemen lernen können

Vielleicht denken Sie: Konstruierte Beispiele, allesamt an den Haaren herbeigezogen. Was haben sie mit meinem Leben zu tun? Wann muss ich schon außer Kontrolle geratene Trambahnen umlenken oder mich als Chirurg mit Mordgedanken herumschlagen? Solche Beispiele rühren ans Sensationelle, das ein breites Publikum kitzelt. Spektakuläre Ethik könnte man das nennen. In mein Leben tritt die Ethik auf leiseren Sohlen.

Auf diesen Vorwurf gibt es zwei Antworten. Die erste lautet: Überlegungen, wie sie das Trolley-Problem provoziert, führen zu wichtigen ethischen Einsichten. Die fünf Argumente zum Beispiel, die ich eben zitiert habe, spielen im ethischen Diskurs eine zentrale Rolle. Dass wir unterscheiden müssen, ob ein Mensch einen Schaden im eigentlichen Sinn will oder ob er ihn bloß zulässt, weil er für sein Ziel unausweichlich ist, kann von großer Bedeutung sein. Ebenso müssen wir zwischen Verboten und Geboten differenzieren und dabei in Rechnung stellen, dass die ersten in einem höheren Grad verpflichten als die zweiten. Das sind wichtige Regeln in der Ethik, genauso wie die, dass eine bloß teleologische Aufrechnung der Opfer nicht der einzige Maßstab sein darf, sondern der kategorische Imperativ immer einbezogen werden sollte. Dass wir nicht aus der Ferne Schadenausmaße kalkulieren, sondern uns die direkte physische Gewalt, die dabei wirkt, ausmalen sollten. Dass wir größtes Gewicht auf elementare menschliche Rechte legen sollen. Dass wir uns nicht daran beteiligen sollten, Bedrohungen herbeizuführen. All diese ethischen Regeln dürfen im zweiten Stock nicht außer Acht gelassen werden.

Neben diesen ethischen Erkenntnissen führt die Diskussion um Trolley-Probleme auch zu einem besseren Verständnis der Ethik selber, also zu metaethischen Einsichten. Vor allem beleuchtet die Debatte das Verhältnis von Intuition und Verstand. Um dies zu würdigen, muss ich zuerst klären, was Intuition überhaupt ist.

Man könnte sie definieren als eine unmittelbare Einsicht in einen Sachverhalt, ohne dass dafür der Verstand eingesetzt wird. Ich weiß etwas, ohne dass ich dafür präzise Gründe angeben kann. Ein Arzt weiß manchmal intuitiv, an welcher Krankheit die Patientin leidet. Eine Tennisspielerin weiß intuitiv, wohin sie den Ball jetzt schlagen muss. Ein Künstler weiß intuitiv, wie er den Pinsel führen muss.

Umgangssprachlich reden wir manchmal von „Bauchgefühl". Tatsächlich aber geht es nicht um ein Gefühl, sondern um eine Form des Wissens: des *Erkennens*. Dass wir Gefühle damit assoziieren, hat vielleicht damit zu tun, dass dieses „Wissen" manchmal nicht so gewiss ist, wie wenn wir es argumentativ hergeleitet haben. Wer zwei Zahlen addiert, ist sich des Resultats sicher. Wer eine Überlegung logisch herleitet, hat Gewissheit über die Schlussfolgerung. Intuitionen dagegen sind nicht immer hundertprozentig sicher, nicht immer so unerschütterlich. Dennoch kennen wir alle die Erfahrung: Unmittelbar und sofort weiß ich: „So ist es", ohne dass ich dies logisch begründen könnte.

6 Spektakuläre Ethik: Das Trolley-Problem

Doch wie entsteht Intuition? Woher stammt dieses Wissen? Wenn wir nicht wie einige alte Philosophen annehmen, Gott habe es uns eingepflanzt, gibt es nur eine plausible Antwort: Intuition entstammt der Erfahrung. Allerdings ihrem *unbewussten Teil.* Unser Geist verarbeitet ja nicht nur bewusst, was wir erleben, sondern zum guten Teil auch unbewusst. Intuition verdankt sich dieser unbewussten Arbeit des Geistes. Der Arzt hat hunderte Patienten mit ihren Symptomen diagnostiziert und weiß darum manchmal intuitiv, woran jemand leidet. Die Tennisspielerin hat jahrelang trainiert und gespielt und schlägt dann den Ball meist richtig, ohne dass sie überlegen muss. Der Künstler hat sich in langer Übung die unbewusste Fähigkeit erworben, den Pinsel richtig zu führen. Intuition ist also *verdichtete Erfahrung.*

Auch in der Ethik gibt es Intuition. Auch hier glauben wir manchmal spontan zu wissen, was richtig und was falsch ist. Und auch die ethische Intuition stammt aus der Erfahrung. Wir verdanken sie einerseits dem Wissen darüber, was menschlich ist. Wir wissen, was guttut und was schmerzt, was wir wünschen und brauchen, was wir fürchten und verabscheuen – all das kennen wir bei uns selbst, und wo nicht, haben wir es manchmal von anderen erfahren. Diese Erfahrung nährt unsere intuitive Fähigkeit zu wissen, was für andere gut ist und was ihnen schadet. Auf der anderen Seite ist unsere ethische Intuition auch mitbeeinflusst von der Moral, in der wir sozialisiert wurden. Freilich ist diese, wie das 2 Kapitel gezeigt hat, häufig auch fragwürdig oder gar unmenschlich. Und zuweilen fließen auch Vorurteile in unsere ethische Intuition ein.

Empirische Studien zum Trolley-Problem haben das eindrücklich demonstriert (Edmonds 2015, 131–138). Befragungen von Versuchspersonen haben zum Beispiel gezeigt: Je sinnlicher und konkreter sie das Problem erleben, umso mehr schrecken sie davor zurück, den dicken Mann von der Brücke zu stoßen. Je humorvoller die Stimmung, umso grösser die Bereitschaft, ihn zu töten. Je mehr die Menschen über das Szenario nachdenken, umso utilitaristischer entscheiden sie. Je bekannter ihnen ein Mensch ist, umso eher zögern sie, ihm ein Leid anzutun. Ja, sogar die Namen, die man dem dicken Mann gab, hatten einen Einfluss auf die Entscheidung der Probanden. All das sind ethikfremde Kriterien, die in ihre Intuition einflossen und die Entscheidung beeinflussten.

Darum ist unsere ethische Intuition unverzichtbar und irrtumsanfällig zugleich. Wertvoll ist sie, weil sie uns unmittelbar und in verdichteter Form mit einem Wissen über die Menschlichkeit versorgt. Und doch müssen wir sie andererseits auch immer wieder überprüfen, weil sie uns täuschen kann. Ethische Intuition und vernünftige Überlegung müssen einander ergänzen. Ein Ethos ohne ethischen Diskurs kann gefährlich, eine Ethik ohne Intuition rabulistisch werden. *Ethische Intuition ohne Vernunft bleibt blind, ethische Vernunft ohne Intuition bleibt leer,* um einen berühmten Satz von Kant zu variieren.

Genau diese Auseinandersetzung zwischen ethischer Intuition und Argumentation leistet der Trolley-Diskurs. Indem wir intuitive Einsichten in den zweiten Stock einbringen, sie aber gleichzeitig hinterfragen, wird unser ethisches Urteil immer differenzierter. Unser Blick wird klarer, wenn wir versuchen, unsere Intuitionen mit begründeten Einsichten abzugleichen. Natürlich geht es dabei darum, die beiden Instanzen miteinander in Einklang zu bringen, Intuition und Begründungen miteinander zu versöhnen. Oder technisch gesprochen: Ethische Argumente und unsere Intuitionen müssen kompatibel sein. Es geht darum, uns unseres Gewissens zu vergewissern.

Trolley-Probleme in der wirklichen Welt

Die zweite Antwort auf den Vorwurf, Trolley-Probleme seien weltfremd und irrelevant: Wir sind in der Wirklichkeit weit häufiger mit ihnen konfrontiert, als es den Anschein hat. Selbstfahrende Autos sind nur ein Beispiel für diese These. Um sie zu belegen, skizziere ich drei weitere Felder, in denen sich Trolley-Dilemmata stellen:

1. Leider beschert uns der *weltweite Terrorismus* nebst großem Leid auch Dilemmata dieser Art. Das gravierendste Beispiel bietet der Angriff von Nine-Eleven. Hätten die Sicherheitsverantwortlichen früh genug erfahren, dass die Terroristen die Flugzeuge in die Twin Towers und ins Pentagon steuern wollten, hätten sie entscheiden müssen, ob man sie abschießen soll. Einige hundert Menschen töten und dafür dreitausend retten: ein Trolley-Dilemma. Die Passagiere des vierten Flugzeugs stürmten das Cockpit mit dem Resultat, dass der Jet schließlich in Pennsylvania abstürzte. Ihre Situation ähnelt dem Trolley-Szenario, allerdings mit dem Unterschied, dass sie dabei ihr eigenes Leben einsetzten. Darum neigen wir dazu, sie als Helden zu betrachten.
Ferdinand von Schirachs Theaterstück „Terror", unter anderem im Fernsehen ausgestrahlt, fordert das Publikum auf, in einem Trolley-Problem Stellung zu beziehen: Es muss entscheiden, ob es einen Kampfpiloten verurteilt oder freispricht. Er hat eine von Terroristen gekaperte Maschine

mit 164 Personen abgeschossen, und zwar entgegen dem Befehl seiner Vorgesetzten. Er verhindert damit, dass die Entführer es auf die vollbesetzte Allianz-Arena in München abstürzen lassen, wo gerade ein Fußballspiel vor 70.000 Zuschauern stattfindet. Die Sendung zeigte nicht nur, dass ein derartiges Szenario durchaus realistisch ist, sondern auch wie kontrovers die Menschen auf die Konfrontation mit ihm reagieren. Im Zusammenhang mit dem Terrorismus, der Menschen als Mittel zur Tötung anderer einsetzt, lassen sich leicht ähnliche vorstellen.

2. Trolley-Probleme stellen sich auch im *medizinischen Kontext.* Wir müssen dafür gar nicht den Chirurgen in Thomsons Gedankenspiel bemühen. Überall, wo die Mittel begrenzt sind und nicht alle von bestimmten medizinischen Leistungen profitieren können, stellt sich die Frage, wen wir retten und wer leer ausgeht. Zum Beispiel: Ein neu entwickeltes Krebsmedikament kostet 300.000 Franken pro Jahr und Patient. Mit diesem Geld könnten Heilmittel für dutzende von Krebspatienten in ärmeren Ländern beschafft werden, die sie sich jetzt nicht leisten können. Sollen wir uns, wenn nicht die Finanzkraft der Patienten den Ausschlag geben soll, nach der Zahl derer richten, die wir am Leben erhalten können?

3. *Militärische Entscheidungen* im Krieg sind häufig Trolley-Probleme. Das zeigt sich bei neuen, hochtechnischen Kampfmitteln besonders deutlich, weil die Opfer höchstens noch auf dem Bildschirm erscheinen. Ein Offizier in Texas steuert eine Drohne in Afghanistan mit dem Ziel, den Anführer einer Terrorgruppe zu töten. Dabei werden auch unschuldige Zivilisten sterben. Dass er aus einer Entfernung von 15.000 Kilometern eine bloß noch technische Operation ausführt, mag ihn darüber hinwegtäuschen, worum es im Kern geht: einige Menschen töten, damit eine größere Zahl überlebt, nämlich die potenziellen künftigen Terroropfer. Tatsächlich steht jeder Kommandant an der Front vor Trolley-Problemen: Er muss abwägen, wie viele Soldaten er opfert zugunsten derer, die dafür – hoffentlich in größerer Zahl – überleben.

Nehmen wir noch das vierte Beispiel dazu, die selbstfahrenden Autos, fällt auf, dass Trolley-Probleme sich vor allem in zwei Kontexten stellen. Sie tauchen häufig entweder im Zusammenhang mit Gewalt oder Krieg auf oder in der Folge von technologischen Neuentwicklungen. Mit beidem sind die meisten von uns gänzlich unfreiwillig konfrontiert. Beide kann der Einzelne nicht verhindern. Natürlich können wir uns gegen Gewalt und Krieg einsetzen, natürlich müssen wir eine technische Neuerung nicht unbedingt unterstützen. Beides aber kommt, ob wir wollen oder nicht. Das heißt auch, dass wir Trolley-Probleme nicht ausschließen können, sondern uns mit ihnen befassen müssen.

Eine „moral machine" für selbstfahrende Autos?

Zurück zu den selbstfahrenden Autos. Wie sollen wir sie programmieren? Eine Gruppe von Forschern um Edmond Awad vom Media Lab des MIT, des Massachusetts Institute of Technology, ging der Frage in einer groß angelegten Studie nach (Awad et. al. 2018). Sie entwickelte eine Online-Plattform mit dem Titel „Moral Machine", auf der Menschen aus der ganzen Welt auf Trolley-Probleme antworten konnten, die sich bei selbstfahrenden Autos stellen.

Wer teilnahm, musste 13 zufällig ausgewählte Trolley-Dilemmata lösen und konnte außerdem freiwillig Angaben zu seiner Person hinzufügen. Die Teilnehmenden mussten entscheiden, welche Figuren aus verschiedenen Paaren sie retten würden: Menschen – Haustiere, Insassen – Fußgänger, mehr Leben – weniger Leben, Männer – Frauen, Junge – Alte, bei Rot – bei Grün querende Fußgänger, Schlanke – Beleibte, Menschen mit höherem – tieferem Sozialstatus. Zum Teil waren weitere Figuren eingestreut: Schwangere, Ärzte, Verbrecher, oder die Probanden mussten entscheiden, ob sie das Auto geradeaus laufen ließen oder ausscherten. Ein Beispiel: Das Auto rast auf einen Betonpfeiler auf der eigenen Fahrbahn zu, auf der Gegenfahrbahn quert ein Mädchen die Straße. Weichen Sie aus oder rasen Sie in den Pfeiler? Jedes Szenario enthält natürlich mehrere Faktoren, hier: Geschlecht, Alter, nichts tun versus eingreifen, Anzahl der Betroffenen.

Die Datenmenge war beeindruckend: mehr als 3 Millionen Teilnehmende, rund 40 Millionen Entscheide aus 233 Ländern und Territorien der Welt. Die Forscher werteten die Daten in zwei Schritten mithilfe mathematischer Verfahren aus.

Zunächst arbeiteten sie allgemeine Trends über die ganze Stichprobe heraus. Am stärksten wirkte die Anzahl der geretteten Figuren, also das Utilitaritätsprinzip. Insgesamt verschonten die Probanden mehr Frauen als Männer, mehr Junge als Alte, eher Menschen als Tiere. Allerdings rangieren die Verbrecher bei den letzteren, nämlich zwischen den Hunden und den Katzen, die das Schlusslicht bilden. Die größte Überlebenschance hatten Babys in Kinderwagen.

In einem zweiten Schritt untersuchten die Forscher, ob sich kulturelle Unterschiede zeigen. Dazu bildeten sie, abgestützt auf die Wertsysteme der jeweiligen Kulturen, drei große Cluster: das westliche (im Wesentlichen Nordamerika und Europa), das östliche (vor allem Asien und der nahe Osten) und das südliche (hauptsächlich Lateinamerika). Tatsächlich entschieden die Probanden der drei Kulturräume zum Teil unterschiedlich. So neigten Personen im östlichen Cluster viel weniger dazu, Junge zugunsten von Alten zu retten – diese genießen hier einen größeren Respekt als anderswo. Teilnehmende aus dem südlichen Cluster bevorteilten die Frauen noch deutlicher als in den anderen Kulturräumen – die tradierten Geschlechterrollen gelten hier noch ausgeprägter. Überdies konnten die Wissenschaftler in der Feinanalyse deutliche Korrelationen mit anderen Faktoren feststellen. Zum Beispiel sind die Personen aus Ländern mit schwach ausgebildeten Institutionen klar toleranter gegenüber Personen, die bei Rot über die Straße gehen. Und die Präferenz für die größere Zahl ist in Ländern mit einer individualistischen Kultur, die den Wert des einzelnen Menschen betont, deutlich stärker ausgeprägt als in solchen mit kollektivistischer.

Welche Erkenntnisse liefert die „moral machine" für das Trolley-Thema und die selbstfahrenden Autos? In erster Linie zeigt sie den Weg auf, den wir bei der Lösung der Probleme *nicht* gehen sollten. Ethische Dilemmata lassen sich nicht mit Statistik lösen. Was die Mehrheit findet, muss nicht ethisch richtig sein. Die „moral machine" steht im Erdgeschoss. Gerade die kulturellen Unterschiede der Daten zeigen, dass hier die Moral mitbestimmt und nicht allein „der zwanglose Zwang des besseren Arguments". Im zweiten Stock stellt sich die Frage: Warum sollen die Alten im asiatischen Raum eher geschont werden und Frauen im Süden mehr als in den jeweils anderen kulturellen Kontexten? Oder andersherum: Ist es ethisch vertretbar, dass man in Asien weniger Rücksicht auf Junge nimmt und im Süden auf die Männer? Gibt es überhaupt eine ethische Begründung dafür, dass die Menschen unterschiedlich behandelt werden, je nach Alter, Geschlecht oder nach ihrer Lebensführung?

Nein, Trolley-Fragen und damit die Programmierungsprobleme der selbstfahrenden Autos müssen dort diskutiert werden, wo diese Fragen überhaupt gestellt werden. Nicht dort, wo Antworten unter dem Einfluss kultureller Wertsysteme gegeben werden. Nicht da, wo unhinterfragte Moralvorstellungen einfließen, sondern im ethischen Diskurs. Das betonen auch die MIT-Forscher. Sie wollen mit ihrer Erhebung nicht die Basis für derartige Programme liefern, sondern eine weltweite Diskussion anregen. Diese müssen wir führen, so die Autoren, bevor wir Entscheidungen von ethischer Tragweite selbstfahrenden Autos übergeben.

Nur, wer darf sich an diesem Diskurs beteiligen? Wer soll es? Meine Antwort kennen Sie schon: Menschen, die sich dieser Auseinandersetzung stellen, weil sie Verantwortung übernehmen wollen. Weil sie die Offenheit, Differenziertheit und intellektuelle Redlichkeit dafür mitbringen.

Diese Weichen sollen weder die Programmierer allein stellen noch die Politikerinnen oder die Autobauer. Darüber müssen Menschen auf dem ethischen Standpunkt entscheiden. Sie sollen den Lead übernehmen.

Was für ein Fazit lässt sich aus der ganzen Trolley-Diskussion ziehen? Wiederum unterscheide ich zwischen ethischen und metaethischen Thesen. Auf der *Ebene der Ethik:*

- Trolley-Probleme haben eine gemeinsame Struktur: Sie stellen mich in eine Situation, in der mehreren Menschen ein unabwendbarer Schaden an Leib und Leben bevorsteht. Ich aber kann ihn umlenken auf eine kleinere Zahl von Betroffenen – muss aber dafür mehr oder weniger direkt entscheiden, dass diese sterben. Diese Dilemmata sind *prinzipiell unlösbar:* Es gibt keine gerechte Entscheidung, höchstens eine am wenigsten ungerechte.
- Obwohl diese Szenarien zum Glück selten auftreten, können wir sie *nie vollständig vermeiden.* Wir können höchstens darauf hinarbeiten, möglichst nicht Bedingungen zu schaffen, in denen sie tendenziell auftreten. Das heißt – selbstverständlich – Krieg, Gewalt und Terror verhindern, aber auch technologischen Neuerungen mit größter Zurückhaltung und ethischer Skepsis begegnen.
- Auch über die eigentlichen Trolley-Szenarien hinaus lehren uns diese Dilemmata, bei der ethischen Beurteilung von Entscheidungen ein paar *grundlegende Regeln* zu berücksichtigen: Nicht nur die Folgen zählen, sondern auch die Absicht; Verbote verpflichten in höherem Grad als Gebote; elementare menschliche Rechte dürfen nicht verletzt werden, namentlich das Recht auf Leben.
- Vor allem aber ist eine bloße Nutzenabwägung, eine Aufrechnung von Leben gegeneinander immer ungerecht: gegenüber denjenigen, welche die Zeche bezahlen müssen. Obwohl mehr Leben ein größeres Gewicht haben als weniger, darf eine *utilitaristische Kalkulation allein nicht den Ausschlag geben.* Meine persönliche Verpflichtung muss zentral bleiben: der kategorische Imperativ. Denn es gibt Dinge, die ich nicht tun darf.
- Das alles besagt aber auch, dass es *meine persönliche Entscheidung* bleibt, wie ich in einem derartigen Dilemma handle, ich persönlich. Umgekehrt bedeutet das aber auch, dass wir diese persönliche Entscheidung in einem derart unausweichlichen Dilemma respektieren müssen. Unser Rechtssystem sollte sich darum hier zurückhalten und eine bestimmte Entscheidung weder vorschreiben noch sanktionieren.

Die Diskussion des Trolley-Problems hat aber auch zu Einsichten *über* die Ethik geführt, also zu *metaethischen* Erkenntnissen:

- Wir *brauchen in der Ethik Intuition,* spontane persönliche Überzeugungen davon, was richtig und was falsch ist. Gleichzeitig ist meine Intuition irrtumsanfällig. Sie kann mich täuschen aus ganz unterschiedlichen Gründen: Meine Sozialisation, Vorurteile, persönliche Interessen können unbewusst einfließen.
- Intuition bedarf darum der *Korrektur durch das Argument.* Im ethischen Diskurs zählt zwar die Intuition durchaus, aber sie ist stets der Legitimationspflicht ausgesetzt. Vertretbar ist, was vor Herz und Kopf standhält. Ethos und Ethik müssen abgeglichen werden. Es geht darum, mich meines Gewissens zu vergewissern.
- Trolley-Probleme verweisen uns auf unsere ethische Intuition und gleichzeitig auf die Notwendigkeit, sie mit Gründen abzusichern. Sie sind Gedankenexperimente, nicht Gedankenspiele, angestellt aus bloßem Vergnügen. Dazu sind die entsprechenden realen Probleme zu ernst. *Gedankenexperimente sind in der Ethik nötig,* damit wir uns über unsere eigenen Bewertungen klarer werden und weniger in die Falle vorschneller Urteile tappen.
- Darum kann nicht die Statistik ethische Dilemmata lösen. Sie bleibt im ersten oder bestenfalls im zweiten Stock stehen. *Die Mehrheit hat beileibe nicht immer recht,* wenn es darum geht, was ethisch richtig ist. Wir können uns nicht – mit Berufung auf die Mehrheitsmeinung – von der rationalen Auseinandersetzung über solche Fragen dispensieren, namentlich dann nicht, wenn wir Leader sind.

7

Unspektakuläre Ethik: Tauschgerechtigkeit

Trolley-Probleme wie die im letzten Kapitel sind wichtig: Einerseits kann ihre Diskussion wesentliche ethische Einsichten zutage fördern. Andererseits helfen sie uns das Verhältnis von ethischer Intuition und ethischer Argumentation zu klären, indem wir die beiden Instanzen miteinander konfrontieren. Sie zeigen, dass Gedankenexperimente uns keineswegs von den ethischen Herausforderungen wegführen. Vielmehr können sie Licht in unsere Zweifel bringen, die uns in realen Entscheidungssituationen befallen können.

Gleichwohl sind Trolley-Probleme keine Standardsituationen für ethische Entscheidungsfindungen. Dazu treten sie zu selten auf in unserem realen Leben. Vielmehr stellen sie Grenzsituationen dar, in die Sie hoffentlich nicht geraten. Und Trolley-Probleme sind, wie wir gesehen haben, prinzipiell nicht zu lösen, weil jede mögliche Lösung ungerecht bleibt, himmelschreiend ungerecht: nämlich für diejenigen, deren Leben Sie opfern um der Rettung anderer willen.

Gerechtigkeit aber bildet ein Kernstück dessen, was wir Menschlichkeit nennen. Sie ist ein zentrales Ziel ethischen Handelns. Und wir können ihr, aller Ungerechtigkeit auf der Welt zum Trotz, allmählich näherkommen. Gewiss nicht einer absoluten Gerechtigkeit in allen Sphären des Menschlichen. Aber zumindest einer teilweisen Gerechtigkeit in einzelnen Bereichen des Lebens. Nur, was bedeutet sie denn eigentlich? Machen Sie nicht auch die Erfahrung, dass Menschen darüber ganz unterschiedlicher Meinung sind? Gibt es eine Gerechtigkeit jenseits bloß subjektiver Gerechtigkeits-*gefühle*? Gibt es *die* Gerechtigkeit?

Ich werde in diesem und im nächsten Kapitel diesen ethischen Grundbegriff erläutern und zeigen, dass Gerechtigkeit durchaus ein Konzept ist, das sich klar fassen lässt. Es liefert uns eine Orientierung, die in ethischen Fragen von großem Nutzen sein kann. Das möchte ich an Beispielen erläutern beziehungsweise an Fragen, mit denen die meisten von uns konfrontiert sind – zumindest wenn sie bereit sind, den ethischen Standpunkt einzunehmen.

Gerechtigkeit heißt Proportionalität

Vorgesetzte in Unternehmen oder anderen Organisationen kennen das Problem: Wer führt, hat einen „schwierigen Mitarbeiter" oder eine „schwierige Mitarbeiterin". Nach meiner Erfahrung als Ausbilder und Berater von Führungskräften ist der schwierige Mitarbeiter eines der häufigsten Probleme von Vorgesetzten: Das kann eine Person sein, die in ihrer Leistung abfällt gegenüber den Kolleginnen und Kollegen. Oder ein Mitarbeiter, dessen Arbeit dem Qualitätsanspruch des Unternehmens nicht genügt. Oder eine Mitarbeiterin mit einem Suchtproblem, das ihre Arbeit beeinträchtigt.

Nicht selten haben Vorgesetzte schon alles Mögliche unternommen, um das Problem zu lösen. Sie haben den Mitarbeiter darauf angesprochen, ihm gut zugeredet, an sein Verantwortungsgefühl appelliert. Und stets hat er dann alles eingesehen und Besserung gelobt. Aber geändert hat sich wenig. Vielleicht reagiert der Vorgesetzte, er teilt dem Mitarbeiter die weniger attraktiven Aufgaben zu, gewährt ihm keine Lohnerhöhung, behandelt ihn weniger pfleglich als die anderen. Aber wohl ist ihm dabei nicht. Ist es fair, diesen einzelnen Mitarbeiter zu benachteiligen gegenüber den anderen? Bedeutet Gerechtigkeit nicht, alle gleich zu behandeln? Gut möglich, dass sogar der Betroffene selbst den Chef mit diesem Vorwurf konfrontiert: Mich behandelst du fortwährend schlechter als meine Kollegen.

Signalisieren die Skrupel des Vorgesetzten einen berechtigten Einwand seines Ethos? Spricht hier nicht die Stimme seines Gewissens? Gleichbehandlung gehört doch zu den zentralen Grundsätzen, wie wir mit anderen Menschen umgehen sollten. Was die Autoren der amerikanischen Unabhängigkeitserklärung 1776 formuliert haben, lässt sich doch nicht bestreiten:

7 Unspektakuläre Ethik: Tauschgerechtigkeit

Wir halten diese Wahrheiten für selbstverständlich, dass alle Menschen gleich erschaffen wurden, dass sie von ihrem Schöpfer mit gewissen unveräußerlichen Rechten ausgestattet wurden, dass dazu Leben, Freiheit und das Streben nach Glückseligkeit gehören.

Bedeutet das die Gleichbehandlung aller? Steigen wir in den zweiten Stock. Seit die Philosophen über Gerechtigkeit nachdenken, betonen sie, dass sie nicht bloß Gleichheit umfasst, sondern auch Ungleichheit. „Jedem das Seine", heißt seit Platon (427–347 v.Chr.) die Devise, nicht „Jedem das Gleiche". Gleichheit gehört gewiss zur Gerechtigkeit: Alle Menschen haben Grundrechte und den Anspruch, beispielsweise vor dem Gesetz gleich behandelt zu werden wie alle anderen. Darum trägt Justitia, die Allegorie der Gerechtigkeit, eine Augenbinde. „Ohne Ansehen der Person" soll sie urteilen, keinen bevorzugen oder benachteiligen.

Auf der anderen Seite würde Gleichheit allein gerade wieder neues Unrecht schaffen: Verdienen ungleiche Leistungen den gleichen Lohn? Sollen alle mitregieren können? Brauchen dreijährige Kinder eine Meinungsfreiheit? Sollen sich verurteilte Schwerverbrecher auf die Niederlassungsfreiheit berufen und bestimmen können, wo sie ihre Strafe absitzen? Der Nobelpreis für alle? Die Beispiele sind krass, gewiss, aber sie sollen verdeutlichen, dass Ungleichheit selbstverständlich zum Leben gehört – und zur Gerechtigkeit.

Sicherlich, meint der griechische Philosoph Aristoteles (384–322 v.Chr.), ist die Grundbedeutung von Gerechtigkeit: die Menschen gleich behandeln. In vielen Fällen aber bedeutet Gerechtigkeit Verhältnismäßigkeit: „Das Recht ist demnach etwas Proportionales", sagt er und erläutert dies mathematisch: „Es verhalte sich also wie Glied a zu b, so Glied c zu d". Auf den Quotienten kommt es an: $a/b = c/d$. Der Lohn muss der Leistung entsprechen, der Preis der Qualität, die Altersrente dem angesparten Kapital, die Lorbeeren dem Verdienst. Der Quotient muss denselben Wert ergeben, also doch wieder Gleichheit, eine „Gleichheit der Verhältnisse" (Aristoteles 1985, 107).

Gerechtigkeit umfasst somit beides, die Gleichheit und die Ungleichheit bzw. Proportionalität. Es fragt sich nur, wo welche den Ausschlag geben soll. Und offen ist auch das Kriterium, das den Quotienten bestimmt: Es muss nicht unbedingt die Leistung sein. In gewissen Fällen zählt die Leistung nicht, da ist es fairer, sich nach dem Bedürfnis zu richten, etwa in der Medizin. Manche Patienten brauchen eine aufwendigere Betreuung als andere. Grundsätzlich aber lässt sich feststellen: Gleichheit bedeutet immer, dass jeder das erhält, was ihm zusteht: Jedem das Seine. Und dieses Prinzip beinhaltet zwei Aspekte: die Gleichheit und die Proportionalität. Das ist die Kernbedeutung des Gerechtigkeitsbegriffs.

Was heißt das in unserem Beispiel? Zunächst sind die Skrupel des Chefs unberechtigt – genauso wie die Vorwürfe seines schwierigen Mitarbeiters. Dessen Leistung fällt ja ab gegenüber der seiner Kolleginnen und Kollegen. Da ist sein Chef keineswegs gehalten, ihn auch gleich zu behandeln, was die Aufgabenverteilung oder den Lohn betrifft. Im Gegenteil, die Proportionalität legitimiert den Vorgesetzten, die Kollegen des schwierigen Mitarbeiters, die ja mehr bieten als er, bevorzugt zu behandeln.

Mehr noch, es gibt in diesem Beispiel auch einen Aspekt der Gleichheit zu berücksichtigen: Was die Mitarbeitenden für das Unternehmen leisten, soll dem entsprechen, was dieses für sie leistet. Hier sollte Gleichheit herrschen, oder besser: Vergleichbarkeit. In unserem Beispiel muss sich der Vorgesetzte durchaus fragen, ob nicht dem Unternehmen Unrecht geschieht. Ein Arbeitsverhältnis ist ja keine Lebensversicherung, sondern ein Vertrag, der vorsieht, dass das gegenseitige Geben und Nehmen sich im Gleichgewicht befinden. Dieses müsste der Chef wieder ins Lot bringen. Oder noch besser, die Korrektur vom Mitarbeiter verlangen. Das heißt nicht, dass er den schwierigen Mitarbeiter gleich feuert. Aber er könnte von ihm einfordern, was er schuldig bleibt. Wenn du deinen Teil zu unserem Vertrag einhältst, gilt er weiterhin. Andernfalls müssen wir ihn korrigieren oder auflösen. Ganz zu schweigen davon, dass auch den Kolleginnen und Kollegen Unrecht geschieht, wenn der Mitarbeiter Trittbrett fährt: Sie bügeln die Mängel des schwierigen Mitarbeiters aus und kompensieren seine Minderleistung durch ihre Mehrarbeit.

Dieses Argument spricht keineswegs für eine Hire-and-fire-Politik. Auch das Unternehmen steht den Mitarbeitenden gegenüber in der Pflicht. Das zeigt ein anderer Fall: Eine Teamleiterin in einem Dienstleistungsunternehmen betreut vier Mitarbeitende im Innendienst. Das Volumen der Kundenanfragen, die sie bearbeiten müssen, ist enorm. Seit Jahren können sie es trotz großem Einsatz nur bewältigen, indem sie regelmäßig 55 bis 60 Stunden die Woche arbeiten, Überstunden, die das Unternehmen zwar bezahlt. Aber die Geschäftsleitung widersetzt sich einer Aufstockung des Personals hartnäckig. Die Belastung hat dazu geführt, dass eine Mitarbeiterin ein Burnout erlitt und seit Monaten krankgeschrieben ist. Die verbleibenden drei haben nun deren Pensum zusätzlich zu erledigen. Wann die kranke Kollegin zurückkehrt, ist offen.

Hier wird das Gerechtigkeitsprinzip vonseiten der Firma verletzt. Nicht so sehr, was die Proportionalität zwischen den Mitarbeitenden betrifft – die verbleibenden drei leisten ja gleichermaßen ihren Teil, und bei der Burnout-Betroffenen kann man nichts einfordern. Vielmehr herrscht hier ein Ungleichgewicht zwischen den Leistungen von Arbeitgeberin und Mitarbeitenden. Diesmal aber verletzt das Unternehmen den Grundsatz der Gerechtigkeit, allen Interventionen der Teamleiterin zum Trotz. Wer sich in der Wirtschaftswelt etwas auskennt, weiß, dass Ungerechtigkeiten dieser Art nicht selten vorkommen.

Gerechtigkeit: ein komplexes Phänomen

An den beiden Beispielen lässt sich der Gerechtigkeitsbegriff noch ausdifferenzieren. Oft hilft es zu fragen, wie wir denn ein Wort normalerweise gebrauchen. Wann reden wir denn im Alltag von „Gerechtigkeit"? Wann nennen wir etwas „gerecht" oder „ungerecht"? Der Sprachgebrauch kennt das Wort in unterschiedlichen Zusammenhängen. Wir beziehen es häufig auf Handlungen oder Verhaltensweisen einzelner Menschen: „Das ist eine faire Entscheidung", sagen wir. Aber auch gesellschaftliche Verhältnisse können gerecht oder ungerecht sein: das Rechtssystem eines Staates, die Besitzverhältnisse in einer Institution. Verträge können gerecht oder ungerecht sein, aber auch Menschen selber nennen wir gerecht oder ungerecht.

Dass „gerecht" etwas mit „Recht" zu tun hat, also mit der juristischen Sphäre, ist schon etymologisch offensichtlich. Ursprünglich meinte es „die Rechtheit der Verhältnisse", und zwar die zwischen den Menschen und einer „göttlichen Weltnorm" wie auch die zwischen ihnen selber (Ritter, 3, 330–338). Gerecht war, was dieser Norm entsprach, was richtig war, gemessen an einer übergeordneten Gesetzlichkeit. Mit der Zeit verblasste die religiöse Bedeutung des Begriffs und er bezog sich auf die menschliche Rechtsordnung. Richtig ist, was dem Gesetz entspricht.

Noch Aristoteles, der dem Gerechtigkeitsbegriff in seiner „Nikomachischen Ethik" ein ganzes Kapitel widmet (Aristoteles 1985, 100–129), sieht darin seine Grundbedeutung. Als Philosoph unterscheidet er dann allerdings und arbeitet die verschiedenen Aspekte des Wortes genauer heraus. Noch heute folgen die Gerechtigkeitstheoretiker seiner Aufteilung. Zunächst ist die *subjektive* von der *objektiven* Bedeutung zu trennen: Wir nennen entweder *einen Menschen* gerecht oder *ein äußeres Verhältnis zwischen Menschen*. Die auf Menschen bezogene, die subjektive Gerechtigkeit nennt Aristoteles eine Tugend. Ein Mensch verfügt über sie, wenn er gerecht ist und gerecht handelt. Andererseits beinhaltet das Wort – objektiv – ein Konzept. Gerechtigkeit ist ein Begriff, eine gedankliche Vorstellung, die wir mit einem objektiven Verhältnis verbinden. Es ist klar, dass ein Mensch, der gerecht genannt wird, es eben darum ist, weil sein Leben und sein Handeln mit diesem Konzept im Einklang stehen. Auf den Tugendbegriff komme ich im übernächsten Kapitel zurück.

Wichtiger in unserem Kontext ist die *objektive Wortbedeutung*, die Gerechtigkeit als Konzept. Es entspricht genau dem Gedanken, den ich eingangs des Kapitels schon entwickelt habe. Das Konzept der Gerechtigkeit bedeutet, dass jedem das zukommt, was ihm zusteht. Und das wiederum entscheidet sich, wie schon dargelegt, nach den Prinzipien *der Gleichheit und der Proportionalität*. Da gibt es wiederum zwei verschiedene Situationen. Entweder geht es darum, Güter oder Aufgaben zu verteilen: Dann kommt die *Verteilungsgerechtigkeit* ins Spiel. Aristoteles nennt sie auch distributive Gerechtigkeit. Es kann aber auch sein, dass die Verteilung schon stattgefunden hat. Dann gibt es immer Fälle, in denen sie korrigiert oder ergänzt werden muss. In diesem Fall muss man sich an die *Tausch- oder korrektive Gerechtigkeit* halten.

Fragen der Verteilungsgerechtigkeit wären zum Beispiel: Wie teilen wir die Aufgaben in einem Team auf? Wie den Gewinn, den das Unternehmen erzielt? Wie gestaltet es sein Lohnsystem? Wie organisiert ein Land die politischen Funktionen? Wie sieht überhaupt eine gerechte Gesellschaft aus? Wie eine gerechte Welt? Um die Tauschgerechtigkeit geht es bei Verträgen aller Art, etwa bei Anstellungs- oder Zusammenarbeitsvereinbarungen, aber auch bei der Zumessung von Strafen für Vergehen, beim Kauf und Verkauf von Gütern oder Dienstleistungen.

Die Beispiele zeigen: Bei der Verteilungsgerechtigkeit dominiert das Prinzip der Proportionalität: Aufgaben sollten nach Fähigkeiten verteilt werden, Sozialleistungen nach Bedürfnis, Löhne nach Leistung. Da gibt es notgedrungen Ungleichheiten, die man proportional verteilen muss. Bei der Tauschgerechtigkeit dagegen steht die Gleichheit im Vordergrund: Die Höhe der Strafe muss sich nach der Schwere des Vergehens richten, der Preis nach dem Wert, der Vertrag sollte dafür sorgen, dass Geben und Nehmen vergleichbar sind. Darum nennt Aristoteles die Verteilungsgerechtigkeit auch geometrisch und die Tauschgerechtigkeit arithmetisch: Bei der ersten geht es um die Proportionalität, also einen Quotienten, bei der letzteren um Gleichheit. Aber das sind schon Spitzfindigkeiten. Genauso wie die Unterscheidung, die Aristoteles bei der Tauschgerechtigkeit noch trifft: Menschen können sie freiwillig oder unfreiwillig erfahren. Ersteres bei Verträgen, Letzteres wenn sie vor dem Strafgericht stehen.

GERECHTIGKEITSBEGRIFFE NACH ARISTOTELES

- **GERECHTIGKEIT**
  dem Gesetz / den Regeln gemäss
  - **GERECHTIGKEIT ALS TUGEND**
    (subjektiv)
  - **GERECHTIGKEIT ALS PRINZIP**
    Gleichheit & Proportionalität
    (objektiv)
    - **TAUSCH-GERECHTIGKEIT**
      korrektiv
      (arithmetisch)
      - **VERTRAG**
        freiwillig
      - **STRAFE**
        unfreiwillig
    - **VERTEILUNGS-GERECHTIGKEIT**
      distributiv
      (geometrisch)

Zurück zu unseren beiden ersten Beispielfällen, dem schwierigen Mitarbeiter und dem überlasteten Team. Bei beiden wird die Tauschgerechtigkeit verletzt. Der schwierige Mitarbeiter tut es, indem er seinen Teil zum Arbeitsvertrag nur unvollständig beiträgt, während das Unternehmen die Vereinbarung einhält. Die Leistungen beider Seiten entsprechen sich nicht. Umgekehrt erfüllt im zweiten Fall das Unternehmen seine Verpflichtung nicht, oder besser: Es verlangt den Mitarbeitenden eine Leistung ab, die weit über den Anstellungsvertrag hinausgeht. Allerdings berührt der erste Fall auch die Verteilungsgerechtigkeit. Die Minderleistung des schwierigen Mitarbeiters bringt auch das Verhältnis von Leistung und Lohn aus dem Lot: Bei seinen Kolleginnen und Kollegen verschiebt sich der Quotient ins Negative.

Was heißt das in Ihrem Alltag? Welche praktischen Konsequenzen können Sie daraus ziehen? – Ganz konkret:

- Werfen Sie den *Mythos der Gleichbehandlung über Bord*. Viele Vorgesetzte denken: „Ich muss alle Mitarbeitenden gleich behandeln" oder Lehrpersonen: „alle Schülerinnen und Schüler". Gerechtigkeit ist eine komplexere Idee als Gleichheit: Sie hat mit Gleichheit *und* mit Ungleichheit zu tun.
- Fragen Sie sich im konkreten Fall: Geht es hier um einen Austausch, um ein *Geben und Nehmen*? Dann müssen die beiden sich entsprechen. Dann geht es um die Balance, und die Waagschalen sollten gleich schwer sein.
- Oder geht es um die *Verteilung von Gütern*? Muss ich einen Kuchen gerecht unter mehrere Menschen aufteilen? Dann ist Proportionalität das Ziel, Verhältnismäßigkeit.
- Und handeln Sie dann entsprechend: Behandeln Sie *das Gleiche gleich und das Ungleiche ungleich*.

8

Arm und Reich: Verteilungsgerechtigkeit

Während im letzten Kapitel die Tauschgerechtigkeit im Vordergrund stand, geht es im Folgenden um die Verteilungsgerechtigkeit. Eine zentrale Frage beschäftigt hier die Philosophen seit über zweitausend Jahren: von Platons Hauptwerk „Der Staat" über Aristoteles, Augustinus und Thomas von Aquin bis zu den politischen Philosophen und Philosophinnen der Neuzeit: Wie sieht eine gerechte Gesellschaft aus? Was bedeutet Verteilungsgerechtigkeit im Ganzen eines Gemeinwesens? Und natürlich drängt sich dann die Anschlussfrage auf: Wie steht es denn bei uns? Sind beispielsweise Deutschland, die Schweiz oder Österreich gerechte Gesellschaften? Natürlich sind diese Fragen von zentraler ethischer Bedeutung.

Ein gerechter Staat auf Alpha Centauri

Um sie zu beantworten, reicht aber das Gerechtigkeitskonzept von Aristoteles nicht. Darum stelle ich zunächst eine der bekanntesten Theorien vor, die genauer umreißt, was Verteilungsgerechtigkeit in einer modernen Gesellschaft bedeuten kann. Der amerikanische Philosoph John Rawls (1921–2002) hat die einflussreichste Gerechtigkeitstheorie der Gegenwart entwickelt. In „Eine Theorie der Gerechtigkeit" soll uns ein Gedankenexperiment die Grundzüge einer gerechten Gesellschaft liefern. Er fragt seltsamerweise zunächst nicht, wie sie aussehen soll, sondern unter welchen Bedingungen wir sie konzipieren müssten. Das Problem bei der Gerechtigkeitsdiskussion liegt ja darin, dass wir immer schon bestimmt sind von unseren eigenen persönlichen Interessen, Wünschen, Positionen, Meinungen. Rawls Gedankenexperiment, übertragen in eine Science fiction-Geschichte, sieht so aus:

Gesetzt den Fall, man hätte bei unserem Nachbarstern Alpha Centauri einen Exoplaneten entdeckt, dessen Lebensbedingungen den irdischen nahe kommen. Deshalb hat die vom Untergang bedrohte Menschheit eine Gruppe von Astronauten auf die Reise geschickt, die den Planten kolonisieren soll, damit unsere Art nicht untergeht. Auf der Reise dorthin hätten die Kolonisatoren Zeit genug, um darüber nachzudenken, wie sie ihre künftige Gesellschaft aufbauen wollen. Immerhin ist Alpha Centauri gut vier Lichtjahre entfernt.

Unter diesen Umständen, so Rawls, würden die Astronauten die beste Lösung für eine gerechte Gesellschaft erarbeiten. Denn sie müssten gezwungenermaßen abstrahieren von ihren subjektiven Positionen und Interessen. Sie wären vom „Schleier des Nichtwissens", vom „veil of ignorance" eingehüllt, wie Rawls formuliert, und hätten noch keine Ahnung, welche Stellung sie persönlich auf Alpha Centauri dereinst einnehmen würden. Das würde sie zu einer gerechten – Rawls sagt „fairen" – Lösung zwingen. Sie würden gewissermaßen in den zweiten Stock genötigt. Unter diesen Bedingungen würden, meint Rawls, zwei Grundsätze einen breiten Konsens finden:

1. Die Alpha Centauri-Gesellschaft gesteht jedem Individuum dasselbe *Grundset an Rechten und Freiheiten* zu, soweit sie nicht mit Rechten und Freiheiten anderer kollidieren.
2. Soziale und ökonomische *Unterschiede* wird es unausweichlich auch geben. Aber sie sind nur dann *legitim,* wenn sie zwei Bedingungen erfüllen: a) Erstens müssen sie mit Ämtern und Positionen verbunden sein, die prinzipiell *allen offen stehen.* b) Zweitens müssen sie auch denen, die diese Positionen gerade *nicht* innehaben, den *größten Vorteil bringen.*

Rawls findet, dass „uninteressierte", also unter dem „Schleier des Nichtwissens" stehende Menschen diesen beiden Grundregeln zustimmen müssten. Bitte prüfen Sie, ob Sie es würden, wenn Sie Folgendes überlegen:

1. Zum *Gleichheitsprinzip:* Für Menschen, die eine moderne, freiheitliche Gesellschaft erfahren haben, dürfte es selbstverständlich sein, dass es gewisse Rechte geben muss, die für alle gelten: das Recht auf körperliche Unversehrtheit, auf den eigenen Glauben, darauf, vor Gericht gleichermaßen berücksichtigt zu werden wie alle anderen. Wer kann das

bestreiten? Umgekehrt dürfen die Freiheiten eines Einzelnen nicht die eines anderen beschneiden, auch das leuchtet ein.
2. Zum sogenannten *Differenzprinzip:* Es gibt keine Gesellschaft, in der alle die gleichen Funktionen und Aufgaben übernehmen. Nicht jede kann Bundeskanzlerin oder Arzt sein. Und da mit jeder Funktion auch Privilegien oder besondere Rechte verbunden sind, gibt es zwangsläufig auch immer Ungleichheiten. Allerdings dürfen diese nicht willkürlich verteilt oder an sich gerissen werden. Sie bedürfen der Legitimation, und zwar einer doppelten. Diese Funktionen müssen erstens prinzipiell für alle zugänglich sein. Das heißt etwa: Jeder Mensch kann beispielsweise Ärztin oder Abgeordneter werden. Und sie müssen zweitens im Interesse auch und gerade derer liegen, die sie nicht erhalten. Dass jemand das Amt der Bundeskanzlerin ausübt, liegt in meinem Interesse – auch dann, wenn ich selber es nicht bin.

Sie haben sicherlich bemerkt, dass Rawls' Prinzipien den beiden Aspekten der aristotelischen Gerechtigkeitsdefinition entsprechen. Das erste fokussiert auf die Gleichheit: gleiche Rechte, gleiche Freiheiten. Hier soll es keine Unterschiede geben. Das zweite dagegen, das Differenzprinzip, formuliert, wie mit Ungleichheiten umzugehen ist. Da es sie in jeder Gesellschaft gibt, sollen sie nur unter Bedingungen akzeptiert werden, die für eine Art Verhältnismäßigkeit sorgen: ihre allgemeine Zugänglichkeit und ihr Nutzen für alle, insbesondere für die von ihnen Benachteiligten.

Die Schweiz, eine gerechte Gesellschaft?

Mir leuchten Rawls Gerechtigkeitsgrundsätze ein. Falls sie auch Sie überzeugen, erlauben sie es uns zu überprüfen, ob unsere Gesellschaft ihnen genügt, ob wir in einer verteilungsgerechten Gemeinschaft leben. Ich nehme als Beispiel die Schweiz, in der ich lebe. In anderen westlichen Gesellschaften dürfte die Sache nicht viel anders liegen. Eine Antwort freilich ist nicht so schnell bei der Hand. Gehen wir die beiden bzw. die drei Kriterien der Reihe nach durch.

1. Verfügen die Menschen in der Schweiz über ein *Grundset an Rechten und Freiheiten*? Auf den ersten Blick keine Frage. Unsere Gesellschaft bekennt sich zu den Menschenrechten, zum Teil sind sie sogar in der Verfassung festgeschrieben. Jede Schweizerin und jeder Schweizer hat das Recht auf körperliche Unversehrtheit, darf sich seine Meinung

frei bilden und sie öffentlich äußern. Jeder entscheidet in wesentlichen Belangen seines Lebens frei: ob und wen er heiratet, welchen Beruf er wählt, wo er wohnt und arbeitet. Und auch vor dem Gesetz gilt jede Person gleich. Sie kann ihre Rechte einfordern, die juristischen Instanzen müssen dafür sorgen, dass sie ihr gewährt werden. Und jede erwachsene Person kann wählen und sich wählen lassen, bei Volksinitiativen und Referenden sogar direkt abstimmen über Sachfragen. All das ist garantiert durch Verfassung, Gesetze und stabile Verfahren.

Zumindest in der Theorie. Doch hält die Lebenswirklichkeit, was der Rechtsstaat verspricht? Da gibt es Zweifel. Ist es gerecht, dass bestimmte Minderheiten erwiesenermaßen benachteiligt sind oder gar ausgegrenzt werden? Dass in der Schweiz wohnhafte Ausländer nicht stimmen und wählen dürfen? Dass Menschen, denen das nötige Kleingeld fehlt, es sich manchmal ganz einfach nicht leisten können, gegen finanzstarke Gegenparteien zu klagen? Die Beispiele zeigen: Obwohl hierzulande Rechtsstaat und Demokratie formell das erste Rawlssche Gerechtigkeitsprinzip grundsätzlich garantieren, sind in Einzelfällen Zweifel angebracht.

2a. Zum zweiten Gerechtigkeitsgrundsatz: Sind die Ämter und Positionen, die ihren Trägern Privilegien bieten, *allen zugänglich*? Kann jede Nationalrätin werden? Jeder CEO einer großen Firma? Können wirklich alle Menschen Berufe wie den des Arztes, der Ingenieurin, des Chefbeamten erreichen? In der Theorie sicher zum größten Teil. Wir haben unsere Institutionen so konzipiert, dass Positionen prinzipiell allen offen stehen. Aber haben wirklich alle Menschen dieselbe Chance, in alle Positionen zu gelangen? Auch das Mädchen mit Migrationshintergrund? Der Junge aus der Arbeiterfamilie in Aussersihl? Sie Bundesrätin? Er Konzernchef?

2b. Und wie steht es mit der zweiten Bedingung des Differenzprinzips? Liegen die Privilegien, welche bestimmte Positionen offerieren, *im Interesse der Nicht-Privilegierten*? Das kann man gewiss bejahen für viele Ämter. Es muss jemand geben, der regiert. Eine Ärztin soll einen privilegierten Zugang zu meinem Körper haben. Eine Vorgesetzte braucht Weisungskompetenz gegenüber dem Mitarbeiter. Andernfalls würde unsere Gesellschaft nicht funktionieren. Diese Privilegien liegen darum in meinem Interesse, auch wenn ich nicht Bundesrat, Ärztin oder Vorgesetzte bin.

Die Übermacht des Geldes

Zweifel an der Gerechtigkeit der Verhältnisse in meinem Land machen sich indessen dann in aller Schärfe bemerkbar, wenn wir einen Typus von Privilegien in Betracht ziehen, von denen bislang gar nicht die Rede war: den finanziellen. Das Geld, die überragende Determinante unserer Gesellschaft, ist hier auf eine extrem ungleiche Weise verteilt. Und es verschafft denen, die es haben, gewaltige Vorteile.

Kann gerecht sein, dass ein Prozent der Bevölkerung vierzig Prozent des Vermögens besitzen? Dass am anderen Ende der Skala dreißig Prozent der Menschen über weniger als 50.000 Franken verfügen? Wenn der Kuchen auf hundert Personen aufgeteilt wird, bekommt ein einziger vierzig Prozent davon und die letzten dreißig noch einen Krümel? Kann gerecht sein, dass Spitzenmanager das Zwei- oder Dreihundertfache des Salärs einstreichen, das gewöhnliche Mitarbeitende ihres Unternehmens beziehen? Um die Frage am Prinzip der Verhältnismäßigkeit zu messen: Ist es überhaupt möglich, dass ein einzelner Mensch das Zwei- oder Dreihundertfache dessen leistet, was andere der Firma erbringen? Sind Jahreslöhne im zweistelligen Millionenbereich, gemessen daran, dass vielen Vätern und Müttern vielleicht 60.000 Franken im Jahr für die ganze Familie reichen müssen, nicht einfach obszön? Kann es gerecht sein, dass Menschen in der Schweiz in Luxusvillen leben, die Dutzende von Millionen Franken kosten und über Tausende Quadratmeter Umschwung verfügen, all das an allerbester Lage? Und dass gleichzeitig Obdachlose in den Städten leben, ohne Arbeit, ohne Wohnung, ohne Geld auch nur für das Lebensnotwendige?

Sie erinnern sich: Proportionalität heißt, der Quotient Leistung/Lohn bleibt konstant. Ohne Zweifel verletzen solche Verhältnisse den Grundsatz der Verhältnismäßigkeit krass. Vom Standpunkt der Verteilungsgerechtigkeit aus gesehen, gibt es indessen noch einen zweiten Skandal. Derart exorbitante Vermögen verleihen ihren Besitzern nicht nur Privilegien im bisher betrachteten Sinn: Luxusgüter, Lebensqualität, Genuss. Sie schaffen darüber hinaus ein Privileg ganz anderer Art, das mindestens ebenso stoßend ist wie die Unverhältnismäßigkeit selbst, nämlich Macht. Und diese Macht liegt, um mit Rawls zu reden, definitiv nicht mehr im Interesse derer, die darauf verzichten müssen.

Das wird noch klarer, wenn wir berücksichtigen, in welch überwältigendem Maß das Geld unsere ganze Gesellschaft als Orientierungspunkt, Wertmaßstab und Machtinstanz durchdrungen hat. Schon vor über hundert Jahren hat der Philosoph Georg Simmel (1858–1918) in seiner „Philosophie des Geldes" dieses Phänomen eindrücklich beschrieben. Sein

Fazit: Das Geld hat als Maßstab für unser Handeln über andere Maßstäbe gesiegt: über religiöse, moralische und politische. Der Siegeszug des Geldes, den Simmel ankündigt, ist im 21. Jahrhundert vollends zu einem alles überwältigenden Triumph angewachsen. Was gibt es noch, was man sich für Geld nicht kaufen kann? Das Buch eines anderen Philosophen, Michael Sandel (*1953), trägt diesen Titel: „What Money can't Buy". Seine Liste von Dingen, die man heutzutage kaufen kann, ist überwältigend: Personen, die für mich in der Schlange warten, menschliche Stirnen als Werbeträger, Leihmütter, das Recht, die Luft mit CO_2 zu verschmutzen. Sandels Analyse lässt sich leicht von den USA auf die Schweiz übertragen.

Was heißt das für die Frage, ob wir Schweizer in einer gerechten Gesellschaft leben? Es bedeutet, dass damit eine neue Dimension von Privilegien ins Spiel gekommen ist, die zu einer Ungerechtigkeit besonderer Art führen. Wie sich diese Privilegien auf die Gesellschaft auswirken, deute ich mit wenigen Beispielen an. Geld verleiht die Macht, mittels Lobbying Gesetzgebungsprozesse zu beeinflussen, natürlich im Interesse derer, die sich ein solches Lobbying leisten können. Die politische und die wirtschaftliche Sphäre bilden eine Interessengemeinschaft, ihre Vertreter sind häufig eng miteinander verbandelt. Sie tauschen zum Teil ihr Personal aus: Bundes- und Regierungsräte wechseln nach ihrer Amtszeit in private Spitzenpositionen, Politiker sitzen in Aufsichtsräten von großen Unternehmen. Potente Wirtschaftsvertreter oder Unternehmen finanzieren die Wahlkämpfe von politischen Parteien oder die Kampagnen bei Sachabstimmungen.

Privilegien, die nach Rawls in einer gerechten Gesellschaft zulässig sind, müssen erstens an Ämter gebunden sein, die allen zugänglich sind, und zweitens im Interesse der nicht Berücksichtigten liegen. Über diese Privilegien verfügen bei uns in erster Linie die Träger politischer Ämter: Sie machen Gesetze, regieren und sprechen Recht. Wenn aber die Minderheit der Vermögenden kraft ihres Geldes die politischen Entscheidungen derart weitreichend beeinflusst, wird das Differenzprinzip von Rawls ausgehebelt. Diese Privilegien liegen kaum im Interesse derer, die auf sie verzichten müssen. Kommt dazu, dass sie auch nicht, wie es das zweite Kriterium von Rawls verlangt, an Positionen gebunden sind, die allen gleichermaßen zugänglich sind. Natürlich behaupten die Privilegierten, jeder könne es in den Kreis dieser politisch-wirtschaftlichen Interessengemeinschaft schaffen. Die Frage ist nur, zu welchem Preis? Besteht er nicht genau darin, sich dem Geld zu unterwerfen? Es als einzigen Maßstab fürs Handeln gelten zu lassen und alle anderen hintanzustellen?

Vielleicht werden Sie den Verdacht nicht ganz los, hinter solchen Argumenten verstecke sich der Neid der Besitzlosen. Mag sein, dass manche

Kritik an den Vermögenden auch von Missgunst angetrieben wird. Um die Sache aber, um die Gerechtigkeit, steht es ernster. Um das zu erläutern, unterbreche ich hier die Gerechtigkeitsanalyse der Schweiz und skizziere im Folgenden eine zweite bedeutende Gerechtigkeitstheorie der Gegenwart.

Sphären der Gerechtigkeit

Michael Walzer entwirft in seinem Werk „Sphären der Gerechtigkeit" eine Alternative zu Rawls' Konzeption der Verteilungsgerechtigkeit, die man aber durchaus auch als Ergänzung verstehen kann. Er kritisiert an Rawls, dass dieser seine Gerechtigkeitsprinzipien sozusagen im luftleeren Raum entwickelt. Tatsächlich aber haben Güter immer diejenige Bedeutung, die ihnen eine bestimmte Gesellschaft verleiht. Nicht überall auf der Welt haben die Dinge den gleichen Wert. Es sind sogar die Gesellschaften selbst, die Güter überhaupt erst hervorbringen, nicht nur materielle, sondern vor allem auch soziale, also Leistungen, Anerkennung, Bildung, religiöse Zugehörigkeit oder Liebe. Erst wenn man weiß, welche Güter welchen gesellschaftlichen Wert besitzen, also in einer historisch gewachsenen konkreten Gesellschaft, kann man entscheiden, wie sie verteilt werden sollen.

Die Kriterien, nach denen dies tatsächlich geschieht, sind vielfältig, je nach der Art der Güter, um die es geht. Anerkennung kann nicht nach demselben Prinzip zugeteilt werden wie Waschmaschinen, und diese nicht wie medizinische Leistungen. Rawls trägt dieser Verschiedenheit nicht Rechnung. Walzer tut es, indem er verschiedene *„Sphären"* von Gütern unterscheidet, in denen jeweils andere Verteilungsregeln gelten. Er unterscheidet grundsätzlich deren drei: der freie Austausch (z. B. bei Konsumgütern und Finanzdienstleistungen), das Verdienst (z. B. bei Bildungsabschlüssen und Nobelpreisen) und das Bedürfnis (z. B. bei ärztlichen Dienstleistungen und Rettungsaktionen). Je nach Sphäre kommt ein anderes Distributionsprinzip zur Anwendung, oft auch eine Kombination von ihnen. Verschiedene Gesellschaften mögen eine bestimmte Sphäre unterschiedlich behandeln. Dennoch glaubt Walzer, dass es über die Gesellschaften hinweg in jeder Sphäre einen Minimalkonsens für eine faire Verteilung gibt. Er argumentiert also nicht auf der Ebene der Moral, sondern der Ethik, und diskutiert in seinem Buch für 11 Sphären, nach welchen Kriterien die betreffenden Güter fair verteilt werden sollten.

Etwa die Sphäre „Mitgliedschaft und Zugehörigkeit". Sie ist grundlegend, weil auf ihrer Basis Rechte und andere Güter eingefordert werden können. Die gegenwärtige Flüchtlingsproblematik etwa fällt in diesen Bereich.

Walzer argumentiert, dass grundsätzlich diejenigen über die Aufnahme in eine Gemeinschaft bestimmen, die bereits Mitglied sind. Aber es kann auch Situationen geben, in denen Zuwanderer ein Recht auf Aufnahme haben, etwa wenn sie an Leib und Leben bedroht sind. An typischen Fällen zeigt er, wann dieses gilt und wann jenes. Die Kriterien Verdienst und Bedürfnis bestimmen also hier die Verteilung. In der Sphäre „Sicherheit und Wohlfahrt" wiederum muss auch der freie Austausch berücksichtigt werden: Die Krankenkassenleistungen hängen von den Prämien ab, die ich bezahle. Aber dieses Kriterium allein kann nicht entscheiden: Die medizinische Leistung muss sich in erster Linie am Bedürfnis ausrichten. In der Sphäre „Geld und Waren" soll der Grundsatz des freien Austausches entscheiden. Es ist angemessen und fair, dass hier der Markt bestimmt.

Nach Walzer gibt es zwei Typen von Ungerechtigkeit: Monopol und Herrschaft. Ein *Monopol* liegt vor, wenn ein einzelner Player die Verteilung in einer Sphäre praktisch vollständig beherrscht. Das kann in gewissen Sphären akzeptabel sein, etwa das Gewaltmonopol des Staates, in anderen weniger. Von *Herrschaft* dagegen spricht er, wenn die Vormacht in einer Sphäre ihrem Träger auch die Vormacht in anderen verschafft. Die Bevorteilten einer Sphäre greifen in andere über. Diesen Übergriff nennt Walzer Tyrannei. Sie gilt es zu bekämpfen, nicht unbedingt die Monopole. Ein klassisches Beispiel für den Übergriff: das Feudalsystem des Mittelalters und der frühen Neuzeit. Die ökonomische Macht fußte auf dem Landbesitz; wer darüber verfügte, besaß auch politische Vorherrschaft und genoss auch noch ausschließlich Titel, Ehren und Würden.

Zurück zur Frage: Ist die Schweiz eine gerechte Gesellschaft? Walzers Theorie bringt eine spezifische Ungerechtigkeit in unserer Gesellschaft erst klar zum Vorschein, die ich oben nur angedeutet habe. Sie liegt in der *Tyrannei, die das Geld ausübt*. Simmel und Sandel beschreiben diesen Übergriff – der natürlich nicht auf die Schweiz beschränkt ist – in aller Anschaulichkeit, Walzer bringt ihn auf den Begriff. Das Verteilungskriterium, das in der Sphäre „Geld und Waren" berechtigt sein mag, schafft hier nicht nur massive Ungleichheiten. Vielmehr dominieren die in dieser Sphäre Begünstigten in den letzten ein bis zwei Jahrhunderten mehr und mehr auch andere Sphären. Namentlich die von „Politik und Macht", die natürlich ihrerseits verschiedene andere Sphären kontrolliert.

Zu einem ganz ähnlichen Ergebnis kommt auch Christian Neuhäuser (*1977). In seinem Buch „Reichtum als moralisches Problem" bestreitet er, dass sich der exorbitante Reichtum in unserer Gesellschaft – der Superreichtum, wie er ihn nennt – ethisch rechtfertigen lässt. Und zwar vor allem aus zwei Gründen:

- Zunächst ist er in diesem Ausmaß *nicht verdient:* Niemand kann hundert oder tausend Mal mehr leisten als ein anderer. Die wirtschaftlichen Strukturen begünstigen bestimmte Menschen entscheidend und schließen andere aus. Ob ich Millionen und eine Villa erbe oder nicht, spielt eine entscheidende Rolle. Und genauso, ob ich als Akademikersohn ans Gymnasium und die Uni möchte oder als Tochter mit Migrationshintergrund. Glücksfaktoren geben da häufig den viel größeren Ausschlag als meine persönliche Leistung.
- Superreiche, also Milliardäre und ähnlich reiche Personen, erhalten dank ihres Geldes einen hochproblematischen *Einfluss in anderen gesellschaftlichen Bereichen,* Walzer würde sagen: „Sphären". Große Unternehmen und superreiche Einzelpersonen schicken ihre Interessenvertreter in Entscheidungsgremien, finanzieren Wahl- und Abstimmungskampagnen oder drohen mit dem Abzug aus dem Land, um damit politische Entscheidungen zu beeinflussen. Indem sie festsetzen, was überhaupt produziert und angeboten wird, bestimmen sie den allgemeinen Lebensstil und entscheiden, wer sich diesen noch leisten kann. Damit *bedrohen sie die Würde* derer, die außen vor bleiben. Denken Sie an die Obdachlosen unserer Städte. Ist Würde noch möglich, wenn man ums Notwendigste betteln, in Abfallkörben wühlen und schäbig gekleidet sein Leben in aller Öffentlichkeit fristen muss? Und wie steht es um die Würde von Menschen, die unter die Armutsgrenze gefallen sind?

Neuhäuser weist den Vorwurf zurück, hinter der Reichtumskritik stecke der Neid. Vielmehr liegt im Neidvorwurf eine Strategie, um die Gerechtigkeitsdiskussion abzuwürgen. Wenn Frauen den gleichen Lohn für gleiche Arbeit fordern, motiviert nicht Neid sie dazu, sondern der Anspruch auf Gerechtigkeit. Wohl aber leben wir nach Neuhäuser in einer Giergesellschaft. Allerdings lastet er diese Haltung nicht einzelnen Reichen an, sondern sieht die Gier in die Struktur unserer Gesellschaft eingeschrieben: Alles wird mit Geld verrechnet, überall sollen die Gewinne maximiert werden, alles wird dem materiellen Wachstum untergeordnet. Denken Sie an Simmel und Sandel.

Die Schweiz, eine verteilungsgerechte Gesellschaft? Das Fazit fällt zwiespältig aus. Auf der einen Seite sind wir hierzulande ein großes Wegstück hin zu einer gerechteren Gesellschaft gegangen. Grundsätzliche Garantie der Menschen- und Bürgerrechte, demokratische Verhältnisse, Rechtsstaat, die Freiheit für die meisten, im Großen und Ganzen ihr Leben so zu gestalten, wie sie es möchten, – all das ist im Vergleich zu den Zuständen, die vor Jahrhunderten geherrscht haben, ein gewaltiger Fortschritt. Denken Sie nur ans 2. Kapitel zurück. Daran, wie gewalttätig, brutal und blutig die Geschichte der Menschheit über viele Jahrhunderte hinweg war, wie selbstverständlich man überall fundamentale Rechte systematisch missachtet hat, natürlich auch bei uns.

Andererseits gibt es hierzulande Ungerechtigkeiten, die wir nicht anders denn als krass bezeichnen können, große Unterschiede in der Verteilung des Reichtums, Menschen, die im Elend leben. Rawls' Gerechtigkeitsprinzipien sind nur teilweise erfüllt: am ehesten noch das Gleichheitsprinzip. Dem Differenzprinzip genügen die Verfahren unserer politischen Institutionen zwar der Form nach. Tatsächlich aber sorgt die überwältigende Macht des Geldes für große Ungerechtigkeit in unserem Land. Diese Herrschaft des Geldes – das lehrt uns Walzer – erweist sich als umso bedenklicher, als sie in Sphären übergreift, in denen ganz andere Verteilungskriterien für Fairness sorgen müssten. Vielleicht kann man sagen: Den halben Weg zu einer gerechten Gesellschaft haben wir geschafft, mehr nicht.

Allerdings zeigt die Analyse auch: Gerechtigkeit, und mag sie noch so klar gefasst sein wie in Rawls' Konzeption, bleibt immer ein Ideal. Eine Gesellschaft kann versuchen, ihr möglichst nahe zu kommen. Ganz erreichen wird sie sie nie. Freilich diskreditiert dies den Gerechtigkeitsbegriff keineswegs. An diesem Ideal können und sollten wir uns ausrichten. Es bietet uns den Maßstab, der es erlaubt einzuschätzen, wie es um die Menschlichkeit in einer Gesellschaft steht.

Globale Ungerechtigkeit

Die Gerechtigkeitsanalyse, wie ich sie für die Schweiz vorgenommen habe, fällt für das nähere europäische Umfeld wohl ähnlich aus. Wie aber sieht es mit der globalen Gerechtigkeit aus? Längst ist ja die Welt zu einer einzigen Mega-Gesellschaft zusammengewachsen. Darum folgt die Frage zwangsläufig: Leben wir in einer gerechten Welt? Und die Antwort darauf ist derart offensichtlich, dass wir dazu nicht einmal rawlsscher Gerechtigkeitskriterien und walzerscher Sphärentheorie bedürfen. Die Welt als ganze ist noch viel weiter von der Gerechtigkeit entfernt als die hochentwickelten westlichen Länder mit ihren vergleichsweise gut etablierten rechtsstaatlichen Systemen. Das gereicht uns allerdings kaum zur Ehre. Machen doch zum guten Teil gerade unsere Privilegien gegenüber den Menschen anderer Weltgegenden die globalen Verhältnisse derart ungerecht.

Wenige Fakten genügen, um die himmelschreiende Ungerechtigkeit der Welt schlagartig klar zu machen:

- Noch immer gibt es Kriege, jeden Tag und in verschiedenen Weltgegenden, Terror, Vertreibung, Völkermord.
- Menschen- und Bürgerrechte werden an vielen Orten der Welt kaum respektiert oder doch viel weniger als bei uns. Millionen von Menschen werden diskriminiert, Gewalt ausgesetzt, versklavt.
- Rechtsstaatlichkeit ist, global betrachtet, eher die Ausnahme als die Regel. Die Kriterien des rawlsschen Differenzprinzips werden vielerorts noch weit weniger als bei uns eingehalten.
- Der Reichtum ist, weltweit gesehen, noch viel ungleicher verteilt als in Europa. Mit dem Gini-Koeffizienten, der die Ungleichheit präzise messen kann, lässt sich das leicht nachweisen.
- Über eine Milliarde Menschen leben von weniger als zwei Dollar pro Tag. Dutzende von Millionen verhungern jährlich. Noch mehr leiden unter Mangelernährung, können ihre Kinder nicht in die Schule schicken, erhalten keine angemessene medizinische Betreuung.
- Diese Herrschaft des Geldes schafft nicht nur materielle Ungleichheiten, weit extremer als in der Schweiz, sondern greift auch in andere Sphären über: Vielerorts zerstört sie die Lebensgrundlagen der Benachteiligten, korrumpiert ihre Kulturen in den Sphären, die Walzer „Anerkennung", „Freizeit", „Erziehung und Bildung", „Verwandtschaft und Liebe", „göttliche Gnade" nennt.
- Millionen sind auf der Flucht, Millionen sterben im Krieg, Millionen werden vergewaltigt, verstümmelt, massakriert.

Das Fazit ist vernichtend. Die Welt ist von einer ungeheuerlichen Ungerechtigkeit, nicht nur wenn wir die Begriffe von Rawls und Walzer ansetzen. Nein, es leuchtet jedem Menschen intuitiv ein, der seine Augen nicht verschließt. Oder um es mit dem elementaren ethischen Leitbegriff auszudrücken: Wir leben in einer unmenschlichen Welt. Auch wenn immer wieder Leuchtfeuer der Menschlichkeit aufflackern, das Dunkel unmenschlicher Lebensumstände, das über weite Strecken vorherrscht, vermögen sie nicht wirklich zu erhellen.

Wie verträgt sich das mit der These Steven Pinkers, die ich im 3. Kapitel resümiert habe? Wie kann einer angesichts der Ungerechtigkeit der Welt behaupten, die Gewalt sei in den letzten Jahrhunderten und Jahrzehnten massiv zurückgegangen? Der Widerspruch ist nur scheinbar. Beides stimmt. Das Paradox löst sich auf, wenn wir davon ausgehen, dass die Welt früher eben noch viel ungerechter war als heute. Dass wir immerhin schon ein paar Schritte hin zu mehr Gerechtigkeit geschafft haben. Wenn das in den einigermaßen demokratischen und rechtsstaatlichen Ländern des Westens die Hälfte des Weges war, dann in der Welt als ganzer vielleicht ein Viertel. Noch bleibt viel zu tun, bis in unserem Umgang miteinander die Menschlichkeit den Ton angibt.

Und dennoch lässt das Übermaß an Ungerechtigkeit jeden Menschen ratlos zurück, der sich nicht einfach achselzuckend davon abwenden kann. Was können Sie, wenn Ihnen Menschlichkeit am Herzen liegt, für mehr Gerechtigkeit in der Welt denn tun? – Der erste Schritt besteht darin, hinzublicken, statt zur Tagesordnung überzugehen. Hinblicken heißt, die Welt unter dem Gerechtigkeitsaspekt wahrzunehmen, also ihre maßlose Ungerechtigkeit überhaupt bewusst zu realisieren. Das tun Sie schon, indem Sie in diesem Kapitel über Gerechtigkeit nachdenken, indem Sie dieses Buch lesen, indem Sie den ethischen Standpunkt einnehmen.

Darüber hinaus meint Hinblicken auch Verstehen: nicht nur was Gerechtigkeit als Konzept ist, sondern auch wo und inwiefern wir Menschen sie verfehlen – und warum. Es reicht nicht zu konstatieren, dass die Welt ungerecht ist. Um sie gerechter zu machen, müssen wir auch verstehen, wie die Ungerechtigkeit entsteht. Wir müssen die Mechanismen begreifen, die Ungerechtigkeit hervorbringen. Sie sind vielfältig: historisch, kulturell, wirtschaftlich, religiös. Wer bereit ist, den ethischen Standpunkt einzunehmen, ein Leader also, sollte es sich auch zur Aufgabe machen, sich mit diesen Mechanismen der Ungerechtigkeit auseinanderzusetzen – ein gewaltiges Unterfangen. Und sicher eines, das ich in diesem Buch nicht leisten kann. Stattdessen stelle ich exemplarisch zwei Analysen vor, die in diese Richtung gehen. Sie zeigen auf, wie Ungerechtigkeit entstehen und sich etablieren kann. Weitere Hinweise folgen in späteren Kapiteln.

Der eine stammt vom amerikanischen Linguisten und politischen Vordenker Noam Chomsky (*1928). In seinem Essay „Requiem für den amerikanischen Traum" stellt er „10 Prinzipien der Konzentration von Reichtum und Macht" dar. Diese beiden konzentrieren sich in den USA immer mehr bei einer äußerst schmalen Elite, welche die Demokratie zwar zum Schein aufrechterhält, sie aber tatsächlich aushebelt. Die Schere zur großen Mehrheit öffnet sich immer weiter. Der „amerikanische Traum" – jeder, der sich tüchtig einsetzt, bringt es in den USA zu etwas – ist zerplatzt. Schon die Kapitelüberschriften, also die besagten Prinzipien, vermitteln einen Eindruck von Chomskys Argumentationsgang: Demokratie einschränken, Ideologie bestimmen, Wirtschaft umgestalten, andere die Last tragen lassen, Solidarität bekämpfen, Regulierungsbehörden regulieren, Wahlen manipulieren, den Pöbel im Zaum halten, Zustimmung konstruieren, die Bevölkerung an den Rand drängen. Gewiss, Titel zu zitieren, ist keine Beweisführung. Sie lassen aber erahnen, dass das Buch unter anderem dieselben Zusammenhänge, die ich bei der Gerechtigkeitsanalyse der Schweiz skizziert habe, entfaltet und aufzeigt, dass sie in den USA noch deutlicher zum Vorschein kommen. Und die Stichworte lassen auch vermuten, dass in den USA Rawls' Gerechtigkeitsprinzipien noch gravierender verletzt werden als in der Schweiz.

Wieso bemerken viele Menschen diese Strategien kaum? Wieso realisieren die meisten diesen Zusammenhang von Geld, Macht und subtiler Beeinflussung nicht wirklich? „Warum schweigen die Lämmer?" So der Titel eines anderen Buches, das den modernen Ungerechtigkeits-Zusammenhang analysiert. Der Autor, der Psychologe Rainer Mausfeld (*1949), verweist darauf, dass die Demokratie seit der Antike ein Paradox kennt: Die wenigen Herrschenden, die zugleich die Besitzenden sind, müssen die „Herde" kontrollieren und gleichzeitig den Schein aufrechterhalten, sie sei der Souverän. Sie wissen, dass de facto eine Elite von wenigen Familien herrscht und der Einfluss des Volkes praktisch gleich null ist. Und sie sagen das auch, öffentlich und in ihren Leibblättern. Die Demokratie sei eine notwendige Illusion, tatsächlich mit einer freien Wirtschaft, insbesondere mit dem Neoliberalismus nicht vereinbar. Mausfeld bringt eine Fülle von Belegen für dieses Bewusstsein, von den antiken Autoren über die Gründerväter der USA bis zu führenden Denkern der Gegenwart. Und die Fakten selbst wären empörend, wenn wir sie nur wahrnehmen würden, in ihrem Zusammenhang und in ihrer ganzen Brutalität. Nur zum Beispiel: Nach dem Zweiten Weltkrieg hat die USA zwischen 15 und 20 Millionen Zivilisten gezielt getötet; die Nationen der sogenannten freien Welt haben immer wieder systematisch gefoltert, in Usbekistan, Guantanamo oder im Irak; sie haben Dutzende von Putschen gegen frei gewählte Regierungen unterstützt, all das vor aller Augen.

Wie kann die Elite diese Zusammenhänge ganz offen äußern, wie können die Fakten frei zugänglich sein, ohne dass „die Lämmer" sich empören? Mausfeld erklärt dies detailliert und präzis mit den raffinierten Strategien des psychologischen Meinungsmanagements: Es fragmentiert die Einzelfakten und lässt sie so als Ausnahmen erscheinen, es dekontextualisiert sie und stellt sie in einen neuen Zusammenhang, es übersetzt sie in den Neusprech-Jargon der westlichen Welt und betreibt ein raffiniertes Empörungsmanagement. Beginge ein Gegner all diese Taten, würden wir nicht zögern, sie verbrecherisch zu nennen. Weichgespült von den PR-Mechanismen unserer Medien, perlen sie aber an uns ab und sind bald wieder vergessen. Kurzum, ein gewaltiges Meinungs-Management-System, das uns die Empörung über die Ungerechtigkeit austreibt, die wir westlichen Nationen selber am Rest der Welt begehen.

Zugegeben, Chomsky und Mausfeld liefern nicht überall den letzten lückenlosen und wissenschaftlichen Beweis für ihre Diagnose. Zugegeben, sie sind scharf und polemisch. Und selbstverständlich haben sie Widerspruch provoziert. Dennoch haben ihre Thesen eine hohe Plausibilität – und rütteln jeden auf, der ihnen unvoreingenommen begegnet. Auf jeden Fall aber kann niemand, dem es mit dem ethischen Standpunkt ernst ist, sie einfach vom Tisch wischen. Ein Leader muss sich mit ihnen auseinandersetzen – und mit den Argumenten anderer seriöser Autoren, die gegen die Ungerechtigkeit auf der Welt ankämpfen.

Gerechtigkeit für die Zukunft

Das alles ist düster und ernüchternd genug, ich weiß. Und dennoch muss ich, wenn es um Gerechtigkeit geht, noch auf einen letzten Fall zu sprechen kommen. Wie steht es um die Gerechtigkeit über unser eigenes Leben hinaus? Verhalten wir uns als heutige Menschen den kommenden Generationen gegenüber gerecht? Werden wir unseren Kindern und Enkeln gerecht?

Leider ist auch hier die Lage ernst. Immer mehr wird klar, dass wir unsere Ökosysteme überstrapaziert und damit einen Klimawandel eingeleitet haben, den wir nicht mehr abwenden, sondern bestenfalls reduzieren können. Nur egomanische Populisten oder ignorante Parteipolitiker können das leugnen. Menschen mit einigermaßen wachem Verstand und einer Prise Verantwortungsgefühl können von der drohenden Klimakatastrophe nicht unberührt bleiben. Wie ihre Folgen genau aussehen, will ich hier nicht diskutieren. Das hängt auch davon ab, wieviel wir noch abwenden können. Aber was droht, ist erschreckend genug: abschmelzende Polkappen, steigender Meeresspiegel, der Millionen von Menschen ihrer Lebensgrundlagen berauben und vertreiben wird, neue, größere Flüchtlingsströme, häufigere und schlimmere Umweltkatastrophen, Kampf und vielleicht Kriege um lebensnotwendige Ressourcen.

Auch hier eine Ungerechtigkeit sondergleichen, denn sie betrifft unsere elementaren Lebensgrundlagen. Wir haben sie rücksichtslos verbraucht, die Natur ausgebeutet und hinterlassen unseren Kindern und Enkeln eine geplünderte Welt. Eine solche Verteilung kann nicht gerecht sein. Für dieses Verdikt müssen wir nicht einmal Aristoteles, Rawls oder Walzer bemühen. Das Unrecht, das wir damit unseren Kindern und Enkeln antun, können wir nicht mehr ungeschehen machen, höchstens vermindern.

Die Gerechtigkeit hat sich als komplexes Thema erwiesen. Darum abschließend noch einmal die wesentlichen Erkenntnisse:

1. Gerechtigkeit bedeutet im Kern die Rechtheit der Verhältnisse. Nach *Aristoteles* kann sie subjektiv als Tugend und objektiv als Konzept verstanden werden, das *Gleichheit und Proportionalität* verbindet. Bei der *Tauschgerechtigkeit* dominiert erstere, bei der *Verteilungsgerechtigkeit* die zweite.
2. *John Rawls* arbeitet in seiner umfangreichen Theorie heraus, dass in einer verteilungsgerechten Gesellschaft *zwei Prinzipien* gewahrt sein müssen: Erstens müssen alle gleichermaßen über eine Reihe von *Grundrechten* verfügen. Und zweitens bedürfen Ungleichheiten der *doppelten Rechtfertigung:* Mit Privilegien verbundene Positionen müssen allen zugänglich sein und gleichzeitig im Interesse der Nichtprivilegierten liegen.
3. Die *Schweiz,* wohl aber auch vergleichbare europäische Länder genügen diesen Kriterien nur teilweise. Insbesondere sind die *massiven Ungleichheiten* kaum verhältnismäßig.
4. *Michael Walzer* zeigt, dass es *Sphären der Güterverteilung* gibt, in denen spezifische Verteilungsregeln gelten sollten. Wo die *Verteilung in einer Sphäre die in einer anderen vorbestimmt,* entsteht eine gravierende Ungerechtigkeit.
5. Das geschieht bei uns durch die *Tyrannei des Geldes,* das mehr und mehr auch andere Sphären durchdringt, namentlich die politische, und so eine komplexe Verteilungsgerechtigkeit verhindert.
6. *Global* gesehen, geschieht dies noch weit massiver, ganz zu schweigen davon, dass auch wesentliche Grundsätze der Gerechtigkeit in erschreckendem Ausmaß und fast überall auf der Welt *mit Füssen getreten* werden: durch Krieg, Terror, Massakrierung, Gewalt und die Zerstörung von wesentlichen Voraussetzungen für ein menschliches Leben.
7. Darüber hinaus verschleiert ein gewaltiges *mediales PR-System,* dass in Wahrheit eine schmale *Finanz- und politische Elite* die Demokratie unterläuft und so ihre Herrschaft zementiert, zulasten einer getäuschten Mehrheit.
8. Schließlich haben wir alle uns auch noch die beginnende *Klimakatastrophe* eingebrockt, eine massive Ungerechtigkeit gegenüber unseren Kindern und Enkeln.

Was tun? Zugegeben, es liegt nahe, sich angesichts einer solchen Welt der Ungerechtigkeit abzuwenden und zu resignieren. Ich schlage Ihnen das Gegenteil vor: nämlich einfach das zu tun, was Sie tun können, und sei dies auch nur der sprichwörtliche Tropfen auf den heißen Stein.

1. Der erste Schritt besteht wie schon gesagt darin, nicht die Schultern zu zucken, sondern *hinzuschauen*. Wenn Sie das tun, gehören Sie vermutlich bereits zu einer Minderheit. Die meisten nämlich, habe ich den Eindruck, ahnen zwar, wie ungerecht die Welt ist, ziehen es dann aber vor, sich abzuwenden. Vielleicht ist es Resignation, vielleicht Gleichgültigkeit oder „das Schweigen der Lämmer", bei denen die mediale PR-Maschine erfolgreich gewirkt hat. Leader aber schauen hin, versuchen zu verstehen, konfrontieren sich mit den unbequemen Fakten und Analysen globaler Ungerechtigkeit. Und sie nehmen den ethischen Standpunkt ein.
2. Viele denken, sie müssten die Kluft zwischen Arm und Reich – und da gehören wir definitiv zu den letzteren – ein wenig schließen, indem sie gelegentlich einer wohltätigen Organisation einen monetären Beitrag zukommen lassen. Das ist gewiss nicht falsch und mag auch psychisch entlasten. Der Philosoph Peter Singer, der sich mit der Thematik von Arm und Reich befasst, schlägt zum Beispiel vor, zehn Prozent des Einkommens zu spenden. Vielleicht noch wichtiger – weil nachhaltiger – scheint es mir, überall da *die Stimme für gerechtere Verhältnisse zu erheben*, wo sich die Gelegenheit dafür bietet: in Gesprächen in der Familie, mit Freunden, in Diskussionen am Arbeitsplatz. Nutzen Sie also Ihr Ansehen als Leader für die Gerechtigkeit.
3. Und handeln Sie auch entsprechend. Das heißt, *verhelfen Sie der Gerechtigkeit in Ihrem Umfeld zum Durchbruch*. Das gilt natürlich auch da, wo Ihr Handeln in politische Entscheidungen mündet: also bei Wahlen und Abstimmungen. Wählen Sie die Politiker, die für Gerechtigkeit einstehen, und geben Sie denjenigen Sachvorlagen ihr Votum, die die Verhältnisse etwas weniger ungerecht machen.
4. Und was die Generationengerechtigkeit angeht, sollten Sie natürlich Ihren ökologischen Fußabdruck möglichst klein halten. Weil Sie aber nur ein Mensch von 8 Milliarden sind und Ihr Beitrag allein das Rad nicht drehen kann, bewirkt auch hier *Ihr Einsatz in Wort und Tat für die Eindämmung der Klimakatastrophe* darüber hinaus ebenso viel wie die bloße Selbstbeschränkung.
5. Widerstehen Sie schließlich der Versuchung zu resignieren. Bleiben Sie im zweiten Stock, obwohl die Ungerechtigkeit der Welt und die Last der Verantwortung (siehe Kapitel 4) Sie zur Verzweiflung treiben könnten. Sie können nicht die Welt ändern, wohl aber *Ihren Beitrag leisten, dass sie ein kleines Stück gerechter wird*.

Teil III

Sie: Was Ethik aus Ihnen macht

9

Tugend: Charakter statt Regeln

In den letzten Kapiteln haben Sie eine Reihe von ethischen Konzepten kennen gelernt, etwa Kants kategorischen Imperativ, den utilitaristischen Grundsatz, die Gerechtigkeitsdefinition des Aristoteles oder Rawls' Prinzipien der Verteilungsgerechtigkeit. Diese Regeln sind derart fundamental und gewichtig, dass sie allein schon paradiesische Zustände schaffen würden – wenn sich die Menschen denn an sie hielten. Stellen Sie sich nur vor, alle würden diesen wenigen Regeln ausnahmslos folgen: Wie ganz anders, gerechter, menschlicher wäre die Welt!

Aber so ist sie leider nicht. Die meisten Menschen orientieren sich wenig an ethischen Grundsätzen. Auch Sie sind im Alltag, so nehme ich an, immer wieder damit konfrontiert, dass andere diese Regeln missachten: wenn Sie die Zeitung lesen, sich mit dem Weltgeschehen auseinandersetzen oder sich mit den Leuten in Ihrem eigenen Umfeld herumschlagen. Salopp gesagt, viele Menschen haben mit der Ethik nicht allzu viel am Hut.

Liegt das vielleicht daran, dass die ethischen Konzepte derart abstrakt sind? Handlungsempfehlungen aus dem zweiten Stock sind notgedrungen regelhafter Natur und darum abstrakt – also Produkte der Vernunft. Ethik als Kopfgeburt? Fehlt vielleicht das Herz?

Wenn es um Menschlichkeit geht, darf es jedenfalls nicht fehlen. Vielleicht hat Sie in den letzten Kapiteln ja schon die Ahnung beschlichen, dass die Menschlichkeit leicht außen vor bleibt, wenn wir uns lediglich mit rationalen Konzepten herumschlagen. Vielleicht spüren Sie, dass Regeln allein ihr nicht gerecht werden.

Obschon die Ethik auf klare und plausible Regeln nicht verzichten kann, sind sie manchmal auch etwas weit weg von dem, was die Menschen tatsächlich bewegt: Bedürfnisse, Leidenschaften, Sehnsüchte – Gefühle. Sie sind es doch, die uns antreiben. Müsste die Ethik nicht hier ansetzen: bei den Gefühlen? Zwar fragt die Ethik im zweiten Stock: Wie *sollen* Menschen handeln? Dabei kann sie aber die Augen nicht verschließen davor, wie sie es *tatsächlich* tun. Warum handeln die einen nach ethischen Gesichtspunkten und andere nicht? Was bewegt diese, was jene? Nur wenn die Ethik versteht und berücksichtigt, wovon sich Menschen bei ihren Entscheidungen leiten lassen, kann sie es vermeiden, an ihnen vorbeizuschwadronieren. Nur so kann sie zu einer Ethik für Menschen werden.

Warum also folgen Menschen ethischen Forderungen? Was verleiht ihnen die Festigkeit, nicht nur in Gedanken den ethischen Standpunkt einzunehmen, sondern auch entsprechend zu handeln? Dieser Frage gehe ich in den nächsten Kapiteln nach. Da bloße Einsicht und Vernunftgründe offensichtlich nicht ausreichen, damit Menschen ethisch handeln, geht es dabei auch um die Rolle von Gefühlen in der Ethik.

Der Fall Eichmann und die Grenze von Normen

Eines der eindrücklichsten, aber auch erschreckendsten Beispiele für das Versagen von ethischen Normen bot 1961 der Eichmann-Prozess in Jerusalem. Der SS-Obersturmbannführer Adolf Eichmann hatte während der Naziherrschaft die Tötung von Millionen von Juden organisiert: Er plante vom Schreibtisch aus ihre Verschleppung in ganz Europa und den Transport in die Vernichtungslager und war somit wesentlich mitverantwortlich für den Holocaust. Nach dem Krieg gelang ihm die Flucht nach Argentinien, wo ihn der israelische Geheimdienst aufspürte und entführte, um ihn in Jerusalem gerichtlich zur Verantwortung zu ziehen.

Alle Welt erwartete, bei diesem öffentlichen Prozess einem Monster zu begegnen. Was für ein Mensch war dieser millionenfache Mörder? Auch die Philosophin Hannah Arendt (1906–75), die, die den Prozess verfolgte und darüber in der Zeitschrift „The New Yorker" berichtete. Doch Eichmann entpuppte sich als vollkommen andere Person: ein pedantisch genauer Beamter, beflissen, die Erwartungen seiner Vorgesetzten zu erfüllen und so seine Karriere voranzutreiben, ein kleinbürgerlicher, banaler Bürokrat, dazu ein anständiger Ehemann und Vater, dem die gute Erziehung seiner Kinder am Herzen lag. Nichts Dämonisches, kein Macbeth, kein Teufel. Um Eichmann und seinesgleichen zu charakterisieren, prägte Arendt den Ausdruck von der „Banalität des Bösen". Eichmann hatte abgrundtief Böses getan, als Mensch aber war er schlicht banal.

Aus ethischer Sicht befremdlich, wenn nicht skurril wirkte, dass sich Eichmann bei der Beurteilung seiner eigenen Taten mehrfach auf die Pflichtethik Immanuel Kants berief und damit implizit auf dessen kategorischen Imperativ. Sie haben sie in Kapitel 5 kennen gelernt. Dass er vom kategorischen Imperativ durchaus etwas begriffen hatte, bestätigten seine Antworten auf Rückfragen der Richter:

Zur Norm habe ich die Kant'sche Forderung erhoben, und zwar schon sehr lange. Nach dieser Forderung habe ich mein Leben ausgerichtet, und ich habe hier auch nicht Halt gemacht in meinen Apostrophierungen vor meinen eigenen Söhnen, wenn ich die Erkenntnis hatte, dass sie sich gehen ließen. [...] Ich war nichts anderes als ein getreuer, ordentlicher, korrekter, fleißiger – und nur von idealen Regungen für mein Vaterland, dem anzugehören ich die Ehre hatte, beseelter Angehöriger der SS und des Reichssicherheitshauptamtes. Ein innerer Schweinehund und ein Verräter war ich nie. Trotz gewissenhafter Selbstprüfung muss ich für mich feststellen, dass ich weder ein Mörder noch ein Massenmörder war. Um aber haargenau bei der Wahrheit zu bleiben, möchte ich mich selbst der Beihilfe zur Tötung bezichtigen, weil ich ja Deportationsbefehle, die ich erhielt, weitergab und weil zumindest ein Teil dieser Deportierten, wenn auch von einer ganz anderen Einheit, getötet wurde. [...] Meine subjektive Einstellung zu den Dingen des Geschehens war mein Glaube an die Notwendigkeit eines totalen Krieges, weil ich an die steten Verkündigungen der Führung des damaligen Deutschen Reiches – „Sieg in diesem totalen Krieg oder Untergang des deutschen Volkes" – stets in zunehmendem Maße glauben musste. Aus dieser Einstellung heraus tat ich reinen Gewissens und gläubigen Herzens meine mir befohlene Pflicht. (von Lang 1991, 349–351)

Eichmann weist im Wesentlichen seine Schuld zurück. Er sei kein Mörder, sondern „getreu" und „korrekt", habe aus seiner ihm „befohlenen Pflicht" gehandelt, „reinen Gewissens und gläubigen Herzens". An Kants Pflichtethik habe er sich nicht nur selber ausgerichtet, sondern sie auch seinen Kindern weitergegeben. Dass er durchaus zu differenzieren fähig ist, zeigt sein Eingeständnis, Beihilfe zur Tötung geleistet zu haben. Das vermag freilich sein reines Gewissen nicht zu trüben.

Unter Pflicht versteht Eichmann, das zu tun, was seine Vorgesetzten befehlen, also letztlich der Führer: Pflicht als bedingungsloser Gehorsam. Kant dagegen sieht den Menschen nicht einem äußeren Gesetz verpflichtet, sondern dem, das er sich selber gibt. Seine Pflicht besteht darin, alle Handlungen daran zu messen, ob sie verallgemeinerungsfähig sind: „Handle so, dass du wollen kannst, dass dein Handlungsgrundsatz zum allgemeinen Gesetz wird." Kein Zweifel, Eichmann verzerrt Kants Gedanken auf haarsträubende Weise: Die ethische Norm in meiner Brust kann nicht Adolf Hitler heißen. Schwer zu verstehen aber auch, dass Eichmann intellektuell unfähig sein sollte, Kants Imperativ zu begreifen. Er, der intelligente, genaue, rationale Organisator. Doch sein ganzes Auftreten vor Gericht spricht dafür, dass er selber glaubte, Kants Gedanken zu folgen. Wie kann ein sicherlich intelligenter Mensch ein Argument derart verdrehen – ohne es zu merken?

Ganz offensichtlich fehlt ihm etwas, das ihn seine Verdrehung des kantschen Gedankens bemerken lässt. Etwas, das ihm sagt, dass die monströse Vernichtung eines ganzen Volkes mehr als eine bürokratische Organisationsaufgabe ist. Etwas, das seine schräge Rationalisierung korrigiert. Eine Stimme in ihm, welche die Notbremse zieht. Fehlt ihm das Gewissen, das Ethos? Nein, er hat durchaus eines: Er ist pflichtbewusst, treu, zuverlässig. Aber es ist fehlgeleitet. Und so tritt Eichmann die Menschlichkeit mit Füssen.

Man mag seine Sicht mit den totalitären Verhältnissen im Nazistaat erklären. Aber das greift zu kurz. Er beruft sich ja nicht auf irgendeine Bedrohung, unter der er gestanden habe. Ja, er zieht nicht einmal in Betracht, dass er anders hätte handeln können, sondern findet seine Taten auch im Nachhinein richtig: „reinen Gewissens und gläubigen Herzens".

Eine andere Haltung: Wilm Hosenfeld

Es gab Menschen im Dritten Reich, die diese Stimme des Gewissens gehört haben. Gewiss, sie waren die Ausnahme. Aber sie beweisen, dass man sich von der Brutalität distanzieren konnte, nicht nur im Herzen, sondern mit Taten. Ich greife als Gegenbeispiel den Reserveoffizier Wilm Hosenfeld heraus, der den ganzen Krieg miterlebte, meist in unmittelbarer Nähe der Gräueltaten, welche die Truppe an Zivilisten beging, an Polen und Juden. Vielleicht kennen Sie Hosenfeld aus dem Film „Der Pianist", wo er den Protagonisten, den Pianisten Wladyslaw Szpilman, versteckte, versorgte und vor dem sicheren Tod bewahrte. Er hat seine Erlebnisse in Briefen und Tagebucheinträgen festgehalten, insgesamt über tausend Seiten, die nicht nur minutiös dokumentieren, was er erlebte, sondern auch wie er dazu stand und was er tat. Nicht nur Szpilman hat er gerettet, sondern zahlreiche andere Menschen, immer wieder und über Jahre hinweg.

Schon nach der sogenannten Kristallnacht 1938 drückt er Abscheu aus: „... fürchterliche Zustände im Reich, ohne Recht und Ordnung, dabei nach außen Heuchelei und Lüge" (Hosenfeld 2004, 237). Während des Polenfeldzugs 1939 beschreibt er, wie barbarisch die Soldaten gegen Zivilisten vorgehen, und notiert Sätze wie „Mich empört die rohe Behandlung" (250), „Ich habe mich manchmal geschämt, deutscher Soldat zu sein" (294) und „Ich kann mich nicht losmachen von dem Unglück dieser Menschen" (252). Nach der Niederschlagung des Aufstands im Warschauer Ghetto 1943 bekennt er:

Mit diesem entsetzlichen Judenmassenmord haben wir den Krieg verloren. Eine untilgbare Schande, einen unauslöschlichen Fluch haben wir auf uns gebracht. Wir verdienen keine Gnade, wir sind alle mitschuldig. Ich schäme mich, in die Stadt zu gehen, jeder Pole hat das Recht, vor unsereinem auszuspucken. Täglich werden deutsche Soldaten erschossen, es wird noch schlimmer kommen, und wir haben kein Recht, uns darüber zu beschweren. Wir haben's nicht anders verdient. (719)

Und als er 1944 gefangen genommene Aufständische verhören muss:

Ich versuche jeden zu retten, der zu retten ist. Ich bin nicht der Mensch dazu, solche Untersuchungen zu führen, wenigstens nicht mit der Herzlosigkeit, die hier am Platze wäre und meist angewendet wird. Und doch bin ich dankbar, dass ich das machen muss, denn ich kann doch manches noch gutmachen. (834)

Hosenfeld war kein makelloser Held. Ursprünglich unterstützte er den Nationalsozialismus, war SA- und NSDAP-Mitglied. Noch zu Kriegsbeginn formulierte er Sätze wie:

Und diese ganze potenzierte Stärke eines großen Volkes wird von dem uneigennützigsten Staatsmann der Welt auf das eine Ziel gerichtet: Frieden, Wohlfahrt, Glück und Kultur! (257)

Aber dann hat er die Stimme der Menschlichkeit gehört, die Verbrechen der Nazis immer deutlicher gesehen, sich immer klarer davon distanziert – und vor allem: immer wieder konsequent gehandelt und Menschen gerettet, wo er konnte.

Was hatte Hosenfeld, das Eichmann fehlte? Was verlieh jenem den Mut, so vollkommen andere Entscheidungen zu treffen als dieser? Wie kann die Stimme des Gewissens bei zwei Männern in vergleichbaren Situationen so ganz anders sprechen? Was in die Augen fällt: Hosenfeld empfand Mitleid mit den Opfern, war zur Empathie fähig, Eichmann nicht im Mindesten, obwohl er die Vernichtungslager selber besucht und gesehen hatte, was den Opfern dort angetan wurde. Nicht dass Eichmann der direkte Kontakt mit den Gedemütigten und Geschundenen gefehlt hätte, macht den Unterschied aus. Er ließ sich davon nicht *ansprechen*. Er *empfand* ihr Elend nicht wie Hosenfeld. Er sah in ihnen nicht *Menschen*. Sonst hätte er nicht überhören können, was hier sein kategorischer Imperativ in aller Eindringlichkeit gebot: So konnte man, so konnte er mit Menschen niemals umgehen. So etwas war unmenschlich. Aber die Erklärung Einfühlungsvermögen reicht nicht. Denn die Anschlussfrage lautet: Warum hat es Hosenfeld? Und warum fehlt es Eichmann?

Eichmann und Hosenfeld stehen hier bloß als Beispiele. Und nicht einmal nur für das Verhalten im Dritten Reich. Der Unterschied zwischen ihnen ist für die Ethik von grundsätzlicher Art. Es gibt Menschen, die treffen ohne große Skrupel rücksichtslose oder gar verbrecherische Entscheidungen, obwohl sie die ethischen Regeln, die sie mit Füssen treten, durchaus kennen. Sie verstoßen gegen fundamentale ethische Prinzipien, die sie intellektuell sehr wohl einzusehen vermögen. Und andere tun das nicht. In vergleichbaren Situationen warnt sie ihr Ethos vor ungerechten oder verbrecherischen Taten, selbst wenn ein menschliches Handeln ihnen sehr viel Mut abverlangt oder große persönliche Nachteile einbringen kann. Und wohlgemerkt, das gilt nicht nur in Extremsituationen, sondern allenthalben, auch in unserem Alltag. Schauen Sie sich um.

Damit haben wir die Blickrichtung geändert. Während es bisher in diesem Buch um Handlungen ging, rückt jetzt die Person des Handelnden ins Zentrum. Die Ethik im zweiten Stock hat stets gefragt: Wie sollen Menschen handeln? Jetzt fragen wir: Wie sollen Menschen *beschaffen* sein, um richtig zu handeln? Nicht nach Handlungsregeln suchen wir jetzt, sondern nach Eigenschaften derer, die handeln: nach ihrem *Charakter*.

Tugend: die charakterliche Disposition

Seit einem guten halben Jahrhundert entwickeln Philosophinnen – denn es sind vor allem Frauen – einen neuen, dritten Zweig der Ethik, neben der deontologischen und der teleologischen: die sogenannte Tugendethik. Sie stellt tatsächlich den Charakter der handelnden Menschen ins Zentrum und nicht bloß, was er tut. Der Leitbegriff für diesen Charakter heißt Tugend. Den Startschuss für die philosophischen Überlegungen dazu gab die englische Philosophin Elisabeth Anscombe (Anscombe 1958) mit ihrem Aufsatz „Modern Moral Philosophy".

Sie stellt fest, dass die Ethiker der letzten zwei, drei Jahrhunderte stets Anweisungen geben wie: Tue das, unterlasse jenes; man soll so und so handeln, dies oder jenes ist verboten. Das heißt, die Ethik formuliert Normen, schreibt das Handeln vor. Sie orientiert sich an Recht und Unrecht, an Pflichten und Verpflichtungen. Damit lässt sie sich von der Vorstellung eines Gesetzgebers leiten, der angibt, was wir zu tun und lassen haben. Dieser Gesetzgeber, einst der christliche Gott, kann nach Anscombe nicht länger Orientierungspunkt der Ethik sein.

Der Fokus auf den verpflichtenden Charakter handelt der Ethik überdies den Nachteil ein, dass solche Vorgaben abstrakt und allgemein bleiben. Sie können in konkreten Situationen zu unterschiedlichen Entscheidungen auffordern, die sich gegenseitig widersprechen. Das haben wir in den Kapiteln 5 und 6 schon festgestellt. Tatsächlich würden uns *Vorbilder* von Menschen, die gut handeln, viel mehr helfen als abstrakte Regeln. Menschen also, die tugendhaft sind und darum das Richtige tun.

Man muss den Tugendbegriff allerdings zuerst von seinem säuerlichen Beigeschmack befreien, den ihm die zweitausendjährige christliche Tradition verpasst hat. Auf diese moralinsaure Tugend hat es Nietzsche abgesehen, wie im 1. Kapitel dargestellt. Zuvor, in der griechischen Antike, die Tugend als Leitbegriff der Ethik verstand, hatte sie diese Nebenbedeutung nicht. Darum schlägt Anscombe denn auch vor, sich auf Aristoteles zu besinnen und seine Konzeption von Tugend, die freilich ebenfalls viel Zeitbedingtes mit sich führt, in eine moderne Tugendethik umzuformen.

Was aber versteht Aristoteles unter Tugend? Der Begriff beinhaltet mehrere verschiedene Elemente. Erst in ihrem Zusammenspiel ergibt sich, was der Philosoph mit Tugend meint. Folgende Momente gehören dazu:

- Das griechische Wort für Tugend, Arete, ist abgeleitet vom Verb „taugen" und bedeutet ursprünglich einfach *Tüchtigkeit*. Das ist zunächst nicht moralisch gemeint, sondern funktional: Ein Mensch ist tüchtig, wenn er nützt, der Gemeinschaft oder seiner eigenen Lebensgestaltung. Darum unterscheidet Aristoteles zwischen den bloß technisch-praktischen Tugenden wie Klugheit oder bestimmten Kunstfertigkeiten, den sogenannten dianoetischen Tugenden, einerseits und den eigentlich ethischen Tugenden wie Freigiebigkeit, Mäßigung, Treue, Mut oder Gerechtigkeit (Aristoteles 1985, 25). Damit ist auch gesagt, dass es nicht die Tugend (im Singular) gibt, sondern nur Tugenden (im Plural).

- Eine Tugend ist sodann nicht eine einzelne Handlung, sondern eine *feste Haltung*, aus der heraus Handlungen vollzogen werden, und zwar durchgehend, immer wieder auf die gleiche Weise. Aristoteles spricht von einem Habitus oder einer *Charakterdisposition* (34). Diese Haltung muss gefestigt sein: Nur so lässt sie den Menschen in unterschiedlichen Situationen immer wieder ähnlich handeln. Wer ein Leben lang den Pfennig umdreht, aber zu seinem 50. Geburtstag ein opulentes Fest veranstaltet, ist damit noch kein freigiebiger Mensch. Wer immerzu kuscht und ausweicht und sich drückt, abgesehen von einem Bungeejump in jungen Jahren, ist noch kein mutiger Mensch.
- Eine Tugend kontrolliert, wie Aristoteles sagt, die „Affekte" (29 f.). Wir würden heute sagen: Sie gibt *Gefühlen* oder spontanen *Impulsen* nicht einfach nach, sondern setzt ihnen den Verstand entgegen. Wir neigen ja gelegentlich dazu, plötzlichen Motiven zu folgen, seien es Gefühle oder Intuitionen. Eine Tugend kontrolliert diese eher unbewussten oder emotionalen Antriebe. Sie ist ein *Korrektiv* bei der Entscheidungsfindung.
- Das heißt für Aristoteles keineswegs, diese gefühlsmäßigen Motive zu unterdrücken, sondern sie auszubalancieren mithilfe des Verstandes. Dieser kann ihnen eine Berechtigung zuerkennen und sie bei der Entscheidung berücksichtigen. Er kann sie aber auch als unangemessen einschätzen und gegen sie entscheiden. Es geht darum, wie Aristoteles sagt, *„die rechte Mitte"* zu finden. Damit meint er nicht das Klischee vom „goldenen Mittelweg", den Kompromiss zwischen den Extremen: „nicht die Mitte der Sache nach, sondern die Mitte für uns" (35). Das bedeutet: nicht die billige Lösung, gleich weit von den beiden Extremen entfernt und politisch möglichst korrekt, sondern das, was wir *persönlich als richtig erachten*. Oder wie Aristoteles sagt: was „ein kluger Mann" (36) entscheiden würde.
- Damit gibt die Vernunft die Zügel nicht aus der Hand, aber sie bezieht die ganze Palette der Gefühle mit ein, verschafft ihnen Recht, wo sie dem richtigen Handeln dienlich sind, und weist sie in die Schranken, wo sie destruktiv wirken. In einer Tugend stehen somit *Einsicht und Gefühl im Einklang*. Aristoteles weiß, dass der Mensch seine Gefühle nicht einfach unterdrücken kann. Daraus zieht er aber nicht den postmodernen Schluss, ihnen freien Lauf zu lassen. Vielmehr geht es darum, sie zu kultivieren.
- Folgerichtig betont er, dass es der Erziehung und Gewöhnung bedarf, damit sich der Mensch eine Tugend aneignet (26). Sie ist uns weder von Natur aus gegeben, uns quasi in die Wiege gelegt, noch gewinnen wir

sie gegen die Natur. Wir erwerben sie durch Arbeit an uns selbst, *durch Training,* durch Gestaltung unserer Gefühle.
- Schließlich verbindet Aristoteles den Tugendbegriff stets mit dem der Vollkommenheit. Wirklich gerecht, großzügig, menschlich kann man nur sein, wenn man diese Charakterzüge so umfassend als möglich in sich auszubilden sucht. Wer Tugend besitzt – oder besser: *eine* Tugend –, ist hierin eben nicht Durchschnitt, sondern außerordentlich. Er ist ein *Vorbild.*

Erklärt das Tugendkonzept des Aristoteles den Unterschied zwischen Hosenfeld und Eichmann? Ist Hosenfeld tugendhaft und Eichmann nicht? – Tatsächlich müssen wir beiden Tugenden attestieren, wenngleich unterschiedliche. Den Unterschied macht vielmehr, *welche* Tugenden ihr Handeln leiten. Und außerdem, in den *Dienst welcher Ziele* sie diese stellen.

Was Hosenfeld leitet, ist vor allem die Tugend der Barmherzigkeit, vielleicht das Kernstück der Menschlichkeit. Er erblickt in den Opfern nicht Feinde, nicht Abschaum, von dem die Welt gesäubert werden muss, sondern Menschen. Er lässt sich berühren vom Elend, vom entsetzlichen Leiden dieser Leute, das treibt sein Handeln an. Dann aber besitzt er ganz gewiss auch ein Gerechtigkeitsempfinden, das die Gräuel seiner Landsleute aufs Gröbste verletzen. Und was er tut, zeugt von erheblichem Mut. Ohne den hätte er nicht immer wieder so entschlossen handeln können.

All diese Eigenschaften scheinen bei ihm tatsächlich Tugenden zu sein: Charakterdispositionen, die ihn durchgehend in diesem Sinn entscheiden lassen. Und sie stellen der blindwütigen Aggression, die seine Landsleute zeigen, ein Korrektiv entgegen. Ihm selber sind solche Affekte fremd. Nur indem er nicht mitmacht, indem er sich an der kollektiven Wut der deutschen Truppen nicht beteiligt, kann er seine Motive und Gefühle mit seiner Überzeugung in Einklang bringen: Derartige Taten sind abscheulich. Und dass seine Einstellung und seine Empfindungen einer bewussten Gestaltung seines Gefühlslebens entspringen, dürfen wir zumindest vermuten. Ein Vorbild? Zweifellos.

Eichmann auf der anderen Seite verfügt aber ebenfalls über bestimmte Tugenden. Er nennt sie selber: Pflichttreue, Fleiß, Ordentlichkeit, Gehorsam. Und gewiss gehören diese zu seinem Charakter, der sich einer konsequenten Erziehung und wohl auch Selbstdisziplin verdankt. Ob diese Tugenden seinen Affekten entgegenstehen, hängt davon ab, von welchen Affekten wir sprechen. Wer pflichttreu und fleißig ist, muss seine Neigung, sich gehen zu lassen, kontrollieren. Andere Emotionen hingegen – Mitgefühl, oder Barmherzigkeit wie Hosenfeld – scheint Eichmann bei seiner

Aufgabe nicht empfunden zu haben. Darum hat er wohl, so zynisch das auch klingt, im Einklang von Überzeugung und Gefühl gehandelt, „reinen Gewissens", wie er sagt.

Eichmann besaß durchaus Tugenden – das irritiert. Doch der Gedanke, diesen Menschen als tugendhaft zu betrachten, diesen Jahrhundertverbrecher, oder gar als Vorbild, dagegen sträubt sich unser ganzes Empfinden. Die Irritation macht auch den Tugendbegriff verdächtig. Sie lässt sich nur auflösen, wenn wir zwei offenbar entscheidende Aspekte einbeziehen. Zum einen ist die Tugendethik nicht davor gefeit, dass einzelne Tugenden miteinander kollidieren. Namentlich dann, wenn die äußeren Verhältnisse aus dem Lot geraten sind: im Krieg zum Beispiel oder unter einem verbrecherischen System. Für beide, Eichmann und Hosenfeld, widersprechen sich Pflichttreue und Barmherzigkeit, Gehorsam und Mitleid. Eine Tugendethik aristotelischer Prägung gibt wenig Entscheidungshilfe, welcher Charakterdisposition Vorrang zukommt – obschon das im Licht der Menschlichkeit klar ist.

Und zweitens kann man jede Tugend in den Dienst falscher, ethisch verabscheuungswürdiger Ziele stellen. Auch ein Mafiakiller kann mutig sein und der Handlanger einer Diktatur pflichtbewusst. Nicht umsonst werden darum Fleiß, Gehorsam und Pflichtbewusstsein als Sekundärtugenden bezeichnet, die nur einen Wert haben, wenn sie nicht gegen die Primärtugenden wie etwa Gerechtigkeit und Mäßigung eingesetzt werden.

Moderne Tugendethik

Der Tugendbegriff des Aristoteles kann also nur zum Teil begreiflich machen, warum Menschen in vergleichbaren Situationen so unterschiedlich handeln: verabscheuungswürdig oder vorbildhaft. Doch schauen wir, welche Überlegungen moderne Moralphilosophinnen vorschlagen. Sie haben, Elisabeth Anscombe folgend, das Tugendkonzept des Aristoteles weiterentwickelt. Zwei ihrer Ansätze stelle ich im Folgenden vor.

Für die britische Philosophin Philippa Foot (1920–2010), ebenfalls von Aristoteles inspiriert, wurzeln Tugenden in der Natur des Menschen. Jedes Lebewesen bringt eine biologische Grundausstattung mit, natürliche Fähigkeiten: Fluchttiere zum Beispiel haben schnelle Beine, Raubtiere scharfe Zähne und Krallen, Bienen Stacheln. Foot nennt dies „natürliche Qualitäten". Tiere und Pflanzen brauchen sie, um sich zu ernähren, zu verteidigen, sich fortzupflanzen. Das gilt auch für den Menschen. Da er ein soziales Wesen ist, gehören neben biologischen Merkmalen auch soziale

Fähigkeiten, Tugenden eben, zu seiner natürlichen Ausrüstung. Tugenden sind, so schreibt die Autorin in „Die Natur des Guten", für die Menschen dasselbe wie für die Bienen die Stacheln: für das Überleben notwendig. Sie spricht darum auch von *„aristotelischen Notwendigkeiten"*. Mit Aristoteles teilt Foot die Vorstellung, dass ein gutes, ein richtiges Leben in Übereinstimmung mit der Natur stehen muss. Und notwendig ist das, was ein solches Leben überhaupt erst ermöglicht.

Foot zeigt ihren Grundgedanken am Versprechen, oder besser an der Einstellung, Versprechen zu halten. Ohne diese Tugend würde jede Gesellschaft zusammenbrechen. Denken Sie dabei nicht nur an ausdrückliche Versprechen oder an Verträge. Wir versprechen einander Dinge in allen möglichen Lebenslagen, ohne das ausdrücklich zu erwähnen. Wenn Sie die Bäckerei betreten und ein Brot verlangen, gibt die Verkäuferin es Ihnen, weil sie implizit davon ausgeht, dass Sie es bezahlen. Wenn Sie sich zur Mitarbeit in einer Arbeitsgruppe verpflichten, geht man davon aus, dass Sie etwas beitragen werden. Wenn Sie in den Zug einsteigen, tun Sie damit kund, eine die Fahrkarte gekauft zu haben. All dies sind Versprechen, die Sie nicht ausdrücklich formuliert, sondern durch ein bestimmtes Verhalten in einem bestimmten Kontext stillschweigend abgegeben haben. Es leuchtet aber auch ein, dass keine menschliche Gemeinschaft funktionieren würde, wenn man nicht davon ausgehen könnte, dass die Menschen ihre Versprechen halten. Das zeigt sich auch daran, dass wir energisch reagieren, wenn einzelne dies nicht tun: das Brot stehlen, die Mitarbeit verweigern oder Trittbrett fahren.

Das gilt auch für andere Tugenden wie Friedfertigkeit, Hilfsbereitschaft oder Ehrlichkeit. Sie werden zwar gelegentlich verletzt. Aber stellen Sie sich eine Gemeinschaft vor, deren Mitglieder sich um Friedfertigkeit oder Hilfsbereitschaft foutieren würden. Das Zusammenleben würde unmöglich. Foots Gedankengang leuchtet unmittelbar ein: Wir Menschen müssen über diese Tugenden verfügen, um als Gemeinschaftswesen, die wir sind, überleben zu können.

Freilich werfen die Beispiele auch die Frage auf, welche Tugenden zu diesem Grundset an menschlichen Dispositionen gehören. Ist das Erfüllen von Versprechungen eine „Tugend"? Welche Haltungen dürfen als Tugenden gelten? Kann man nicht jeder Kompetenz diesen Titel verleihen? Auf diese Frage hat die US-amerikanische Tugendethikerin Martha Nussbaum (*1947) eine Antwort entwickelt, ebenfalls im Anschluss an Aristoteles (Nussbaum, 1998). Ihrer Interpretation zufolge entwickelt dieser seine Tugendkonzepte in einem Dreischritt: 1. Er schreitet die fundamentalen menschlichen *Erfahrungsbereiche* ab. Dann bringt er 2. die *Haltung*, die er im jeweiligen Bereich für *vorbildlich* hält, auf einen Tugend-Begriff und eröffnet damit 3. eine Diskussion, in der diese Tugend philosophisch ausdifferenziert werden soll. Oftmals entwickelt er diese Ausdifferenzierung gleich selber. Im Bereich der „Verteilung begrenzter Ressourcen" ist die Tugend „Gerechtigkeit" angebracht. Was sie bedeutet, haben Sie in den Kapiteln 7 und 8 erfahren. Im „Umgang mit den körperlichen Begierden" heißt die Tugend „Mäßigung", die richtige Mitte zwischen Askese und Gier.

Nussbaum schlägt vor, das aristotelische Verfahren zu verallgemeinern, um eine kulturübergreifende Tugendethik zu entwickeln. Sie listet *acht menschliche Erfahrungsfelder* auf, die sie für grundlegend hält:

- Sterblichkeit
- Körperlichkeit,
- Freude und Schmerz
- Kognitive Fähigkeiten
- Praktische Vernunft
- Frühkindliche Entwicklung
- Verbundenheit mit anderen
- Humor.

Alle Menschen, egal in welcher Kultur, sind zum Beispiel mit dem Faktum konfrontiert, dass sie sterben müssen; und sie müssen gegenüber dieser Tatsache eine angemessene Haltung entwickeln, die man als Tugend bezeichnen kann. Sie könnte darin bestehen, den Tod zu akzeptieren und das Leben doch zu bejahen, Gelassenheit vielleicht. Oder alle Menschen bedürfen der Verbundenheit mit anderen; die ideale Haltung könnte hier Freundschaft heißen.

Nussbaum räumt ein, dass sie lediglich eine Skizze liefert, noch keine endgültigen Antworten. Einerseits gilt es in der philosophischen Auseinandersetzung zu ermitteln, welche Erfahrungsbereiche für alle Menschen fundamental sind. Bildet etwa die frühkindliche Entwicklung tatsächlich einen eigenständigen Erfahrungsbereich? Fehlt in der Liste nicht unser Verhältnis zur Natur? Andererseits braucht es aber auch einen Diskurs darüber, welche Haltung gegenüber diesen existenziellen Herausforderungen jeweils als vorbildlich gelten kann. Nussbaum hält aber daran fest, dass es in beiden Diskursen – bei den Grundherausforderungen wie bei den Haltungen – um grundsätzliche, allgemein menschliche Angelegenheiten geht, auch wenn verschiedene Kulturen ihre Antwort jeweils etwas unterschiedlich ausgestaltet haben.

Helfen diese neueren Ansätze der Tugendethik weiter? Foots und Nussbaums Überlegungen scheinen mir plausibel. Es leuchtet ein, dass Tugenden, wie Foot aufzeigt, nicht nur wünschenswert sind, sondern unabdingbar für den Zusammenhalt in der Gesellschaft. Sie bilden den Kitt, der die Menschen zusammenhält, der ein gedeihliches Zusammenwirken der Individuen überhaupt erst ermöglicht. Ebenso überzeugt Nussbaums Strategie, Tugenden auf der Basis der grundlegenden menschlichen Erfahrungsfelder zu entwickeln und dann die Dispositionen herauszuarbeiten, die im jeweiligen Bereich einem menschlichen Leben förderlich sind. Beide Argumentationslinien unterstreichen, wie wichtig der Begriff der Tugend für die Ethik ist – und dass ohne die Tugend keine Menschlichkeit stattfindet.

Auf der anderen Seite bleiben sie abstrakt, noch mehr vielleicht als Aristoteles' Tugendlehre. Die Autorinnen argumentieren programmatisch: Sie zeichnen einer modernen Tugendethik eher den Weg vor, als dass sie ihn selber gehen. Für das Fallbeispiel dieses Kapitels – Eichmanns Versagen und Hosenfelds Vorbild – bieten sie wenig Erklärungshilfe.

Und wie sieht der Beitrag insgesamt aus, den die Tugendkonzepte für die Ethik leisten? Was bringt der Tugendbegriff, wenn wir mit konkreten ethischen Problemen konfrontiert sind? Ich ziehe ein Fazit:

- Zunächst korrigiert der Begriff der Tugend, nota bene schon bei Aristoteles, die Vernunftlastigkeit einer Ethik, die sich bloß an Regeln orientiert. Die Tugendethik fordert dagegen, was der Tugendhafte beim Handeln empfinde und was er einsehe, sollten übereinstimmen. Damit *berücksichtigt sie auch die Gefühle.*

- Die Tugendethik verankert die Tugenden in der *Natur des Menschen*. Deshalb nennen Philosophen einen solchen Ansatz naturalistisch. Moralische Verpflichtungen sollen der natürlichen Ganzheit des Menschen nicht entgegenstehen, sondern aus dieser abgeleitet werden. In der Regelethik dagegen prallen apodiktische Verpflichtungen oft abrupt auf unsere Lebenswirklichkeit.
- Aristoteles und die Tugendethikerinnen rücken *das Vorbild* ins Zentrum. Wer eine Tugend besitzt, an dem können wir uns orientieren. Regeln bleiben abstrakt und verfügen über wenig Motivationskraft. Menschen sprechen uns an: Sie sind konkret, anschaulich, unseresgleichen, selbst da noch, wo bloß die Einbildungskraft sie hervorbringt. Vorbilder haben viel mehr Kraft, uns zu bewegen, als trockene Regeln.
- Auf der anderen Seite reicht der Tugendbegriff nicht für eine Ethik, die uns sagen kann, welche Entscheidung richtig ist, gut oder menschendienlich. Denn es gibt Regeln, die grundsätzlich niemand brechen darf, auch nicht der Tugendhafte, wie etwa das Tötungsverbot. Ganz *ohne Regeln geht es nicht*. Darum hilft der Rückgriff auf eine Tugend in vielen Dilemmasituationen nicht. Denken Sie nur an die Beispiele in den Kapiteln 5 und 6.
- Außerdem können Tugenden *miteinander kollidieren*, wie der Fall Eichmann zeigt. Und einige Tugenden, jedenfalls so, wie sie traditionell verstanden werden, lassen sich *in den Dienst verabscheuungswürdiger Ziele* stellen: der mutige Mafiakiller oder der pflichtbewusste Gehilfe eines menschenverachtenden Regimes.
- Kurz, die Tugendethik leidet daran, dass sie begrifflich noch zu schwammig ist, dass sie noch *zu wenig ausgearbeitet* ist. Dass die Philosophinnen und Philosophen noch zu wenig klar herausgearbeitet haben, welche (nussbaumschen) Erfahrungsbereiche wir berücksichtigen müssen und welche Haltungen uns in diesen Feldern als vorbildhaft gelten können.

Damit ist klar: Wir können weder auf die Tugend- noch auf die Regelethik verzichten. Der ethische Standpunkt muss beide Zugänge berücksichtigen. Und Menschlichkeit gibt es nur, wenn Tugenden die Regeln ergänzen. Auch Sie persönlich sollten sich an beiden Gesichtspunkten orientieren, an Normen ebenso wie an der Vorstellung tugendhafter Menschen. Das Tugend-Kapitel lässt freilich auch Fragen offen. Insbesondere hat sich gezeigt, dass wir die Rolle der Gefühle für die Ethik noch genauer herausarbeiten müssen.

10

Handeln – mit Gefühl und Vernunft

Ethik hat es mit Gefühlen zu tun, daran kann kein Zweifel sein. Das hat sich nicht nur im vorangehenden Kapitel gezeigt: im Vergleich zwischen Eichmann und Hosenfeld, dem empfindungsgestörten Verbrecher und dem mitfühlenden Helfer. Sie wissen es auch aus Ihrer eigenen Erfahrung. Wenn es um das richtige Handeln in der Menschengemeinschaft geht, können die Gefühle nicht ignoriert werden. Genauso wenig, wie sich Menschlichkeit ohne jede Emotion vorstellen lässt.

Die Tugendethik anerkennt dies und geht hier einen großen Schritt über die Vernunftlastigkeit des ethischen Mainstreams hinaus. Allerdings hat sie das Verhältnis von Vernunft und Gefühl in der Ethik nicht befriedigend darlegen können. Darum greife ich das Thema in diesem Kapitel noch einmal auf und versuche eine Klärung auf einem zweiten Weg.

Die Frage, welche Bedeutung Vernunft und Gefühl in der Ethik einnehmen, haben sich Ethiker allerdings schon lange vor der Tugendethik-Renaissance im 20. Jahrhundert gestellt. Ihre Antworten könnten freilich unterschiedlicher nicht ausfallen. Lassen Sie uns zwei ziemlich entgegengesetzte Positionen ansehen. Die eine stammt vom wohl hartgesottensten Vertreter einer vernunftbasierten Ethik, von Immanuel Kant, die andere von drei Philosophen, welche die Ethik in der Gefühlsstruktur des Menschen verankern, David Hume, Adam Smith und Arthur Schopenhauer.

Kant: Allein Vernunft begründet Ethik

Kants ethische Position haben Sie schon im 5. Kapitel kennen gelernt, insbesondere seinen kategorischen Imperativ, und zwar als Beispiel eines deontologischen Arguments, als pflichtethisches Postulat:

> *Handle nur nach derjenigen Maxime, durch die du zugleich wollen kannst, dass sie ein allgemeines Gesetz werde.* (Kant 1785, BA 52)

Was ist an diesem Satz rationalistisch? Es zeigt sich, wenn wir schauen, wie Kant ihn herleitet. Das habe ich zwar schon im 5. Kapitel dargestellt. Kants Gedankengang lässt sich aber noch aus einer anderen Perspektive rekonstruieren, die ihre Vernunftorientierung erst zum Vorschein bringt. Der Philosoph will reinen Tisch machen. Es geht ihm um eine Grundlegung der Ethik, und dazu muss er sie radikal neu konzipieren. Er geht dabei von der doppelten Natur des Menschen aus. Einerseits sind wir körperliche, andererseits geistige, vernunftfähige Wesen. Die Ethik, die nach Kant objektive und allgemeingültige Normen liefern muss, kann sich nicht am Körperlichen und Sinnlichen orientieren. Sie muss sich allein aus der Vernunft herleiten lassen. Alles, was sich nicht aus ihr ergibt, den Menschen aber leider Gottes doch beim Handeln immer wieder leitet, entstammt letztlich seiner Körperlichkeit. Das soll ausgemerzt werden: persönliche Interessen und subjektive Ziele, das, was mich anzieht und lockt oder abstößt und schmerzt. Es droht die Integrität und moralische Makellosigkeit meines Handelns zu beeinträchtigen. Nur was die Vernunft gebietet, zählt. Allein das, was ich tun soll: meine Pflicht. Alles andere fasst Kant unter dem Begriff der Neigung zusammen. Gut ist nicht, was ich wünsche, begehre oder wonach es mich gelüstet, sondern das, was mir aufgegeben ist. Dieser Gegensatz von Pflicht und Neigung durchzieht Kants gesamte ethische Argumentation.

Darum misst sich der moralische Wert einer Handlung bloß daran, ob sie aus Pflicht oder aus Neigung geschieht. Ein Kaufmann hat, um Kants eigenes Beispiel zu zitieren, ein subjektives Interesse daran, redlich und fair zu handeln. Wenn er dies bloß darum tut, weil er damit seinen Ruf wahren will, agiert er zwar *pflichtgemäß*, aber nicht *aus Pflicht*. Seine Aktionen haben keinen ethischen Wert. Tut er es aber, weil Redlichkeit und Fairness ihn dazu verpflichten, handelt er aus Pflicht und somit ethisch korrekt. Das Kriterium ist also die Motivation – oder wie Kant sagt: der gute Wille. Gut ist er, wenn er in der Einsicht in die Pflicht wurzelt.

Damit bleiben die Gefühle außen vor. Sie gehören zur Neigung und sind im ethischen Sinn wertlos. Lediglich was uns die Vernunft aufträgt, hat eine ethische Bedeutung. Doch was bleibt noch, wenn jede inhaltliche Bestimmung wegfällt? Welche Norm hat noch Bestand, wenn alle Handlungsziele entfallen, weil sie bloß den Neigungen entspringen? Kant antwortet: Die bloße Form eines Imperativs, die Struktur der Pflicht selber, das Gebot, ethisch zu handeln.

Was soll damit gemeint sein? Ist ein solches Gebot nicht eine leere Floskel, nichtssagend? Kant antwortet: keineswegs. Denn wir wissen ja: Es muss allgemein sein, für alle Menschen gelten, in jeder Situation, unabhängig von allen Folgen, absolut: kategorisch. Es trägt uns folglich auf, stets nach einer Maxime zu handeln, die für alle Gültigkeit haben soll. Kurzum: Das Gebot läuft auf den kategorischen Imperativ hinaus.

Diese Regel ist, das hat sich im 5. Kapitel gezeigt, von genialer Einfachheit – und zwiespältig zugleich. Dass unser Handeln reziprok sein muss, dass wir immer bedenken sollten, wie es wäre, wenn der Spieß umgedreht würde, das hat eine unabweisbare Plausibilität. Was es aber konkret heißt, was wir in einer bestimmten Situation als „Maxime" verstehen, ist interpretationsbedürftig. Vor allem aber ignoriert ein derart rationales Prinzip die lebendige Vielfalt unseres emotionalen Lebens. Und sie steht unserer Erfahrung entgegen, dass wir in Gewissenskonflikten nicht einfach von allen Gefühlen absehen können.

Hume, Smith und Schopenhauer: Auf das Gefühl kommt es an

Das haben schon Kants Zeitgenossen gewusst. Der schottische Aufklärungsphilosoph David Hume (1711–1776) räumt zwar ein, dass es in der Ethik nicht ohne Vernunft geht. Dennoch ortet er ihre Grundlage ganz und gar in den Gefühlen (Hume 1984). Warum, fragt er, erfahren bestimmte Handlungen oder Charaktereigenschaften der Menschen unsere Zustimmung? Warum betrachten wir sie als moralisch und andere als unmoralisch? Warum bewerten wir Gefühle des Wohlwollens – Empathie, Freundschaftlichkeit, Dankbarkeit – positiv und ihr Gegenteil negativ? Hume antwortet: weil sie *nützlich* sind, entweder für den betreffenden Menschen selber oder für die Gesellschaft.

Nützlichkeit ist also das Kriterium für Moralität. Weil diese Gefühle ihrem Träger oder der Gesellschaft dienen, bewerten wir sie anerkennend, loben sie und erziehen unsere Kinder in ihrem Sinn. So gewinnen sie schließlich einen Nimbus des Wünschenswerten, des moralisch Richtigen. Eingesponnen in die Macht der Gewohnheit, empfinden wir die moralischen Einstellungen und Handlungen als angenehm und sympathisieren mit ihren Trägern.

Allerdings sind wir Menschen auch egoistisch, da macht sich Hume nichts vor. Aber er billigt uns doch zwei Fähigkeiten zu, die verhindern, dass wir unseren eigennützigen Standpunkt verabsolutieren, eine eher gefühls- und eine eher verstandesmäßige. Einerseits sind wir grundsätzlich fähig, uns in andere *einzufühlen*. Andererseits dazu, einen *unparteiischen, universellen Standpunkt* einzunehmen. Diese letztere, intellektuelle Fähigkeit ist zwar unverzichtbar und korrigiert unsere Gefühle. Letztlich sind es aber doch diese, welche der Moral zugrunde liegen, ja sie überhaupt erst ermöglichen.

Adam Smith (1723–1790), ein anderer Schotte, den Sie vermutlich als Begründer der Nationalökonomie kennen, ist gleichzeitig ein vorzüglicher Philosoph und hat eine „Theorie der ethischen Gefühle" verfasst. Sie beginnt mit den Worten:

Mag man Menschen für noch so egoistisch halten, es liegen doch offenbar gewisse Prinzipien in seiner Natur, die ihn dazu bestimmen, an dem Schicksal anderer Anteil zu nehmen, und die ihm selbst die Glückseligkeit dieser anderen zum Bedürfnis machen, obgleich er keinen anderen Vorteil daraus zieht, als das Vergnügen, Zeuge davon zu sein. Ein Prinzip dieser Art ist das Erbarmen oder das Mitleid, das Gefühl, das wir für das Elend anderer empfinden, sobald wir dieses entweder selbst sehen, oder sobald es uns so lebhaft geschildert wird, dass wir es nachfühlen können. (Smith 1994, 1)

Smith schlägt also in die gleiche Kerbe. Hier spricht er von Mitleid, das sich auf das Elend der anderen bezieht. Doch sogleich überträgt er diese menschliche Fähigkeit auf alle Arten von Gefühlen, auch die positiven, und nennt sie „sympathy". Diese, am ehesten mit *Mitgefühl* oder Anteilnahme übersetzt, betrachtet Smith als grundlegend für die Ethik. Damit meint er, dass wir uns nicht nur gedanklich in die Rolle eines anderen zu versetzen vermögen, sondern auch gefühlsmäßig: Wir können die Emotionen anderer mitempfinden, mit ihnen emotional mitschwingen. Wir haben ein Einfühlungsvermögen.

Wie Hume ortet Smith darüber hinaus im Menschen eine Befähigung, seine Selbstliebe einzuschränken, indem er sich gewissermaßen auch von außen betrachtet. Er versetzt sich in einen „impartial spectator", einen *unparteiischen Zuschauer,* und sieht aus dieser Perspektive sich selber mit den Augen der anderen. Dieser doppelte Blick – die Innensicht meiner Wünsche und die Außensicht dieses Schiedsrichters – ermöglicht uns moralische Urteile. Dass uns diese zweite Perspektive zugänglich ist, die des unparteiischen Zuschauers, dafür gibt es nach Smith zahlreiche Indizien: Wichtiger als Lob ist uns unsere Lobenswürdigkeit. Nichts kann uns mehr kränken als eine falsche Beschuldigung. Ein schlechtes Gewissen plagt uns auch dann, wenn niemand unsere Schuld kennt. All diese Erfahrungen weisen auf die Macht hin, die der unparteiische Zuschauer, diese unbestechliche Instanz, in unserer Brust einnimmt. Auch wenn Gefühle für Smith die unverzichtbare Basis der Moral sind, braucht es gleichzeitig den korrigierenden Verstand, damit sich die Moral im Menschen herausbilden kann.

Den Dritten im Bunde, zwei Generationen jünger, kennen Sie schon aus dem Einleitungskapitel. Arthur Schopenhauer (1788–1860) argumentiert gleichfalls gegen eine vernunftbestimmte Ethik, namentlich gegen die von Kant, den er ansonsten bewundert. Im kategorischen Imperativ äußert sich nach seiner Meinung ein abstraktes, der menschlichen Erfahrung völlig fremdes Prinzip ohne realen Gehalt. Schopenhauer stellt ihm in seiner Schrift „Über die Grundlage der Moral" ein anderes entgegen, nämlich die einfache Forderung: „Schade niemandem, sondern hilf allen, soviel du kannst." Dieser Grundsatz, so selbstverständlich er auch erscheint, bedarf allerdings eines starken Antriebs, damit der Mensch ihn umsetzt. Denn dieser ist seiner Natur nach „grenzenlos egoistisch".

Wie seine schottischen Kollegen verortet auch Schopenhauer diesen Antrieb in einem Gefühl. Er nennt es *„Mitleid"*. Nur diese mächtige Regung, die Menschen den anderen und manchmal sogar Tieren gegenüber empfinden, nur diese großartige Emotion ermöglicht überhaupt ein ethisches Urteilen und entsprechendes Handeln. Mitleid ist nicht genau dasselbe wie Einfühlungsvermögen. Es schwingt nur mit beim Leid des anderen, nicht bei dessen Freude. „Sympathy" dagegen, Empathie, umfasst auch die Freude über die Freude des anderen. Dass Schopenhauer von der Mitfreude nicht spricht, liegt vielleicht daran, dass sie ihm, dem Misanthropen, eher fremd war.

Die Theorien Humes, Smiths und Schopenhauers zeigen erstaunliche Parallelen. Sie alle räumen den Gefühlen bei der Erklärung der Ethik eine Schlüsselrolle ein. Damit weisen sie eine rigide Vernunftethik nach kantischem Muster zurück und werden der Natur des Menschen gerechter, die ohne seine *Emotionalität* einer wesentlichen Dimension beraubt würde. Alle drei rücken dabei eine außerordentliche emotionale und vielleicht spezifisch menschliche Fähigkeit ins Zentrum: Ich kann die *Gefühle anderer mitempfinden,* emotional mitschwingen mit ihnen, ihren Gefühlen mit einem Echo in meiner Seele antworten. Und darüber hinaus, auch da treffen sich die drei, bin ich auch fähig, mich von meinen eigenen Gefühlen bis zu einem gewissen Grad zu distanzieren, eine *quasi objektive Position* einzunehmen. Damit bin ich nicht blind dem Sog meiner Emotionen ausgeliefert, so wichtig sie für die Moral auch sind.

Der „naturalistische Fehlschluss"

Mir scheint, beide Seiten argumentieren überzeugend. Kants vernünftige Gedankenführung, sein Plädoyer für die Reziprozität unseres Handelns, weist eine schwer abweisbare Plausibilität auf. Aber auch die Verankerung der Ethik in unserer Emotionalität, wie Hume, Smith und Schopenhauer sie vornehmen, kann man nicht von der Hand weisen. Offenbar braucht es in der Ethik Gefühl und Vernunft. Beide müssen zusammenspielen, damit so etwas wie Moral oder Ethik überhaupt zustande kommt. Aber wie genau sieht dieses Zusammenspiel aus? Auf welche Weise muss die Vernunft den Gefühlen zu Hilfe kommen und umgekehrt? Wie verbinden sich Kopf und Herz zur Menschlichkeit? Obschon die drei Gefühlstheoretiker dieses Zusammenspiel immerhin zulassen, bleiben sie eine präzise Antwort darauf schuldig.

Zudem fragt sich, ob diese Autoren sich überhaupt im 2. Stock befinden. Geht es ihnen doch eher um eine Analyse der Moral. Insofern betreiben sie zwar Moralphilosophie. Und die gehört zur Ethik, denn sie analysiert und reflektiert die Moral, die im Erdgeschoss gilt. Andererseits zielen die drei Philosophen – im Gegensatz zu Kant – nicht darauf ab, Normen zu begründen, Anweisungen fürs Handeln zu geben, die Frage zu beantworten: Was soll ich tun? Hume, Smith und Schopenhauer bleiben im Wesentlichen deskriptiv, währen Kants Ethik normativ ist. Ihre Ethik ist *beschreibend,* seine *vorschreibend.*

Genau diesen Unterschied bringt Hume selber in seinem berühmten Gedanken vom „naturalistischen Fehlschluss" auf den Punkt. Er selber will die Moral aus der Natur des Menschen erklären und zeigt sich darum befremdet darüber, dass die Ethiker immer wieder denselben Fehler begehen. Sie schließen nämlich vom Sein auf das Sollen, leiten aus Tatsachenaussagen moralische Gebote ab:

> *Bei jedem System der Moral, das mir bislang begegnet ist, habe ich stets festgestellt, dass der Autor eine gewisse Zeit in der üblichen Argumentationsweise fortschreitet und begründet, dass es einen Gott gibt, oder Beobachtungen über menschliches*

> *Verhalten trifft; dann plötzlich stelle ich überrascht fest, dass anstatt der üblichen Satzverknüpfungen, nämlich ‚ist' und ‚ist nicht', ich nur auf Sätze stoße, welche mit ‚soll' oder ‚soll nicht' verbunden sind. Diese Änderung geschieht unmerklich. Sie ist jedoch sehr wichtig. Dieses ‚soll' oder ‚soll nicht' drückt eine neue Verknüpfung oder Behauptung aus.* (Hume 1973, 212)

Dass Hume solche Schlüsse als Fehler taxiert, unterstreicht, dass er die Ethik deskriptiv versteht, genau wie seine zwei Kollegen. Das Konzept von Ethik hingegen, das ich in diesem Buch vertrete – und dem übrigens auch die meisten Ethiker folgen – ist *normativ*. Im zweiten Stock wird gefragt: Was *soll* ich tun? Welche Entscheidung ist richtig oder fair? Darauf muss die Ethik Antworten liefern: In Form von Handlungsaufforderungen, von Normen, oder wenigstens von Empfehlungen. Es fragt sich also, ob die Gefühlsethik auch einen Beitrag zur normativen Ethik liefern kann.

Schließlich fällt auch auf, dass die drei Philosophen nur von den „*ethischen* Gefühlen" reden, also von denen, die ethisches Handeln *motivieren*. Darin liegt eine ganz erhebliche Beschränkung. Die Palette der menschlichen Gefühle beschränkt sich ja nicht auf Wohlwollen, Empathie und Mitleid. Es gibt doch den Hass und den Neid, die Eitelkeit und die Gier, die Rachsucht und die Böswilligkeit. Nicht dass dies etwa ethische Regungen wären. Beileibe nicht, aber sie stehen ethischen Entscheidungen oft im Weg, blockieren faire Handlungen, verhindern Empathie und Wohlwollen. Darum gehört in die Ethik auch die Frage, wie wir mit diesen Regungen umgehen sollen, vor allem dann, wenn sie in uns selbst keimen. Dieses Feld hat die gesamte Ethik, soweit ich sehe, bisher fast gar nicht beschritten. Kurz, wir brauchen für eine menschengerechte, realitätsnahe Ethik nicht nur eine „Theorie der ethischen", sondern auch eine „*der unethischen Gefühle*".

Mit anderen Worten, es ist unumgänglich, besser zu verstehen, wie Vernunft und Emotion überhaupt zusammenspielen. Und zwar nicht nur in der Ethik, sondern bei menschlichen Entscheidungen insgesamt. Ich will der schwierigen Frage in diesem Kapitel nachgehen. Nicht um – naturalistisch fehlschießend – daraus ethische Normen logisch herzuleiten, sondern um zu fragen, ob sich daraus plausible Empfehlungen für den Umgang mit unserer Rationalität und unserer Emotionalität ableiten lassen, wenn wir uns im zweiten Stock befinden.

Ich lasse also die Ethik vorderhand beiseite und kehre später zu ihr zurück. Lassen Sie uns aus dem zweiten Stock hinuntersteigen und auch das Erdgeschoss verlassen, um uns einem anderen Haus zuzuwenden. Dort wird untersucht, wie Menschen überhaupt Entscheidungen treffen, welche Rolle dabei die Vernunft und welche die Gefühle spielen. Bei diesem Unterfangen stütze ich mich auf drei Quellen: die sogenannte Handlungstheorie, die Philosophie der Gefühle und das alltägliche Erfahrungswissen, das wir alle, Sie und ich, über unsere Emotionalität haben.

„High Noon" und die Feiglinge von Hadleyville

Das alles will ich zeigen an einem vielleicht etwas ungewöhnlichen Beispiel, nämlich am Film „High Noon", Fred Zinnemans klassischem Western aus dem Jahr 1952. Dieses Vorgehen hat verschiedene Vorteile. Ein Film zeigt nämlich nicht nur einzelne aus dem Kontext gerissene Entscheidungen und Handlungen, sondern bettet sie in einen größeren Kontext ein. Außerdem bietet „High Noon" eine Fülle von ganz unterschiedlichen Entscheidungen, sozusagen eine Palette typischer alltäglicher Verhaltensweisen unterschiedlicher Menschen. Sie handeln hier auch nicht nur, sondern viele begründen und rechtfertigen zugleich ihre Handlungen. Falls Sie den Film kennen, erhöht dies das Verständnis zusätzlich. Und nicht zuletzt geht es für viele Protagonisten darum, in schwierigen Situationen die richtigen Entscheidungen zu treffen, die mithin auch von ethischer Bedeutung sind, obschon ich diese Dimension wie gesagt im Moment nicht berücksichtige.

Will Kane, der langjährige Marshal der Stadt Hadleyville, hat sein Amt niedergelegt, um die junge Amy zu heiraten, mit ihr wegzuziehen und ein neues Leben zu beginnen. Mitten in die Hochzeitsfeier platzt die Nachricht, Frank Miller, ein notorischer Killer, sei aus dem Gefängnis entlassen worden und befinde sich auf dem Weg nach Hadleyville, wo seine drei Kumpane ihn schon am Bahnhof erwarten. Kane hat Miller vor Jahren vor Gericht gebracht und damit Recht und Ordnung wiederhergestellt, die von Millers Bande mit Füssen getreten worden waren. Vor Gericht hat dieser geschworen, dereinst zurückzukehren, um Kane zu töten. Dieser ist jetzt im Dilemma: Soll er mit Amy fliehen, solange er noch Zeit hat, oder bleiben und für die Stadt kämpfen?

Er entscheidet sich für das Zweite, worauf ihm Amy eröffnet, ihn und die Stadt mit dem Mittagszug zu verlassen. Als Kind hat sie miterlebt, wie Bruder und Vater erschossen wurden, und darauf beschlossen, Quäkerin zu werden und Gewalt grundsätzlich abzulehnen. Kane sucht nun in der Stadt Helfer, wird aber ein ums andere Mal enttäuscht. Die wenigen, die bereit sind, ihn zu unterstützen, kann er nicht brauchen: den mutigen 14-jährigen Johnny und einen alkoholkranken Behinderten. Der junge, ehrgeizige, aber ungeeignete Deputy Harvey wiederum knüpft seine Unterstützung an eine

10 Handeln – mit Gefühl und Vernunft

indiskutable Bedingung: Kane soll ihn bei den Behörden als neuen Marshal durchboxen. Schließlich muss sich Kane ganz alleine dem Showdown mit den vier Verbrechern stellen.

Die Menschen in diesem Film treffen Entscheidungen. Ein großer Teil des Films indessen dient deren Begründung. Im Wesentlichen drehen sich die Argumente um die Frage: Will ich Kane unterstützen oder weiche ich dem Kampf aus? Und warum? Lassen Sie mich als Beispiel die Auseinandersetzung in der Kirche skizzieren, wohin sich der Marshal begibt, um Helfer („special deputies") zu rekrutieren.

Der erste Kirchgänger meint, Kane habe sein Amt niedergelegt und hier gehe es um eine persönliche Auseinandersetzung zwischen ihm und Miller („Kaine ain't no longer a marsahl. And there's personal trouble"). Ein Zweiter widerspricht und verweist auf die Gefährlichkeit Millers („It don't really matter if there's anything personal between Miller and Kane. We all know who Miller is"). Ein Dritter, Coy, erklärt diejenigen für verantwortlich, die Miller laufen ließen („And who saved him from hanging? … it's their mess. Let them take care of it"). Fryer behauptet, der Marshal und die Deputies stünden in der Pflicht, nicht die Bürger („We've been paying good money for a marshal and deputies. … this ain't our job"). Dagegen empört sich ein Fünfter. Das sei ihre Angelegenheit und es sei klar, was sie tun müssten. („This ain't his trouble, it's ours.… There ain't but one thing to do"). Kibbe, der Sechste, sagt, Kane sei selber schuld, er hätte Frank Millers Kollegen verhaften sollen („Why didn't you put them in jail?"). Dann hofft ein anderer auf einen Irrtum („How do we know Miller's on that train?").

Die einzige Frau, die sich meldet, erinnert an die Zeiten Millers, in denen eine ehrbare Frau sich nicht auf die Straße traute („How can you sit and talk, and talk, and talk like this?"). Der Pfarrer wiederum flüchtet sich ins Tötungsverbot der Bibel („Thou shalt not kill") Und ganz zuletzt setzt der Mann, der die Debatte leitet, wohl der Bürgermeister, zu einer Rede an: Die Stadt verdanke Kane viel („What this town owes Will Kane, it can never pay with money"), sie stehe in der Verantwortung („It's our problem, not his"), die Bürger müssten den Mut zur richtigen Tat aufbringen („We gotta have the courage to do what is rigth"), die übergeordneten Behörden würden nur Geld hinschicken, wo Ordnung herrsche („People up north are thinking … about sendig money down here"), und sofern Kane bei Millers Ankunft aus der Stadt sei, gäbe es kein Problem („there won't be any trouble, not one bit"), darum solle er diese im Interesse aller sofort verlassen („Will, I think you better go, while there's still time"). Womit Kane gescheitert ist: Kein einziger Bürger stellt sich an seine Seite.

Gründe und Gefühle

Was ist von diesen Begründungen zu halten? Ich will sie mithilfe der Begriffe Donald Davidsons (1917–2003) analysieren. Er hat die philosophische Handlungstheorie maßgeblich geprägt. Sind diese Sätze tatsächlich die Gründe für das Handeln der Bürger? Können Sätze oder Gedanken überhaupt Handlungen bewirken? Davidson bejaht dies. Allerdings nicht auf dieselbe Weise, wie Ursachen in der physischen Natur Wirkungen hervorrufen. Mit physikalischer Kausalität sind immer Gesetze verbunden. Kein Ursache-Wirkung-Verhältnis, ohne dass dahinter eine Regel steckt. Der Stein, der fällt, gehorcht dem Gesetz der Schwerkraft, aber Füllfederhalter und Tassen ebenfalls. Ein Streichholz entzündet Benzin, aber auch alle anderen brennbaren Stoffe. Diese Gesetzlichkeit fehlt im Psychischen, Gründe sind also nicht Ursachen im Sinn naturwissenschaftlicher Kausalität. Wohl aber bewirken sie durchaus etwas Physisches, nämlich Handlungen. Sie sind Quasi-Ursachen.

Würden wir diese Art von Wirkung nicht voraussetzen, könnten wir Handlungen gar nicht verstehen. Wir würden uns und andere dann als bloße Automaten empfinden, als Roboter, die sich nach den Regeln der Mechanik oder ihres Programms bewegen, aber nicht als Menschen. Sobald wir hingegen von Handlungen sprechen, müssen wir uns auf Gründe berufen. Der Grund einer Handlung kommt gemäß Davidson in den Blick, wenn wir die Absicht des Handelnden begreifen. Sie allein erlaubt es uns, die Bewegung von Menschen als Handlung zu interpretieren und nicht bloß als rätselhafte Ereignisse irgendwelcher Körper im Raum. Die Absicht verstehen heißt die Handlung verstehen. Sie ist der Sinn der Handlung, gewissermaßen ihr „Witz". Die Handlung – Kane schreitet zur Kirche – macht Sinn, wenn wir die Absicht dahinter – er will Helfer rekrutieren – kennen.

Insofern sind gewisse Argumente aus dem Dialog in der Kirche durchaus Gründe. Sie erklären, warum der Betreffende so handelt, machen die Handlung verständlich. So ist etwa Fryers Satz, es sei nicht Aufgabe der Bürger, sich den Verbrechern entgegenzustellen, sondern die der gewählten Deputies, der Grund für sein Handeln: für seine Weigerung, aktiv zu werden. Dass die Frau verhindern will, dass die Zeit der Ordnungslosigkeit zurückkehrt, ist der Grund dafür, dass sie das Wort ergreift. Und des Pfarrers Bekenntnis zum Tötungsverbot erklärt, warum er die Gläubigen nicht aufruft, Kane beizustehen.

Bei anderen ist dieses Begründungsverhältnis nicht so offensichtlich. Einige bringen ja durchaus Gründe vor, dem Marshal zur Seite zu stehen – tun es aber dann doch nicht. Bei ihnen widersprechen sich Wort und Tat. Ihr Urteil, was richtig ist, und ihre Handlung klaffen auseinander. Sie wissen und sagen zwar, es sei nötig, Kane zu unterstützen, tun es aber doch nicht. Aus Angst vor den Killern oder vor der Missbilligung ihrer Mitbürger. Vielleicht sind sie aber auch gespalten. Der Widerspruch liegt nicht zwischen Wort und Tat, sondern zwischen gegenläufigen Gründen, die sie gleichermaßen erwägen. Sie bedenken Gründe, Kane zu unterstützen, aber auch welche, die dagegensprechen, und zögern zunächst. Für die einen plädieren sie – und halten sich dann doch an die anderen, wenn's darum geht zu entscheiden.

Die Argumente einer Person, gedacht oder geäußert, sind also nicht immer eindeutige Gründe für ihre Handlung. Manchmal besteht eine Diskrepanz zwischen der Überzeugung und der Tat eines Menschen. Manchmal aber auch zwischen den verschiedenen Gründen, die der Mensch erwägt, sodass er zu keinem eindeutigen Urteil gelangt. Die Widersprüchlichkeit der Gründe, ihre Inkohärenz zeigt sich deutlich beim Bürgermeister: Zuerst bringt er eine ganze Reihe von Gründen dafür, Kane zur Seite zu stehen – und dann zum Schluss das Argument, warum er genau dies nicht tut.

Offenbar hängt die Entscheidung, die ein Mensch letztlich trifft, auch von der Gewichtung der Gründe ab. Das gilt beim Bürgermeister genauso wie bei Kane selbst. Es bleibt nämlich letztlich ungeklärt, warum er nicht mit Amy flieht. Die Gründe, die er angibt, sind unterschiedlich. Er hält Amy, die abreisen will, entgegen: „I've never run from anybody before". Darin steckt ein Imperativ: Laufe nicht vor einem Kontrahenten davon, stelle dich, sei mutig! Und dann wieder: „Seems to me I've got to stay". Das erinnert an Kants Aufruf zur Pflicht: Ich muss bleiben, um meiner Verpflichtung willen gegenüber der Stadt. Doch schließlich folgt noch ein ganz anderer Grund: „We'd have to run again as long as we live". Es nützt nichts, jetzt zu fliehen. Sie werden uns immer wieder finden. Warum also bleibt Kane? Die Gründe sprechen zwar für dieselbe Entscheidung, gehen aber in ganz unterschiedliche Richtungen. Vermutlich spielen sie zusammen, begründen in ihrer Summe seine Entscheidung. Aber haben sie alle für ihn dasselbe Gewicht? Was ist der ausschlaggebende Grund, der seine Handlung verständlich macht, was ist der „Witz" seiner Entscheidung?

Die Frage der Gewichtung von Gründen stellt sich im Übrigen noch viel grundsätzlicher. Der Streit in der Kirche pendelt zwischen verschiedenen Fragen hin und her. Eine lautet: Ist Kane noch immer Marshal und darum verpflichtet, Miller entgegenzutreten? Eine andere: Wie weit geht unsere eigene Verantwortung als Bürger, wenn eine Verbrecherbande die Stadt bedroht? Eine dritte: Wie wichtig ist für uns ein Zustand, in dem Recht und Ordnung herrschen? Und vielleicht gibt es noch mehr. Auf jeden Fall betreffen die Gründe der Bürger unterschiedliche Bereiche. Welche sie ins Auge fassen, welche ihnen wichtig scheinen und welche sie beiseitelassen – das ist eine Frage der Wahl. Worauf stützt sie sich?

Schließlich kann man fragen: Sind die Argumente der Protagonisten tatsächlich die Gründe, aus denen sie handeln? Verweigert etwa der Bürger, der zweifelt, dass Miller im Zug sitzt, dem Marshal die Hilfe aus diesem Grund? Müsste seine Begründung nicht vielmehr lauten: Ich will ganz einfach nichts damit zu tun haben? Und ist das nicht genauso beim Mann, der diejenigen kritisiert, die Miller entlassen haben. Menschen lenken ab, belügen sich und andere, geben falsche Gründe vor – sind unaufrichtig.

Ein ziemlicher Wirrwarr von möglichen Gründen und Handlungen also. Versuchen wir Ordnung ins Durcheinander zu bringen. Handlungen verstehen wir, Davidson zufolge, wenn wir ihre Gründe verstehen. Das könnte man die Vernünftigkeit oder die Rationalität menschlichen Handelns nennen. Sie bedeutet dreierlei:

1. Zunächst leuchtet es ein, dass wir Menschen *aus Gründen handeln*. Sie machen Handlungen als solche erst verständlich. Sie unterscheiden sie von bloßen Ereignissen. Nur wo sich Gründe – und damit Absichten – ausmachen lassen, können wir von Handlungen reden.
2. Darüber hinaus müssen *Begründung und Handlung kohärent* sein. Sie müssen zusammenstimmen. Wo sie sich widersprechen, ist die Kohärenz verletzt. Das ist etwa beim zweiten und beim fünften Redner der Fall: Sie fordern dazu auf, Kane nicht hängen zu lassen – und tun dann das Gegenteil.
3. Da aber meistens mehrere mögliche Gründe vorliegen, betrifft die Kohärenz-Forderung *auch den ganzen Begründungszusammenhang*. Nicht nur Grund und Tat sollten sich nicht widersprechen, sondern auch die einzelnen Gründe. Diese Forderung verletzt der Bürgermeister: Er zählt zuerst eine ganze Reihe von Gründen auf, Kane zu unterstützen, um ihm mit dem letzten Argument genau dies zu verweigern.

Damit aber haben wir ein Problem, und mit uns die Bürger von Hadleyville. Denn die Rationalität menschlichen Handelns, die Kohärenz in der Handlungsbegründung, stellt sich nicht von selber her. Wir *müssen sie schaffen*. Es gibt in aller Regel keine 1:1-Entsprechung von Grund und Handlung – weder in Hadleyville noch in unserem Alltag. Die Gründe sind vielfältig, laufen einander entgegen oder summieren sich. Tatsächlich sind sie alle, psychologisch gesehen, in gewissem Sinn „berechtigt": die Angst der Bürger vor den Killern, Kanes Pflichtbewusstsein, Amys Abscheu vor dem Töten, sogar – wir sehen ja jetzt von einer moralischen Bewertung ab – die Rachsucht Millers oder die Vorfreude der Saufbrüder in der Bar.

Bereits bei der Frage, welche Gründe wir *überhaupt in Betracht ziehen*, müssen wir auswählen: Amy, Kane, die Säufer und die Feiglinge erwägen ganz unterschiedliche. Auswählen heißt abwägen. Indem wir gewisse Gründe als relevant in Betracht ziehen, geben wir ihnen ein größeres Gewicht als denen, die wir ignorieren: Amy dem Tötungsverbot, Kane seiner Pflicht und die Säufer ihrem „Vergnügen".

Wo wir gegenläufige Gründe berücksichtigen, müssen wir zudem *zwischen ihnen abwägen*. Sie treiben uns ja zu ganz unterschiedlichen Entscheidungen an. In diesem Spiel der widersprüchlichen Gründe befinden sich die meisten Bürger von Hadleyville. Erst indem wir bestimmten Gründen ein größeres oder geringeres Gewicht geben, können wir ein gewisses Maß an Rationalität und Kohärenz schaffen. Denn alle Widersprüche zwischen den Gründen lassen sich nicht beseitigen. Sonst wären die Akteure gar nicht im Dilemma. Sie stellen für sich so viel Kohärenz wie möglich her – indem sie kneifen. Stopp, sagen Sie vielleicht, sie sind nicht kohärent, sondern feige. Gewiss. Aber das ist ein moralisches Urteil, und davon wollen wir im Moment absehen. Sie handeln ziemlich kohärent – als Feiglinge.

Selbst wenn wir also Kohärenz in den Entscheidungsgründen der Menschen fordern, bleiben Spielräume offen. Selbst wenn die Gründe einander und den Handlungen nicht widersprechen dürfen, gibt es noch Erklärungslücken. – Wie finden wir in ihrem Zusammen- und Gegeneinanderwirken eine Handlungsentscheidung? Meine Hypothese lautet: Es sind die Gefühle, die in diese Lücken springen. Gefühle erlauben es uns Menschen, im Gefüge der Gründe zu Entscheidungen zu finden und diese umzusetzen.

Philosophie der Gefühle

Um die Behauptung – wiederum am Beispiel von „High Noon" – zu überprüfen, lade ich Sie zuerst zu einem kleinen Streifzug durch die Philosophie der Gefühle ein. Diese Disziplin boomt seit einigen Jahren und hat wichtige Erkenntnisse zum Thema beigesteuert. Schon aus unserer alltäglichen Erfahrung wissen wir viel über Gefühle. So ist zum Beispiel klar, dass jedes

Gefühl eine *Quantität* und eine *Qualität* hat. Eine leise Freude ist keine überschäumende, Angst kann uns zaghaft beschleichen oder aber panisch sein. Die Intensität oder eben die Quantität ist jeweils völlig verschieden. Andererseits unterscheidet sich die Qualität von Freude und Trauer, von Wut und Ekel völlig. Diese Zustände fühlen sich ganz verschieden an.

Weniger offensichtlich ist vielleicht, dass Gefühle *bewusst* oder *unbewusst* sein können. Das kennen Sie gewiss: Lange plagt Sie etwas, Sie fühlen sich unwohl, ohne genau zu wissen, warum – und plötzlich wird Ihnen klar: Ja, genau, Sie ängstigen sich vor dem unangenehmen Gespräch morgen, oder Sie ärgern sich über eine verletzende Bemerkung heute Vormittag. Das Gefühl hat unter der Bewusstseinsschwelle geschlummert und ist dann plötzlich ans Licht des Bewusstseins getreten. Oder Sie erleben Ihren Ehepartner die ganze Zeit als gereizt, Sie sprechen dies an und er explodiert: „Was willst du denn, nein, ich habe gar nichts." Vielleicht wird ihm aber auch bewusst, was Sie intuitiv gespürt haben: dass sich hinter seiner Aggressivität ein unbewusstes Gefühl verborgen hat, vielleicht eine Enttäuschung oder die Kritik, die er vor ein paar Stunden hat einstecken müssen.

Auch dass sich Gefühle *mischen*, haben Sie schon erfahren: Freude und Angst, wenn Sie in einen neuen Lebensabschnitt eintreten. Trauer und Zorn, wenn Ihnen eine Chance entgangen ist. Manchmal sind die Grenzen zwischen unterschiedlichen Gefühlen auch fließend. Manchmal ist schwer zu sagen, ob Sie jetzt eher Ärger oder Zorn empfinden, Ekel oder Verachtung, Freude oder Glück. *Gefühle bilden eine Familie,* wie Ludwig Wittgenstein (1889–1951) sagen würde: Manche sind näher miteinander verwandt, andere weiter entfernt. Sie sind durch Familienähnlichkeiten auf vielfältige Weise miteinander verbunden (Wittgenstein 1977, 56 f.). Ein bestimmtes Gefühl teilt mit einem anderen einzelne Merkmale: Freude und Glück sind positiv, machen uns lachen, beschwingen uns. In anderer Hinsicht gleicht wiederum nur die Freude einem dritten Gefühl, der Furcht: Freude bezieht sich – im Gegensatz zum Glück – auf ein bestimmtes Objekt, wie die Furcht. Deren Qualität allerdings schlägt ins Unangenehme, im Unterschied zur Freude. Kurz: Was wir als Gefühle erleben und beschreiben, ist ein höchst kompliziertes, vielseitig verzweigtes Netz von geistigen Zuständen, die auf vielfältige Weise miteinander verbunden sind, aber auch vielfältige Unterschiede aufweisen.

Die Philosophie der Gefühle hat darum auch eine begriffliche Abgrenzung vorgenommen, um präzisere Analysen vornehmen zu können. Da sie vor allem im englischsprachigen Raum entwickelt wurde, unterscheidet sie zwischen „feelings" und „emotions". Gefühl ist der Oberbegriff,

Emotion der Unterbegriff. *Gefühle* umfassen die ganze eben skizzierte, weitverzweigte Familie von Regungen. Dazu gehören auch Stimmungen wie etwa die Heiterkeit in einer feiernden Runde oder die Spannung, die Sie spüren, wenn sie in einen Kreis treten, in dem ein Konflikt schwelt. Für Gefühle gilt insgesamt: Sie haben eine bestimmte Qualität. Sie „fühlen sich so und so an".

Der Unterbegriff der *Emotionen* bezeichnet dagegen eine Gruppe von typischen Gefühlen, wie zum Beispiel Furcht, Ärger, Empörung, Neid, Trauer, Bewunderung, Scham oder Stolz. Diese und ähnliche Zustände färben unsere Wahrnehmung der Welt nicht bloß irgendwie ein. Vielmehr weisen sie ein paar Eigenschaften auf, die anderen Gefühlen fehlen. Lassen Sie mich diese Merkmale erläutern. Das wird es mir erlauben, meine Hypothese zu überprüfen, dass Gefühle – oder eben Emotionen – unsere Handlungen entscheidend beeinflussen.

1. *Emotionen sind intentional.* – Viele Bürger in Hadleyville fürchten sich. Diese Furcht hat einen konkreten Gegenstand: Frank Miller und seine Bande. Die Emotion der Furcht besteht also nicht bloß in einem subjektiven Zustand ohne Bezug auf etwas in der äußeren Wirklichkeit. Und schon gar nicht, wie einer der ersten Gefühlsphilosophen, William James (1842–1910), gemeint hat, *allein* in einer körperlichen Reaktion. Emotionale Gefühle beziehen sich direkt auf die Welt, sie meinen etwas Bestimmtes in ihr.
   Gewiss hat James recht bei bestimmten Gefühlen. Da verbinden sich mit einem Gefühl sofort körperliche Reaktionen: Das Herz schlägt schneller und die Muskeln spannen sich an, wenn wir uns fürchten. Die Haut rötet sich und die Brust atmet freier, wenn wir uns freuen. Aber nicht bei allen Gefühlen ist dies der Fall, jedenfalls nicht im gleichen Ausmaß. Was wäre die körperliche Reaktion bei Genugtuung, Enttäuschung, Wehmut? Ganz zu schweigen davon, dass Emotionen „nichts weiter" sein sollen als körperliche Zustände. Nein, sie richten sich auf die Welt, haben einen Gegenstand, sie zielen auf etwas.
2. *Emotionen bewerten.* – Das heißt, sie geben bestimmten Phänomenen in der Welt einen Wert, eine Bedeutung. Nicht nur eine größere oder kleinere, sondern auch eine von ganz bestimmter Art. Als Frank Miller auftaucht, reagieren viele Bewohner von Hadleyville mit Furcht. Sam zum Beispiel, der sich im Haus verkriecht, als Kane auftaucht. Für ihn verleiht seine Furcht den Menschen und Dingen eine neue Bedeutung,

nicht nur Miller und seiner Bande, auch Kane und allem, was geschieht: Kanes Erscheinen erhält etwas Beängstigendes, sein Weggehen etwas Erleichterndes. Ganz anders bewerten die Saufbrüder in der Bar die Ereignisse. Ihre Freude über Millers Rückkehr bewertet alles, was geschieht, auf ganz andere Weise als Sams Furcht.

Bennett Helm (Döring 2009, 398-430) spricht von „gefühlten Bewertungen" und erläutert, wie mit der emotionalen Bewertung ein ganzes Muster von Wachsamkeit und Handlungsbereitschaft verbunden ist: Sam flüstert seiner Frau zu: „I'm not home", versteckt sich im Haus und verteidigt anschließend sein Kneifen vor ihr. Christine Tappolet (Döring 2009, 439-461) bezeichnet Emotionen als „Wahrnehmung von Werten". Wie wir mit unseren Sinnen die Qualität von Formen und Farben in der äußeren Welt erfassen, nehmen wir über unsere Emotionen Werte wahr – und setzen sie mit dieser Wahrnehmung zugleich. Die emotionale Empfindung geht in beide Richtungen: von der Welt zu mir und gleichzeitig von mir zur Welt.

Sie können diese Analogie zwischen sinnlicher Wahrnehmung von Farben und gefühlsmäßiger Wahrnehmung von Werten leicht nachvollziehen. Wie erklären Sie zum Beispiel einem farbenblinden Menschen, was Rot ist? Sie können auf rote Gegenstände hinweisen: „Wie Himbeeren", sagen Sie oder „wie eine Tomate". Aber wenn der andere gar nicht weiß, wie sich das Rot einer Tomate anfühlt, welche Qualität die Farbe hat, kann er sich keine Vorstellung von Rot machen. Wir Farbsehenden aber können das sofort, wenn uns einer sagt, ein Gegenstand sei rot. Wir werden uns gewiss nichts Grünes darunter vorstellen. Ja, wir kennen sogar zahlreiche Rottöne, ohne diese je mit einem Grünton zu verwechseln.

So ist es mit den Gefühlen. Die Wut über eine Ungerechtigkeit, die Trauer über einen Verlust, die Freude, einen geliebten Menschen wiederzusehen, all diese Emotionen haben eine bestimmte Qualität. Obwohl es auch da Schattierungen gibt, werden Sie nie Wut und Freude miteinander verwechseln. Und kein Zweifel: Diese Gefühle bewerten das, worauf sie sich beziehen: die Wut den unfairen Zeitgenossen, die Freude den geliebten Menschen. Nicht nur die Gefühle haben eine bestimmte Qualität. Diese färbt auch auf die Dinge und Menschen ab, auf die sich die Emotion richtet. Der Hass lodert nicht nur in Ihrer Seele, sondern entstellt in Ihren Augen den gehassten Menschen. Und Ihre Liebe verklärt den Geliebten.

3. *Emotionen motivieren.* – Dass Emotionen Handlungen bewirken, zeigt sich in „High Noon" allenthalben: Der Hass Millers auf Kane, der ihn hinter Gitter gebracht hat, veranlasst ihn zum Racheplan. Die Furcht des

eben erwähnten Sam treibt diesen an, sich zu verkriechen. Amys Abscheu vor dem Töten bewirkt ihren Entschluss, Kane zu verlassen. Und beim Showdown lässt ihre Panik sie, als Millers Kumpan auf ihren geliebten Mann zielt, doch zum Colt greifen. Überall werden Emotionen zum Motiv des Handelns.

Hans Bernhard Schmid (*1970) bringt ein Beispiel für die Motivationskraft von Emotionen: Ein Roboter erhält die Nachricht, in seinem Hangar werde gleich eine Bombe explodieren. Er rechnet und rechnet, wie er auf diese Mitteilung reagieren muss – und schon ist es zu spät. Wir Menschen dagegen müssen nicht rechnen. Wir verfügen über Emotionen: Der Schub von Panik sagt uns blitzartig, was wichtig ist – und lässt uns handeln. Emotionale Gefühle können uns nicht nur zur Aktion bewegen, sondern manchmal das Leben retten. Die Gefühlsphilosophinnen Nomy Arpaly (Döring 2009, 520-545) und Karen Jones (Döring 2009, 546-569) zeigen an Beispielen, dass Emotionen Menschen sogar zu Entscheidungen drängen können, die ihren bestmöglichen Urteilen zuwiderlaufen. Sei dies, weil sich in diesen Emotionen Gründe aussprechen, die ihnen noch nicht zu Bewusstsein gekommen sind. Oder sei dies aus Willensschwäche. Natürlich laufen solche Phänomene der Forderung nach Kohärenz der Urteile und Handlungen zuwider.

4. *Emotionen sind kognitiv.* – Man könnte meinen, Gefühle würden zu unseren Erkenntnissen einfach hinzutreten, ihnen aber nichts Neues, Zusätzliches an Information beifügen. Aber ist die Welt wirklich die gleiche, rein tatsächliche, egal, welche Emotionen ich habe? Gerade am Beispiel der Furcht lässt sich sehen, dass die Wirklichkeit sich verändert, wenn ich sie durch die emotionale Brille erlebe. Hadleyville gewinnt gewissermaßen eine neue Dimension, eine andere Einfärbung, sobald seine Bewohner erfahren, wer zurückkehrt. Nicht bloß darum, weil eine neue Information verfügbar ist, sondern auch weil die Furcht die Dinge elektrisch auflädt. Wittgenstein meint: „Die Welt des Glücklichen ist eine andere als die des Unglücklichen" (Wittgenstein 1963, 113). Und Dinah Washington singt frisch verliebt: „What a difference a day makes! … And the difference is you."

Mit der kognitiven Funktion von Emotionen geht eine weitere Eigenschaft einher: Sie sind wahrheitsfähig. Damit meinen die Philosophen: Sie sind entweder wahr oder falsch. Das gilt für Tatsachenaussagen. Sie stimmen oder eben nicht. Träume oder Befehle dagegen sind nicht wahrheitsfähig. Von ihnen zu sagen, sie seien wahr oder falsch, ist sinnlos. Insofern Emotionen uns Informationen über die Welt vermitteln, sind auch sie wahrheitsfähig. Nur sollten wir in diesem Fall zurückhaltender formulieren und eher von der Angemessenheit einer Emotion sprechen. Sie kann situationsadäquat sein oder eben nicht. Die Furcht der Hadleyviller vor Miller ist angesichts seiner kriminellen Energie angebracht, die vor Spinnen oder Mäusen weniger.

Gründe sind Paare: Argument und Gefühl

Was zeigt uns die Philosophie der Gefühle über die Rolle der Emotionen beim Handeln? Eine ganze Menge. Indem Emotionen bewerten, verleihen sie Handlungen und Gründen eine Bedeutung. Und zwar in quantitativer wie in qualitativer Hinsicht: Emotionen entscheiden nicht nur, wie wichtig oder unwichtig ein Grund ist. Sie färben ihn auch mit einer bestimmten Qualität ein: wünschenswert, beängstigend, ekelhaft, bewundernswert, verachtungswürdig und so fort. In der Kirche bringen die Bürger eine Vielfalt von Argumenten vor, warum sie Kane zur Seite stehen sollten oder warum nicht. Alle diese Gründe haben eine gewisse Berechtigung. Aber sicherlich nicht alle dieselbe. Was veranlasst Coy, über die Politiker im Norden herzuziehen, die Miller laufen ließen? Vermutlich sein Ärger über sie. In der aktuellen Situation hilft das Argument keinen Schritt weiter. Und warum erinnert die Bürgerin mit Nachdruck an die früheren Zeiten der Rechtlosigkeit? Wahrscheinlich weil sie besonders darunter gelitten hat: Angst und das Gefühl der Entwürdigung lassen sie die Vergangenheit beschwören. Es sind die Emotionen, die bewirken, dass eine Person auf ein bestimmtes Argument verfällt, es als wichtig bewertet und in den Vordergrund stellt. Es ist die Bewertung, die dem Grund ein Gewicht gibt.

Dabei tritt die Bewertung nicht *neben* den Grund, sondern *verbindet* sich mit ihm. Er bezieht seine Bedeutung und seine motivationale Kraft aus der Emotion, die in ihn einfließt. Das lässt sich besonders deutlich dort sehen, wo die Begründung ihre Kohärenz verliert. Der Bürgermeister bringt derart überzeugende Gründe vor, Kane zu unterstützen, und doch wirft sein letzter, ein ziemlich fadenscheiniger dazu, alle anderen über den Haufen. Da hat ihn plötzlich doch die Furcht angefallen. Alle, die zugunsten Kanes votierten, lassen ihn dann absurderweise doch im Stich. Was ist mit den Gründen geschehen, die sie so leidenschaftlich vorgebracht haben? Auch hier gibt wohl die Furcht den Ausschlag, die vor Miller oder vor den Mitbürgern. Und Harveys Neid nagt so an ihm, dass er hartnäckig an seiner erpresserischen Forderung festhält, obschon er wissen müsste, dass Kane jetzt unmöglich darauf eingehen kann.

Gründe sind Paare. Sie haben einen rationalen und einen emotionalen Teil. Rational ist das Argument, emotional der gefühlsmäßige Gehalt. Fast alles, was die Menschen in „High Noon" sagen, hat Hand und Fuß, ist aber von völlig unterschiedlicher Relevanz. Was für eine Bedeutung hat, rein sachlich gesehen, Harveys Ambition auf den Marschall-Stern oder Coys Verweis auf die Politiker des Nordens, angesichts der Frage: Sollen wir Kane unterstützen oder nicht? Die Emotionen aber verleihen den Aussagen ihren Wert. Sie bestimmen mit, auf welche Argumente ein Mensch überhaupt verfällt, welche Bedeutung er ihnen gibt, warum er andere ignoriert – und wohl auch, warum er seine Meinung ändert.

Das Argument – sprachlich verfasst, logisch verknüpf- und überprüfbar – ist digital. Der emotionale Aspekt dagegen analog. Das meint Tappolet, wenn sie formuliert, der Gehalt einer Emotion sei nicht inferentiell (logisch verknüpfbar), sondern analog: Die Emotion verleiht dem Argument eine Bewertung. Indem es sich mit einem Gefühl verbindet, verwandelt es sich für den Menschen, der es vorbringt. Erst jetzt erhält es die Bedeutung, die dieser ihm als Begründung für sein Handeln gibt. Indem Emotionen dafür sorgen, dass die Akteure eine Begründung präferieren und eine andere übergehen, *können sie einen Konflikt zwischen Gründen entscheiden* und manchmal sogar zu Handlungen führen, die im Widerspruch zum bestmöglichen Urteil des Akteurs stehen.

Die Wertungen – und damit die Emotionen, die diese vorgenommen haben – können sich in den Gründen verstecken. Doch das Gewicht, das der Mensch der Begründung gibt, verrät die Emotion. So können die bewertenden Emotionen subkutan wirken, zu Selbsttäuschungen führen. Und sie können die vernünftige Handlung blockieren, obschon dem Menschen die Einsicht eigentlich zugänglich wäre.

Kennen Sie dergleichen aus Ihrer eigenen Erfahrung? Menschen, die ihr Tun auf eine Art begründen, die Sie als widersprüchlich wahrnehmen? Menschen, deren Handlungen irritieren, weil sie ihren eigenen Erklärungen zuwiderlaufen? Menschen, die ihre Entscheidung mit einem Grund rechtfertigen, der Ihnen vollkommen aufgebauscht vorkommt? – Kurz, in unserer alltäglichen Erfahrung zeigt sich überall, dass die emotionale Wertung unser Handeln entscheidend beeinflusst, genau wie in „High Noon". Der Film bietet in dieser Hinsicht ein Panorama durchaus alltäglicher Entscheidungsfindung und durchschnittlichen Handelns.

Derselbe Sachverhalt lässt sich auch noch mit anderen Worten darstellen: Entscheiden heißt *Abwägen.* Der Ausdruck bedeutet im wörtlichen

10 Handeln – mit Gefühl und Vernunft

und im übertragenen Sinn: gewichten. Die Waagschalen pendeln auf und ab, wir legen Kartoffeln oder Gewichtssteine darauf, und welche Schale sich schließlich senkt, hängt vom Gewicht der Dinge ab, die auf ihr liegen. Genauso wägen wir Gründe ab. Welche Schale schließlich unten bleibt, hängt ab vom Gewicht, das wir den Gründen verleihen. Nur dass wir jetzt kein Gleichgewicht suchen, sonst wären wir im Dilemma. Wenn wir entscheiden sollen, muss sich eine Schale senken, sonst können wir nicht handeln.

Das gilt natürlich nicht nur für ethische Entscheidungen, sondern fürs alltägliche Handeln. Soll ich diese Stelle annehmen oder jene? Gehe ich auswärts essen oder koche ich selber? Dauernd müssen wir gegenläufige Gründe abwägen. Und selten lässt sich ihr Gewicht objektiv messen. Es sind unsere Gefühle, die ihnen dieses verleihen.

Vielleicht überzeugt Sie meine These noch nicht, dass Gründe Verbindungen von Argumenten mit emotionaler Bewertung sind. Dass die Emotionen unser Handeln maßgeblich bestimmen. Vielleicht denken Sie, es seien doch eher die *Interessen,* die den Ausschlag gäben, nicht die Gefühle. Oder Sie finden, in erster Linie seien *Überzeugungen* dafür verantwortlich, dass wir so oder anders entscheiden. Das scheint mir genauso richtig. Nur müssen wir aufpassen, dass wir nicht in sprachliche Fallen tappen. Tatsächlich bestätigen diese Einwände meine Erklärung.

Denn was ist ein Interesse? Darunter verstehen wir doch einen Handlungsgrund, und zwar einen, der mit einer bestimmten Emotion verbunden ist, in diesem Fall einer eigennützigen. Der Barkeeper etwa hat ein Interesse daran, dass Frank Miller zurückkehrt. Das wird ihm gute Geschäfte bescheren. Das wünscht er sich, das wird seine Gier befriedigen. Ein guter Grund für ihn, der sich mit einer Emotion gepaart hat, wenngleich einer fragwürdigen. Und genauso steht es mit Überzeugungen: Sie sind sachliche Gründe, die mit Emotionen verbunden sind, nicht selten ziemlich leidenschaftlichen. Wer also dafür hält, dass Interessen oder Überzeugungen unser Handeln bestimmen, bestätigt damit meine Erklärung: In beiden stecken Emotionen.

Doch haben wir damit nicht die Kontrolle über unsere Handlungen verloren? Vielleicht in einigen Fällen, aber sicher nicht generell. Menschen sind nur manchmal irrational. In der Regel erfahren wir uns selber und andere als vernunftgeleitete Wesen. Auf jeden Fall erwarten wir dies grundsätzlich. Wir gehen davon aus, dass Menschen vernünftig denken und handeln. Und das bedeutet konkret: Erstens versuchen wir ihre Handlungen zu verstehen, das heißt, die Absichten dahinter, ihren „Witz". Zweitens gehen wir grundsätzlich davon aus, dass ihre Gründe miteinander und mit ihren Taten kohärent sind, also widerspruchsfrei und zusammenhängend. Und drittens haben wir durchaus Verständnis, dass Emotionen im Spiel sind, fordern aber doch, dass sie situationsangemessen sind. Dass wir von diesen Erwartungen ausgehen, zeigt sich darin, dass wir irritiert oder vorwurfsvoll reagieren, wenn einer sie enttäuscht. Wir qualifizieren seine Taten im ersten Fall als unverständlich, im zweiten als widersprüchlich und im dritten als neurotisch oder gar krank.

Verstand oder Gefühl – worauf kommt es beim Handeln an? Das Kapitel hat gezeigt: auf beides gleichermaßen und auf ihr Zusammenspiel:

- In der Tradition verankern die Philosophen, allen voran Kant, die Ethik zumeist in der *menschlichen Vernunft*, und dies meist bestechend plausibel. Einige andere wie Hume, Smith oder Schopenhauer betrachten dagegen die *Gefühle*, insbesondere das Mitgefühl, als motivationale Basis ethischen Urteilens und Handelns.
- Wenn wir unser tägliches Entscheiden – und zwar noch vor jeder Ethik – unter die Lupe nehmen, zeigt sich, dass unser Handeln für uns und andere nur dann einen Sinn ergibt, wenn es *aus Gründen* erfolgt. Gründe sind sozusagen der „Witz" der Handlung.
- *Gründe indessen sind Paare.* Argumente verbinden sich mit Emotionen, die ihnen ein Gewicht geben, sodass sie überhaupt Handlungen bewirken können. Aufseiten der Argumente setzen wir dabei voraus, dass sie möglichst *kohärent* sind: widerspruchsfrei und zusammenhängend. Da diese Kohärenz aber auf der anderen Seite kaum je völlig zu erreichen ist, müssen die Gefühle in die Lücke springen und den Argumenten *Gewicht* verleihen.
- Das heißt, beim Entscheiden müssen wir in aller Regel *abwägen*. Und das können wir nur mithilfe der Emotionen. Alltägliche Entscheidungen sind selten mechanische Berechnungen, in die wir einfach Daten einspeisen und nach vorgegebenen Regeln verarbeiten. Entscheidungen verlangen Bewertungen – und damit nicht nur das Urteil unserer Vernunft, sondern auch das unserer Gefühle.

Im Verlauf dieses Kapitels haben wir die Ethik verlassen, um ganz allgemein das Verhältnis von Gefühl und Vernunft beim Handeln zu untersuchen. Jetzt ist es Zeit, zurückzukehren in den zweiten Stock des ethischen Hauses und zu fragen: Welche Folgen ergeben sich aus Handlungstheorie und Philosophie der Gefühle für die Ethik?

11

Ethik und eine Kultur der Gefühle

Kapitel 10 hat dargestellt, dass Gefühle für das alltägliche menschliche Handeln eine tragende Rolle spielen. Nicht dass sie allein unsere Entscheidungen bestimmen würden, wir erwarten von uns selbst und voneinander ja in der Regel vernünftige Gründe für das, was wir tun. Dennoch beeinflussen Emotionen unser Handeln oft ganz beträchtlich, wenn auch je nach Person und Situation in unterschiedlichem Ausmaß.

Was heißt das für die Ethik? Soll sie Gefühle möglichst ausblenden, wie Kant fordert? Oder stützt sie sich im Gegenteil gerade wesentlich auf Gefühle, wie Smith, Hume und Schopenhauer meinen? Auf der Basis des letzten Kapitels versuche ich jetzt, die Fragen in einem weiteren Rahmen zu beantworten als diese Philosophen: Nicht nur um die „ethischen Gefühle" (Smith) soll es gehen, sondern um die Rolle aller Gefühle in der Ethik. Also gerade auch um die „unethischen", diejenigen, die Menschen davon abbringen, fair und ethisch korrekt zu handeln.

Die Standards, die im zweiten Stock gelten müssen, ergeben sich bereits aus der Aufgabe der Ethik. Da hier das richtige, faire Handeln begründet werden soll, stellen sich zwei Postulate:

1. *Kohärenz:* Diese Begründungen müssen wie die aller vernünftigen Handlungen möglichst widerspruchsfrei sein.
2. *Ethische Ausrichtung:* Darüber hinaus müssen sie ethischen Prinzipien und Normen gerecht werden.

Meine Hypothese lautet: Beide Forderungen richten sich zwar an die Vernunft. Menschen können ihnen aber nur genügen, wenn sie auch ihre Emotionen ins Spiel bringen. Ethik, so vernunftorientiert sie auch sein mag, funktioniert nur zusammen mit einer Kultur der Gefühle.

Zunächst zur ersten Forderung. Was wir bei vernünftigen Handlungen überhaupt fordern, muss auch für ethische gelten: *Sie müssen kohärent sein.* Auch ethische Argumente, Normen und Handlungen sollten sich möglichst nicht widersprechen. Die Kohärenz-Forderung gilt in zweierlei Hinsicht: Gründe müssen miteinander zusammenstimmen, sie müssen sich aber auch mit den Handlungen decken. Die erste Kohärenz konnte man intern nennen: Widerspruchsfreiheit und Zusammenhang der Gründe selber. Die zweite extern: Kongruenz von Begründung und Handlung, von Wort und Tat. Damit wir von glaubwürdiger Ethik reden können, muss die Begründung also eine innere Logik aufweisen und gleichzeitig zur entsprechenden Handlung führen.

Keine Kohärenz ohne Gewichtung der Gründe

Lassen Sie uns die Kohärenz-Forderung an einem Beispiel untersuchen. Zwei Geschäftspartner, ein Mann und eine Frau, haben vor einigen Jahren einen Startup lanciert. Nach harzigem Beginn steuerten sie die Firma, ein Produktionsunternehmen in der Technikbranche, allmählich in sichere Gewässer und schlossen die letzten vier Jahre mit einem respektablen Gewinn ab. Die Firma wuchs dabei kontinuierlich: beim Umsatz, beim Cashflow und bei der Zahl der Mitarbeitenden. Kürzlich interessierte sich ein Mitbewerber für den Kauf des Kleinunternehmens. Um sich auf die Verhandlung vorzubereiten, ließen die Inhaber den Wert ihres Unternehmens schätzen, und zwar von der eigenen Revisionsstelle wie auch von einem externen professionellen Berater. Die Bewertungen ergaben Verkaufspreise von 1.6 und von 2.0 Millionen Franken. Die Verhandlungen zerschlugen sich dann allerdings, vermutlich weil der Interessent realisierte, dass die Übernahmekandidatin nicht für ein Schnäppchen zu haben war, wie er sich das vorgestellt hatte.

Die beiden Partner, nennen wir sie A. und B., arbeiteten anfänglich sehr gut zusammen. Mit den Jahren trat indessen immer mehr zutage, dass sie in wichtigen unternehmerischen Fragen unterschiedliche Vorstellungen hatten und schließlich den Konsens zum Teil nicht mehr fanden. Insbesondere wollte A. den Produktionsleiter nicht ersetzen, der dem Unternehmen viel Schwung verliehen, es aber aus privaten Gründen verlassen hatte. Das könne sich die Firma, so A., angesichts der einbrechenden Auftragslage nicht leisten. B. hielt dies dagegen für eine unternehmerische Fehlentscheidung, von A.s Angst diktiert. Sie sah damit nicht nur die positive Entwicklung des Unternehmens gefährdet, sondern mittelfristig auch dessen Existenz. Da die beiden sich nicht einigen konnten, kündigte B. an, sie wolle die Firma verlassen und sich von A. auszahlen lassen. Diese Entscheidung führte zum Zerwürfnis zwischen den beiden.

Stellen Sie sich vor: Sie sind die Treuhänderin und haben die beiden Partner seit der Gründung der Firma beraten. Und jetzt sollen Sie vermitteln, eine einvernehmliche Austrittsvereinbarung mit den beiden aushandeln. Also eine kohärente Lösung, eine, die mit den Gründen der beiden Inhaber zusammenstimmt. Sie könnten zum Beispiel überlegen: Einen Partner ans Unternehmen zu binden, der das nicht mehr will, macht für beide keinen Sinn. Die Aktien an einen Dritten zu verkaufen, scheint schwierig, da B. nur einen 40-%-Anteil besitzt. Andererseits verdient sie für ihren Anteil eine angemessene Entschädigung. Es wäre aber auch für A. vernünftig, B. auszuzahlen und damit freie Hand in der Unternehmensführung zu erhalten.

Somit stellt sich die Frage nach dem Preis. Beide haben, so scheint es Ihnen, zum Erfolg des Unternehmens beigetragen, A. allerdings mehr. Er war ausschließlich für diese Firma tätig, B. nur zur Hälfte, weil sie daneben noch eine Beratertätigkeit wahrnahm. Das ist auch der Grund dafür, dass sie nur 40 % des Aktienkapitals innehat. A. ist juristisch nicht verpflichtet, den Anteil von B. zu übernehmen, hat aber dennoch ein gewisses Interesse daran. B.s Verbleib im Verwaltungsrat würde A. in seiner unternehmerischen Freiheit einschränken: bei strategischen Entscheiden, wo die beiden nur zu zweit unterschreiben dürfen, bei einem allfälligen Verkauf nach außen, bei einer späteren Nachfolgeregelung in der Familie von A.

Die Treuhänderin will keinen der beiden bevorteilen. Im Vorfeld überlegt sie sich den kleinsten gemeinsamen Nenner zwischen ihnen: Welcher Preis wäre angesichts der Interessenlage am ehesten mit den Ansprüchen der beiden Unternehmer verträglich? Sie überschlägt: Der Durchschnitt der beiden Schätzungen (1.8 Millionen) dürfte den Wert der Firma gut abbilden, davon 40 % für B., also 0.72 Millionen. A. ist zwar nicht zum Kauf verpflichtet, hat aber doch ein Interesse daran. Und er trägt, wenn er die Firma ganz übernimmt, auch ein gewisses Risiko. Allerdings hat B. auch ihren Teil zum Erfolg des Unternehmens beigetragen. – Der Treuhänderin scheint ein Betrag von etwa einer halben Million Franken für B.s 40 %-Aktienpaket angemessen.

Sind diese Überlegungen kohärent? Sicherlich dann, wenn die beiden einen Preis in dieser Größenordnung akzeptieren. Kohärenz betrifft ja wie gesagt nicht nur die Gründe, sondern auch deren Kongruenz mit den Handlungen. Stimmen die Unternehmer zu, liefern sie der vorgeschlagenen Begründung den Kohärenzbeweis.

Tatsächlich erlebt die Treuhänderin eine herbe Enttäuschung: Die Verhandlung endet im Desaster. B. findet, eigentlich stünden ihr die 40 % am Unternehmenswert, also 0.72 Millionen zu, signalisiert aber, dass sie A. im Preis substanziell entgegenkommen könnte. Das läge im Bereich dessen, was die Treuhänderin sich vorstellte. Auch A. akzeptiert die Firmenbewertung grundsätzlich. Er ist aber lediglich bereit, seiner Partnerin den Nominalpreis der Aktien zu entrichten, also 40.000 Franken, und dazu eine Prämie von 100.000 Franken für B.s Beitrag an der Wertsteigerung des Unternehmens, zusammen also 140.000 Franken. Er führt ins Feld, der Wert der Firma realisiere sich erst, wenn sie verkauft sei. Er selber habe nicht die Mittel, mehr für das Aktienpaket zu bezahlen. Überdies habe er in den letzten Jahren 60 Wochenstunden gearbeitet und mehrere tausend Überstunden angehäuft. Und schließlich müsse er das Minderheitspaket nicht zwingend kaufen; B. könne ja Teilhaberin bleiben. – Die Einschätzung der Treuhänderin hat den Tatbeweis nicht bestanden.

Fehlt es ihren Argumenten an Kohärenz? Oder denjenigen, die A. und B. vorbringen? Überprüfen wir diese. – B. scheint die Gründe beider Seiten zu berücksichtigen: Sie fordert ihren Anteil an der Wertsteigerung ein, anerkennt aber auch, dass der von A. grösser ist. Nicht nur gemessen am Aktienanteil, sondern auch am Beitrag, den dieser geleistet hat. Darum erwartet sie nicht ihre 40 %, sondern weniger. Außerdem signalisiert sie Flexibilität und nennt ihrerseits noch keinen konkreten Preis. Oft finden die Menschen in solchen Situationen Lösungen, indem sie ihre Gründe erläutern und einander entgegenkommen. Dazu scheint B. bereit. Dass ihre Vorstellungen denen der Treuhänderin entsprechen, einer Drittperson ohne eigene Interessen, deutet ebenfalls auf eine angemessene Einschätzung hin.

11 Ethik und eine Kultur der Gefühle

Warum weicht denn A.s Angebot derart krass von der Vorstellung der beiden Frauen ab? Die Gründe beider Seiten kennt er so gut wie sie. Offensichtlich gewichtet er sie ganz anders: seine eigenen viel stärker oder die von B. viel weniger. Nur so lässt sich erklären, dass er lediglich einen Bruchteil dessen anbietet, was die Frauen vorschlagen. Und wie schon bei den Bürgern von Hadleyville verleihen die Emotionen den Gründen dieses Gewicht.

Tatsächlich fiel es A. schwer zu akzeptieren, dass seine und B.s strategische Ansichten divergierten. Und ebenso, dass damit eine Zusammenarbeit unmöglich wurde und B. die Firma verlassen musste. A.s Verletzung hat sich in einem abrupten und aggressiven Beziehungsabbruch geäußert. Er erlebte B.s Rückzug als „Kündigung", als Verrat. Und gleichzeitig kam die Angst auf, die finanzielle Belastung nicht tragen zu können. Diese Gefühle – Verletzung, Wut und Angst – waren in seinem Verhalten unübersehbar. Sie verbanden sich mit seinen Argumenten, gaben seinen Gründen ein großes Gewicht und machten ihn blind für die der Gegenseite.

Das entzieht seiner Begründung noch nicht jede Kohärenz. Seine Haltung erscheint durchaus vernünftig, wenn es ihm schlicht darum geht, möglichst wenig für die Aktien bezahlen zu müssen. Ob ihn Eigennutz antreibt oder die Angst vor dem Risiko, spielt dabei nicht einmal eine Rolle: In beiden

Fällen scheint sein Handeln nicht unvernünftig zu sein. Und in beiden Fällen sind es Gefühle, die den Ausschlag geben.

Allerdings finden sich in der Argumentation von A. auch Brüche. Er akzeptiert den Schätzpreis, will aber nur einen Fünftel davon bezahlen. Und seine Begründungen gehen in ganz verschiedene Richtungen: Will er nicht mehr bezahlen, weil ihm die Mittel dazu fehlen? Oder weil er tatsächlich findet, B stehe ihr Anteil erst bei einem Verkauf an Dritte zu? Oder ganz einfach, weil er sich in der stärkeren Position befindet? Die Gründe widersprechen sich logisch zwar nicht, weisen aber in unterschiedliche Richtungen. Das nagt an ihrer Kohärenz.

Gewiss, das Beispiel allein beweist nichts. Es zeigt aber auf, was Sie vermutlich aus Ihrer persönlichen Erfahrung kennen. Manchmal stehen wir in Situationen, in denen wir die Entscheidungen und Handlungen anderer schwer nachvollziehen können. Es scheint uns kaum begreiflich, wie ein Mensch bestimmte Gründe derart übertrieben gewichtet. Wie er gegen andere, durchaus berechtigte blind zu sein scheint. Wie er sich an eine Haltung klammert, die der Einschätzung seines Umfelds zuwiderläuft – und nicht selten auch offenkundig den Fakten.

Auf jeden Fall wird hier deutlich: Kohärenz ist keine Forderung, die sich mit logischen oder vernünftigen Verfahren von selber einstellt. Wie kohärent wir eine Begründung empfinden, hängt ab von der *Gewichtung der Gründe*. Das heißt von den Emotionen, die wir mit ihnen verbinden. Logik allein liefert keine Kohärenz, es gibt sie nur unter *Beteiligung der Gefühle*.

Damit ist sie als Anforderung vernünftigen Handelns noch nicht vom Tisch. Denn sie ist eine Frage *des Grades*. Eine Handlungsbegründung kann vollkommen überzeugend sein oder aber völlig absurd. Und dazwischen gibt es alle Abstufungen. Im Alltag erwarten wir von unseren Mitmenschen und von uns *möglichst kohärentes* Handeln. Wollen wir verhindern, dass unsere Emotionen unsere Handlungsbegründungen unangemessen beeinträchtigen, müssen wir daher eine gewisse Distanz zu unseren eigenen Gefühlen herstellen können. Wir müssen sie darauf überprüfen können, ob sie *situationsadäquat* sind, ob wir mit ihnen angemessen auf das reagieren, womit uns das Leben konfrontiert.

Selbstverständlich fällt uns all das viel leichter, wenn unsere eigenen Interessen nicht tangiert sind. Darum findet die Treuhänderin leicht eine Entscheidung, die einem unbeteiligten Dritten vernünftig und kohärent scheint – und darum wohl auch fair. Sie kann die Sache relativ emotionslos betrachten und sich an Fakten und plausible Argumente halten. Ganz anders aber, wenn unsere Gefühle betroffen sind, wie bei A. Seine Emotionen lassen es nicht zu, dass er die Gründe der Gegenseite überhaupt in die Abwägung einfließen lässt. Das hindert ihn daran, seinen Begründungszusammenhang einer Kohärenzprüfung zu unterziehen. – Und damit haben ethische Gründe bei ihm einen schweren Stand.

Keine Fairness ohne Überprüfung der Gefühle

Soviel zur ersten der beiden Forderungen, zum Kohärenzpostulat. Die Anforderung des ethischen Standpunkts geht aber über die Kohärenzerwartung hinaus. Hier müssen die Handlungsgründe zudem *den ethischen Normen und Prinzipien entsprechen*. Die Handlungsbegründung eines Verbrechers kann ja durchaus kohärent sein: in sich stimmig und kongruent mit seinen Taten. Von Ethik aber kann bei ihm nicht die Rede sein. Das Ziel des ethischen Diskurses liegt vielmehr darin, Handlungen in Übereinstimmung mit ethischen Regeln zu bringen.

Im Beispiel geht es um eine Gerechtigkeitsfrage, genauer um die Tauschgerechtigkeit. Zur Disposition steht der Preis für ein Gut: das Aktienpaket von B. Aus dem 7. Kapitel wissen Sie, dass Gerechtigkeit Proportionalität bedeutet. Preis und Wert müssen einander entsprechen. B. sollte also so viel für ihren Anteil bekommen, wie dieser tatsächlich wert ist.

Auf den ersten Blick scheint klar, wieviel das ist: Die Firma ist ja geschätzt worden. Es stehen B. also die 40 % dieses Schätzpreises zu. Allerdings ergibt sich dieser Wert aus den Leistungen der beiden Partner in den letzten Jahren. Beide haben sie diesen Wert überhaupt erst geschaffen: durch ihre Arbeit, ihre Kreativität, durch ihren Beitrag zum Erfolg des Unternehmens. Auch hier muss die Proportionalität gewahrt werden. A. müsste zwar, da er 60 % der Aktien besitzt, entsprechend mehr zum Erfolg der Firma beitragen, er wird ja auch in höherem Maß davon profitieren als B. Da A. wie gesagt einen immensen Arbeitsaufwand aufgebracht hat, hat er das gewiss, ja sogar mehr, als dem 60/40-Verhältnis entsprechen würde. Dennoch darf auch B.s Beitrag nicht vernachlässigt werden. Er dürfte also etwas unter den 40 % liegen, die ihr Aktienanteil beträgt. Die Einschätzung der Treuhänderin dürfte dem Proportionalitäts-Grundsatz recht gut entsprechen.

Auch die Gerechtigkeits-Überlegungen sind Ermessensfragen. Sie hängen ab vom Gewicht, das die Beteiligten den einzelnen Gründen geben. Und damit von den Emotionen, die in ihren Gründen versteckt sind. Das bedeutet freilich nicht, dass die Abwägung der Gründe bloß subjektiv oder gar willkürlich geschehen kann. Es gibt Spielräume, innerhalb deren sich Lösungen bewegen müssen, um gerecht zu sein. Das Problem in diesem Fall liegt eben darin, dass A. sich gar nicht auf die Gerechtigkeitsfrage einlässt. Seine starken Emotionen verhindern dies.

Gerechtigkeit ist also, so rational das aristotelische Konzept auch daherkommt, keineswegs mit Vernunft allein zu lösen. In einer realen Situation geht es immer auch darum, Einschätzungen vorzunehmen und Gründe zu gewichten. Und diese Gewichtung ist nicht allein Sache der Vernunft, sondern auch der Gefühle. Diese verbinden sich, wie gesagt, mit den Argumenten und verleihen ihnen ein Gewicht. Das gilt auch für andere ethische Grundsätze. Beispielsweise für den kategorischen Imperativ, dem Sie schon mehrmals begegnet sind.

Was bedeutet er in diesem Fall? Handle so, dass du wollen kannst, dass die Maxime deines Handelns zum allgemeinen Gesetz wird. Wie lautet A.s Maxime? Sie steckt implizit in seinen zitierten Argumenten. Er schlägt zum Beispiel vor, B. könne ja in der Firma bleiben. Die Maxime dahinter würde dann lauten: Er geht um einen Kauf, der ist freiwillig. Will sie ihn nicht, soll sie es lassen. Was ist gegen die Regel „Tauschgeschäfte sollen freiwillig erfolgen" einzuwenden?

Doch Sie spüren: Das ist eine Ausflucht. Genau wie seine übrigen Argumente. Er weiß ja, dass B. darauf angewiesen ist, das Unternehmen verlassen zu können. Andernfalls wäre sie samt ihrem Kapital an eine Firma gefesselt, deren Strategie sie für verfehlt hält und doch nicht beeinflussen kann. Und Sie sehen das Problem bei Kants Prinzip. Es liegt im Begriff der Maxime. Er ermöglicht es, mir eine Regel zurechtzuzimmern, die als allgemein akzeptierbar daherkommt und meine Entscheidung rechtfertigt. Er öffnet Tür und Tor für Rabulistik. Tatsächlich sind in der komplexen Realität die Gründe immer vielfältig. Wenn ich einfach denjenigen herausgreifen kann, der meiner Haltung dient, muss ich meinen wirklichen Gründen nicht ins Auge blicken.

Kant reloaded: Handlung und Grund statt Maxime

Darum schlage ich vor, den kategorischen Imperativ anders zu interpretieren. Und zwar so, dass ich mich fragen muss:

Sollen alle in meiner Situation so handeln wie ich – und aus meinen Gründen?

Statt um die „Maxime" wie bei Kant, also die Handlungsregel, geht es um die Handlung selbst, und zwar in einer bestimmten Situation. Darin stecken zwei Überlegungen:

1. *Situation statt Regel:* Meines Erachtens liegt der Kern von Kants Gedanke nämlich in der Reziprozität des Handelns. Es muss umkehrbar sein. Ich muss den Spieß umdrehen und dann aus der anderen Perspektive mein Handeln billigen können. Was bei Kant Probleme aufwirft, ist der Begriff der Maxime. In meiner Formulierung verschwindet sie und damit die Regel.

   Kant legt zwar Wert auf den Begriff der Maxime. Doch es bleibt, wie soeben am Fallbeispiel gezeigt, der „Kreativität" des Einzelnen überlassen, welche „Maxime" er beiziehen will, um seine Entscheidung zu legitimieren. Außerdem können wir, wenn jede Situation anders ist, nicht einfach irgendwelche Regeln aufstellen – und ihnen dann blind folgen, egal, welche Folgen das hat. Sage immer die Wahrheit, lautet die Regel. Aber was, wenn ich damit Menschen unglücklich mache? Du sollst nicht töten, lautet die Regel. Aber was, wenn ich einen Amokläufer stoppen soll? In der neuen Formulierung, das haben Sie gewiss bemerkt, berücksichtigt der kategorische Imperativ auch Handlungsfolgen. Er öffnet sich gegenüber der teleologischen Ethik.

   Was bedeutet diese Fassung des kategorischen Imperativs im Fallbeispiel? A. muss fragen: Wenn ich B. wäre und die Situation im Übrigen genau gleich, würde ich den Preis als fair gutheißen, den ich ihr jetzt offeriere? Und B. muss fragen: Würde ich, wäre ich A. und in seiner Lage, die Forderung, die ich jetzt stelle, als gerecht betrachten? Sie sehen: Es geht darum, die Rolle zu wechseln, um zu beurteilen, ob ich mein Handeln aus der anderen Perspektive billigen kann. Regeln mögen dabei mitspielen. Nicht auf sie kommt es aber in erster Linie an, sondern darauf, ob ich mein eigenes Handeln in der gegebenen Situation auch dann gutheißen kann, wenn ich es mit den Augen der anderen Betroffenen betrachte. Wenn anders als im Beispiel mehr als zwei Menschen betroffen sind, müssen sie natürlich nach demselben Prinzip einbezogen werden.

2. *Gründe statt Maxime:* Wenn allerdings die einzelne Handlung beurteilt werden soll, kommt es automatisch auf ihre Gründe an. Erinnern Sie sich an Davidsons Erklärung menschlichen Handelns im 6. Kapitel? Handlungen sind nur aus ihren Gründen heraus verständlich. Hinter Handlungen stecken Absichten, ohne die sie bloße Bewegungen im Raum wären, vergleichbar mit denen von Maschinen. Das bedeutet, dass uns der kategorische Imperativ in meiner Interpretation nötigt, die Gründe zu berücksichtigen. Er fordert mich zunächst auf, meinen *wirklichen, eigentlichen, den ausschlaggebenden Grund* für mein Handeln aufzusuchen.

Nur so kann ich meine eigene Handlung überhaupt moralisch richtig einordnen. Kann ich billigen, dass andere in meiner Lage nicht nur tun, was ich mich anschicke zu tun, sondern auch *aus meinen Gründen?*

Was heißt das in unserem Beispiel? Für B. bedeutet es, dass sie sich fragen muss: Warum genau, will *ich* das Unternehmen verlassen? Warum, ganz genau, erwarte *ich* diesen Preis für die Aktien? Geht es *mir* tatsächlich um Fairness? Oder will ich vielleicht einfach möglichst viel herausholen? Und A. müsste sich fragen: Warum, ganz genau, biete *ich* B. (nur) diese Summe für ihre Aktien an? Spricht hier wirklich *mein Sinn für Gerechtigkeit*? Oder stecken andere Gefühle dahinter? Enttäuschung, Wut, Angst? Vielleicht käme er dann auf den Gedanken, dass unangemessene Emotionen, die er sich nicht eingestehen will, seine Gründe aufblähen. Worauf es ankommt, ist die erste Person Singular. Es geht nicht darum, was *man* in meiner Situation für Gründe vorbringen könnte, sondern darum, was *mein* tatsächlicher Grund ist.

Und damit sind wir automatisch auf der Ebene der Emotionen. Denn diese färben die Gründe von A und B ein, sie paaren sich mit den Argumenten, sie verleihen ihnen eine Handlungswirksamkeit. Dem kategorischen Imperativ kann daher nur wirklich folgen, *wer sich selber befragt,* unerbittlich und hartnäckig. Wer seine tatsächlichen Handlungsgründe aufsucht und dann fragt: Kann ich gutheißen, dass alle sich in dieser Situation von ihnen leiten lassen? In diesen Gründen stecken meine Gefühle, vor denen ich dann meine Augen nicht mehr verschließen kann. Aber noch in einer zweiten Hinsicht kommen damit die Emotionen ins Spiel: nämlich die des anderen. Vielleicht sind sie berechtigt, zumindest teilweise. Das kann ich nur beurteilen, wenn ich sie nachvollziehen kann. Empathie ist also nötig, um fair zu urteilen. B. muss versuchen, A.s Emotionen nachzuempfinden, seine Enttäuschung und Angst. Vielleicht sind aber seine Gefühle ein Stück weit berechtigt, so dass B. ihm auch ein Stück weit entgegenkommen sollte. Und umgekehrt kann A. B.s Forderung nach einem gerechten Preis nur verstehen, wenn auch er ihre Gefühle nachvollzieht: die Enttäuschung, keinen Konsens mit A. zu finden, die Sorge, ihr Kapital zu verlieren, weil das Unternehmen in die falsche Richtung unterwegs ist, ohne dass sie darauf Einfluss nehmen kann, das Bedürfnis, für ihre Leistung angemessen entschädigt zu werden.

Gut möglich, dass Kant sein Prinzip so gemeint hat. Dass er mit dem unglücklichen Begriff Maxime genau das bezeichnen will: den eigentlichen Grund meines Handelns. Vielleicht besteht er deshalb so sehr auf der Maxime: weil er sie als das versteht, was Davidson Grund nennt. Das würde dazu passen, dass Kant den „guten Willen" als das entscheidende Kriterium für Moralität betrachtet.

Der kategorische Imperativ in dieser allgemeinen Form scheint mir das grundlegendste ethische Prinzip zu sein, grundlegender noch als die kantische Formulierung. Denn er drückt den fundamentalen Gedanken der Ethik aus: die Reziprozität, die Umkehrbarkeit meines Handelns, einschließlich seiner Gründe.

Der reformulierte kategorische Imperativ – „Sollen alle in meiner Situation so handeln wie ich – und aus meinen Gründen?" – tönt einfach. Ihn umzusetzen allerdings ist alles andere als leicht. Ich kann keine simple Regel anwenden, idiotensicher für alle Fälle formuliert. Vielmehr muss ich die gesamte Situation berücksichtigen, alle Handlungsgründe der Beteiligten gegeneinander abwägen. Vor allem *nimmt er mir das Abwägen nicht ab*. Die Gründe bleiben vielfältig, die Gefühle geben ihnen ein unterschiedliches Gewicht, und ich muss dies alles gegeneinander abwägen. Ich komme nicht ums Abwägen herum. Es bleibt das Geschäft der Ethik.

Und was ist mit der Treuhänderin? Was bedeutet der reformulierte kategorische Imperativ für sie? Vermutlich hat sie ihn schon angewandt. Ihre Vorstellung eines fairen Preises verdankt sich wohl diesem Abwägen. Kein Wunder. Denn für sie ist alles leichter: Ihre persönlichen Interessen spielen kaum eine Rolle. Daraus könnte man ableiten, dass es zwei Arten von ethischen Konflikten gibt: solche, in denen ich von außen quasi interesselos entscheiden muss, und solche, in denen meine Interessen, Gefühle, Ansprüche auf dem Spiel stehen.

Die letzteren könnte man *persönliche Konflikte* nennen. Da bin ich mit Haut und Haaren drin, da geht es um meine Wurst, da bin ich emotional stark beteiligt. Für A. und B. ist unser Fall ein persönlicher Konflikt, für die Treuhänderin nicht. Müßig zu sagen, dass im ersten Fall die Emotionen eine weit größere Rolle spielen. Wenn Sie das Programm für selbstfahrende Autos schreiben müssen, wie in Kapitel 6, können Sie dies relativ gelassen angehen. Als A. oder B. sind Sie hingegen gefühlsmäßig viel stärker gefordert. Freilich, ganz draußen bleibt die eigene Person nie. Darum sollte man vielleicht eher sagen: Es gibt nicht zwei Typen von Konflikten, sondern eine kontinuierliche Skala zwischen ausgesprochen persönlichen und viel weniger persönlichen Konflikten, je nachdem wie stark Sie involviert sind. Die Verkaufsleiterin des Schweizer Flugzeugbauers aus dem 5. Kapitel wäre irgendwo dazwischen.

Bevor ich ein Fazit aus diesen Überlegungen ziehe, muss ich eine wichtige Einschränkung vorbringen. Begründungen müssen kohärent sein und den ethischen Grundsätzen entsprechen. Doch gerade in der Ethik lässt sich diese *Kohärenz kaum je vollständig* erreichen. Ethische Entscheidungssituationen sind häufig Dilemmata. Denken Sie an die Schweizer Kleinflugzeuge im fünften Kapitel oder an die Trolley-Probleme im sechsten. Ein Dilemma entsteht, weil unterschiedliche ethische Normen sich widersprechen: Ich kann die eine nicht befolgen, ohne die andere zu verletzen, und umgekehrt. Das gilt übrigens fürs Handeln insgesamt: Gründe gehen in unterschiedliche Richtungen, ich muss abwägen. In einem ethischen Dilemma spitzt sich die Herausforderung zu: Da muss ich die Gründe nach ihrer ethischen Relevanz gewichten. Das bedeutet, dass ich meine subjektiven Interessen nicht höher gewichten kann, bloß weil sie meine sind. In diesem Rahmen bleibt die Forderung nach Kohärenz bestehen, auch wenn wir sie im konkreten Fall nicht vollständig erfüllen können.

Die Kultur der Gefühle: Emotionsreflexion und Empathie

Nun also zum Fazit. Und damit zur Hypothese, die ich eingangs dieses Kapitels formuliert habe:

1. Es scheint zwar, dass die beiden Forderungen an ethisches Denken und Handeln – es muss kohärent sein und ethischen Regeln und Normen entsprechen – sich an die Vernunft richten. Tatsächlich können wir diesem rationalen Anspruch aber nur genügen, wenn wir fähig sind, *bewusst und differenziert mit unseren eigenen Gefühlen umzugehen.* In realen und komplexen Situationen gibt es immer eine Vielzahl gegenläufiger Handlungsgründe. Wir können nur kohärent und ethisch abgesichert entscheiden, wenn wir sie *gewichten* und gegeneinander *abwägen.* Gewicht aber verleihen ihnen unsere Emotionen.
Wir Menschen neigen dazu, unsere eigenen Interessen zu priorisieren, unsere Einschätzungen überzubewerten, unseren Gefühlen zu großes Gewicht zu verleihen. Ethik aber ist ihrem Wesen nach Gleichberechtigung, Berücksichtigung aller, Ausbalancierung der Ansprüche. Ethik setzt daher voraus, *dass ich meine Emotionen überprüfe.* Welche fließen in meine Begründung ein? Sind sie angemessen? Sehe ich die Sache vielleicht einseitig, weil mich Emotionen beeinflussen, denen ich zu großes Gewicht gebe? Verfälscht meine déformation biographique mein Urteil?
Um ethisch zu urteilen und zu handeln, müssen Sie Ihre Gefühle nicht beiseiteschieben oder gar unterdrücken. Im Gegenteil: Sie müssen sie

wahrnehmen und überprüfen, ob sie angemessen sind oder Ihr Urteil verzerren. Und wenn Letzteres der Fall ist: die Einschätzung korrigieren. Das könnte man die *emotionale Selbstprüfung* nennen. All dies gilt im Besonderen in denjenigen Konflikten, die ich „persönliche" genannt habe: Da sind Ihre Interessen und Gefühle besonders stark im Spiel. Da ist die Überprüfung auch besonders nötig. Und natürlich fällt sie da auch besonders schwer.

2. Sie geht einher mit einer zweiten Fähigkeit, die schon Smith, Hume und Schopenhauer hochgehalten haben: *Empathie*. Nur wer sich auf die Perspektive des Gegenübers emotional einlassen kann, wer mitempfinden kann, ist imstande, das tendenzielle Übergewicht der eigenen Gefühle auszugleichen. Wäre A. dazu in der Lage, könnte er das Gefühl B.s, um ihren jahrelangen Beitrag an die Firma betrogen zu werden, auch nur einigermaßen nachempfinden, dann würde er sich kaum derart auf seine Sicht versteifen.

Gewiss, unsere vernunftmäßige Einsicht in ethische Normen kann unsere Selbstliebe oft in die Schranken weisen. Regeln wie der kategorische Imperativ leuchten ein. Aber vermögen Sie uns auch zu einem Handeln zu bewegen, das auf den Maximalvorteil eigennütziger Entscheidungen verzichtet? Der kategorische Imperativ hat Eichmann, wiewohl angeblich sein oberster Grundsatz, nicht von entsetzlichen Verbrechen abgehalten. Sollten all die Gewalttätigen, deren blutige Spur das 3. Kapitel nachgezeichnet hat, bloß die Regeln nicht begriffen haben? Waren sie sich ihrer nicht durchaus bewusst und haben sich einfach um sie foutiert? Hat nicht die fehlende *emotionale Bereitschaft, mit den Gequälten mitzuleiden*, es Eichmann gestattet, sich ungerührt von den sterbenden Juden abzuwenden und ihre Vernichtung vom Schreibtisch aus fortzusetzen. War es nicht die Empathie, die Hosenfeld zum Wohltäter statt zum Verbrecher machte?

Nein, in unzähligen Fällen vermag die vernünftige Einsicht allein wenig, es braucht auch Einfühlung. Und dieses Vermögen bedarf der Einübung. Empathie kann trainiert werden, auf vielfältige Weise: durch Gespräche mit Menschen, die anders ticken, durch Reisen in fremde Kulturen, durch die Bereitschaft, sich auf die eigene Gefühlswelt und die der anderen einzulassen, durch wirkliche Kooperation mit allen möglichen Menschen, durch den Versuch, Konflikte friedlich zu lösen, durch die Auseinandersetzung mit Literatur, Musik und Kunst. Auf all diesen Wegen braucht man Empathie und übt sie ein.

Hume, Smith und Schopenhauer haben recht: Mitleiden, sich mitfreuen und mitempfinden zu können, ist eine zentrale menschliche Fähigkeit.

Sie ist die *Basis für mitmenschliches Handeln*. Sie kann unserem Egoismus wirksam Paroli bieten.

Diese beiden Fähigkeiten, die emotionale Selbstprüfungskompetenz und die Empathie, sind für die Ethik unabdingbar. Sie verbinden sich zu einer *Kultur der Gefühle*, von der in der ethischen Tradition leider wenig die Rede ist. Wirkliche Ethik kann aber nur funktionieren, wenn sie auf zwei Beinen steht, der Vernunft und dem Gefühl. Gewiss, Ethik bedeutet den Verstand ins Spiel zu bringen, über Moral nachzudenken, das richtige Handeln herzuleiten: also die Vernunft reden zu lassen. In der Wirklichkeit aber scheitern deren Anforderungen oft kläglich, wenn sie blind wirkenden Gefühlen entgegentreten sollen. Nur eine Kultur der Gefühle kann dies verhindern und eine Ethik für Menschen schaffen.

Um dies noch an einem anderen Beispiel zu veranschaulichen, dem aus dem letzten Kapitel: Kein Zweifel, den meisten Figuren in „High Noon" fehlt diese Kultur der Gefühle. Sie sind Opfer ihrer nicht reflektierten Emotionen. Und das Flämmchen ihre Empathie mit denen, die unter die Räder der Miller-Bande geraten dürften – Kane und alle schwächeren Einwohner der Stadt –, flackert nur zaghaft. Nein, da ist kaum einer sichtbar, der so etwas wie eine Kultur der Gefühle kennte. Und kaum einer, der die Bezeichnung Leader verdiente – außer Will Kane selber.

Menschlichkeit: unparteiisch und mitfühlend handeln

In der Geschichte der Ethik gibt es eine Idee, die diese Verbindung von Verstand und Gefühl sehr anschaulich illustriert. Auch sie geht zurück auf David Hume und Adam Smith. Wie eingangs von Kapitel 10 erläutert, sprechen beide dem Menschen die Fähigkeit zu, sich von der eigenen subjektiven Perspektive zu distanzieren, sich sozusagen auch von außen zu sehen. Diese Fähigkeit entspricht derjenigen bei der sinnlichen Wahrnehmung: Ich sehe diesen Tisch tatsächlich zwar nur von meinem Gesichtspunkt aus, kann mir aber in etwa vorstellen, wie er für dich aussieht, der du auf der anderen Seite stehst. Ich bin im Stande, *von meiner subjektiven, persönlichen Perspektive zu abstrahieren.*

Smith spricht vom unparteiischen Zuschauer, vom „impartial spectator" (Smith 1994, 167): Aufgrund unserer moralischen Fantasie können wir uns vorstellen, wie er, der Unparteiische, urteilen würde. Roderick Firth (1917–1987) hat später Smiths Gedanken zur *„Ideal Observer Theory"* weiterentwickelt (Firth 1952). Dieser *ideale Beobachter* hat mehrere Eigenschaften:

1. Er ist vollständig informiert über alle Fakten der Situation. 2. Er verfügt über eine unbegrenzte Imagination, so dass er sich alle Konsequenzen einer Handlung vorstellen kann. 3. Er hat keine persönlichen Interessen, bleibt also unparteiisch. 4. Er ist leidenschaftslos, Emotionen verzerren sein Urteil nicht. 5. Er ist konsistent und behandelt gleiche Fälle gleich und ist 6. in jeder anderen Hinsicht normal. Firth hat sicher recht: Gefühle sollen das ethische Urteil nicht korrumpieren. Das muss aber nicht Emotionslosigkeit bedeuten. Im Gegenteil, bei ethischen Entscheiden sind Gefühle nötig – aber die richtigen. Darum würde ich beim Ideal Observer eine 7. Eigenschaft einfordern: Er muss auch maximal empathisch sein, sich also in alle hineinfühlen können. Oder wie Richard Hare (1919–2002) formuliert: Er müsste auch ein „unparteiischer *mitfühlender* Zuschauer" sein (Hare 2016, 113).

Von einem solchen idealen Beobachter ließe sich sagen: Alle Aussagen, welche seine Billigung finden, sind ethisch richtig. Anders ausgedrückt: Was der ideale Beobachter sagt, ist ethisch korrekt. – Nur, wer ist dieser „Ideal Observer"? Die Antwort ist klar: Es gibt ihn nicht. Und wenn es ihn gäbe, wäre er ein Gott. Er ist natürlich nur eine Hypothese, *ein Ideal.* Darum heißt er ja so. Aber ein Ideal ist nicht wertlos, im Gegenteil. Ideale sind von unschätzbarem Wert. Sie sagen uns, woran wir uns orientieren sollten. Sie zeigen uns den Weg, den wir gehen müssen, in stockdunkler Nacht, auf jene kleine Laterne zu, die in der Ferne flackert, auf das Ideal zu.

Als Forderung für den zweiten Stock, für die Ethik, besagt der Gedanke: Wer in der Ethik nach Lösungen sucht, wer überprüfen will, ob eine Entscheidung haltbar ist, wer die beste Variante sucht, der soll überprüfen, ob sie vor dem Urteil des Ideal Observer Bestand hätte. Er soll fragen: Kenne ich alle Informationen und berücksichtige ich sie? Habe ich mich in alle Betroffenen hineingedacht und eingefühlt? Habe ich von allen unangemessenen Interessen und verzerrenden Emotionen abgesehen? Bin ich unparteiisch geblieben? – Und genau das, Sie haben es längst begriffen, ist unabdingbar, um den reformulierten kategorischen Imperativ umzusetzen.

Mit der Kultur der Gefühle sind wir zum Thema Menschlichkeit zurückgekehrt. Diese emotional-rationale Auseinandersetzung mit den eigenen Gefühlen vermag eine Vernunftethik erst mit Menschlichkeit zu erfüllen. Der ethische Standpunkt bleibt kalt und buchhalterisch, solange nicht ein Mensch ihn besetzt, der seine Gefühle wahrzunehmen und einzuordnen vermag. Und zwar die Emotionen, die sich auf seine eigenen Wünsche beziehen (Freude und Trauer, Angst und Erleichterung, Enttäuschung und Glückseligkeit), genauso wie die auf den anderen Menschen gerichteten (Mitleid und Mitfreude). Und die positiven ebenso wie die negativen.

Aber noch fehlt etwas: die Tat. Menschlichkeit erschöpft sich nicht im Denken und Fühlen. Man muss auch entsprechend handeln. Menschlichkeit bedeutet immer ein konkretes Tun, nie ein bloßes Urteilen oder Empfinden. Hares „Zuschauer" wird erst menschlich, wenn nicht nur zuschaut. All die Leitfiguren der Menschlichkeit, die wir aus Geschichte und eigener Erfahrung kennen, haben aus ihrem Ethos heraus *gehandelt:* Jesus, Buddha, Luther, Gandhi, Martin Luther King, Mutter Theresa oder Beat Richner.

Menschlichkeit, die wir im Verlauf des Buches immer wieder angesprochen haben, können wir nunmehr definieren als ein Handeln aus dieser Verbindung von ethischem Standpunkt und der Kultur der Gefühle heraus. *Menschlich sein heißt: unparteiisch und mitfühlend handeln.* Alle drei Elemente sind unverzichtbar:

- „Unparteiisch" markiert den ethischen Standpunkt: vom bloßen Egoismus Abstand nehmen, andere Interessen genauso berücksichtigen wie meine eigenen, reziprok handeln, also dem kategorischen Imperativ gemäß, mich an Prinzipien ausrichten, die für alle gleichermaßen gelten.
- „Mitfühlend" verweist auf die Kultur der Gefühle: meine eigenen bewusst wahrnehmen und mich von ihnen so weit distanzieren, dass Platz für das Mitfühlen mit anderen entsteht.
- „Handeln" drückt aus: Das richtige Ethos allein genügt nicht. Ich muss, was gut ist, auch tun.

Die Verbindung dieser drei Elemente macht Menschlichkeit erst aus. Fehlt eines von ihnen, fehlt auch die Menschlichkeit. Eichmann ist nicht menschlich, weil ihm die Empathie fehlt, auch wenn er sich rabulistisch auf den kategorischen Imperativ beruft. Eiskalte Abzocker in der Geschäftswelt sind unmenschlich, weil sie nach nicht-reziproken Verhaltensregeln leben, obschon sie beim Feierabendbier die liebenswürdigsten Kumpel sein mögen. Und wir alle sind noch nicht menschlich, solange wir uns, im bequemen Sofa sitzend, bloß über die Ungerechtigkeit der Welt empören und Mitleid mit den Opfern empfinden, ohne etwas für das Gute zu tun.

Anders gesagt, die Kultur der Gefühle ist das, was der Ethik über weite Strecken ihrer Geschichte gefehlt hat, um tatsächlich als Theorie der Menschlichkeit gelten zu können. Und aus der Theorie erwächst erst Menschlichkeit, wenn sie in praktisches Handeln umschlägt.

11 Ethik und eine Kultur der Gefühle

Welche Rolle spielen Verstand und Gefühl in der Ethik? Fassen wir das Kapitel zusammen:

- Ethisches Handeln hat Gründe, wie jedes Handeln. Darum gilt in der Ethik, was wir von menschlichen Entscheiden generell erwarten: Sie müssen *auf kohärente Weise begründet* sein, also widerspruchsfrei und zusammenhängend. Darüber hinaus sollten sie jetzt aber auch *ethischen Normen oder Prinzipien entsprechen*.
- Da Gründe aber oft in unterschiedliche Richtungen weisen, setzt ethische Handlungsfähigkeit voraus, dass ich sie *gewichte*. Das geht nur mit Unterstützung der Gefühle. Gleichzeitig neigen wir Menschen dazu, unsere Gefühle überzubewerten und die Situation zu verzerren. Es geht also darum, unsere eigenen Emotionen *auf ihre Angemessenheit hin zu überprüfen*.
- Beide Ansprüche laufen auf eine *Kultur der Gefühle* hinaus, ohne die Ethik leicht rabulistisch werden kann. Diese Kultur besteht darin, dass ich meine *Emotionen reflektiere* und eine Urteilsverzerrung auszubalancieren versuche, indem ich mich in die Lage der anderen *einfühle*.
- Das grundlegende Prinzip, das ich dabei berücksichtigen sollte, bleibt Kants kategorischer Imperativ, allerdings befreit vom problematischen Begriff der Maxime: *Sollen alle in meiner Situation so handeln wie ich – und aus meinen Gründen?* Freilich komme ich auch so nicht darum herum, die Gründe gegeneinander abzuwägen.
- Orientierungspunkt könnte dabei der „Ideal Observer" sein, ein „unparteiischer mitfühlender Zuschauer". In der realen Welt gibt es ihn nicht, wohl aber kann ich versuchen, diese ideale fiktive Perspektive einzunehmen, wenn ich vor eine ethische Entscheidung gestellt werde.
- Schließlich ist klar geworden, dass die *Verbindung von ethischem Standpunkt und einer Kultur der Gefühle* das ist, was wir mit Menschlichkeit meinen. Allerdings erst dann, wenn diese Haltung auch handlungswirksam wird. *Menschlichkeit heißt unparteiisch und mitfühlend handeln.*

12

Warum ethisch handeln? – „making something of yourself"

Viele Kapitel lang haben Sie jetzt ethische Überlegungen kennen gelernt, Normen und Prinzipien, ethische Argumentationen. Eine Frage aber habe ich bisher umschifft. Und doch ist es die entscheidende: Warum sollen Sie überhaupt ethisch handeln? Zwar haben wir im 3. Kapitel gesehen, dass die Ethik wesentlich zum Rückgang der Gewalt in den letzten Jahrhunderten beigetragen hat. Aber reicht das, um Sie dazu zu bewegen, ethisch zu handeln? Ich will doch *Sie,* liebe Leserin, lieber Leser, dafür gewinnen, ethisch zu leben. Bei *Ihnen* werbe ich für Menschlichkeit. Warum also sollen *Sie persönlich* der Ethik folgen? Und warum gerade dann, wenn Sie – wie im 4. Kapitel betont – ein Leader sind: ein Mensch, der in der Gesellschaft besondere Verantwortung trägt oder tragen will.

Sie könnten ja durchaus argumentieren: Schön, wenn andere sich ethisch verhalten. Das nützt auch mir. Vielleicht sogar am meisten dann, wenn ich mich selber nicht an die Ethik halte. Trittbrettfahrer profitieren bekanntlich von denen, die sich an die Regeln halten. Von den Dummen. Diese Haltung hat David Hume zugespitzt und formuliert:

> *Es läuft der Vernunft nicht zuwider, wenn ich lieber die Zerstörung der ganzen Welt will, als einen Ritz an meinem Finger.* (Hume 1973, 153)

Natürlich plädiert Hume nicht für eine solche Einstellung. Vielmehr unterstreicht er damit die These, dass sich Ethik rein rational nicht herleiten lässt. Es gibt freilich unter den Ethikern auch die gegenteilige Position. Einmal mehr ist es Immanuel Kant, der sie am pointiertesten vertritt. Er argumentiert, wie Sie schon im 5. und vor allem im 10. Kapitel erfahren haben, dass der kategorische Imperativ sich folgerichtig aus der Tatsache herleitet, dass wir Menschen vernunftbegabte Wesen sind. Wenn ich bestimmte Rechte für mich beanspruche, muss ich sie auch dem anderen zugestehen. Wenn ich nach einer Maxime handle, muss diese auch für andere gelten. Die Reziprozität des Handelns, der kategorische Imperativ, ergibt sich zwingend aus dem Faktum, dass ich mich, selber vernunftbegabt, in einer Gemeinschaft vernünftiger Wesen befinde.

Genau besehen, ist das aber kein Beweis für den ethischen Standpunkt, nur für den kategorischen Imperativ, *sofern* ich diesen Standpunkt *bereits einnehme*. Letzteres setzt Kant als selbstverständlich voraus. Er will den grundlegendsten Satz der Ethik entwickeln, aber innerhalb der Ethik. Bevor er die erste Zeile seines Werks schreibt, ist die Frage schon ausgemacht, dass ich ethisch handeln soll. Darin liegt aber keine *logische* Notwendigkeit. Das beweist schon die schlichte Tatsache, dass Tausende, ja Millionen von Menschen die ethischen Standards mit Füssen getreten haben – und dabei ungeschoren davongekommen sind.

Schlechte Karten für mich. Allerdings ist damit noch nichts verloren. Vielleicht gibt es keinen logischen und wissenschaftlichen Beweis dafür, dass Sie ethisch handeln sollen, aber gute Gründe. Beweise sind ja selten die wirklichen Motive für unser Handeln. Gründe reichen uns in den meisten Fällen, jedenfalls wenn sie plausibel und überzeugend sind. Darum will ich Ihnen in diesem Kapitel darlegen, warum Sie ethisch denken und handeln sollten. Ja mehr noch, warum Ihr Leben ärmer und schaler wäre, wenn Sie es nicht täten. Ich werde dabei drei aufeinander aufbauende Argumente entwickeln:

1. Selbstkonstitution: Machen Sie etwas aus sich!
2. Integrität: Wahren Sie Ihre ethische Unversehrtheit!
3. Freiheit: Werden Sie autonom!

Selbstkonstitution: etwas aus sich machen

Beginnen möchte ich bei der sogenannten praktischen Notwendigkeit, einem Gedanken, den Bernard Williams (1929–2003) in die ethische Diskussion eingeführt hat. Er verweist auf Martin Luther, der sich 1521 vor dem Reichstag zu Worms weigerte, der Aufforderung Kaiser Karls V. nachzukommen und seine angeblich ketzerische Lehre zu widerrufen. „Hier stehe ich, ich kann nicht anders", soll der Reformator erklärt haben. Was bedeutet dieses Nicht-anders-Können? Sie kennen das: Manchmal fühlen wir uns genötigt, etwas Bestimmtes zu tun oder zu unterlassen. „Ich musste diesem Menschen einfach helfen", sagen Sie vielleicht. Oder Liebende beteuern einander: „Du musstest es sein". Und doch sind wir dabei nicht unfrei. Im Gegenteil, gerade solche Entscheidungen erleben wir als Akte besonderer Freiheit.

Diese praktische Notwendigkeit ist keine logische. Diese Menschen könnten – theoretisch – durchaus anders: die Glaubenslehre widerrufen, den Hilfsbedürftigen links liegen lassen, einen anderen Partner wählen. Praktisch aber können wir's nicht. Diese Notwendigkeit unterscheidet sich vom Zwang der Logik, die man nicht brechen kann. Aber worauf beruht die praktische Notwendigkeit eigentlich? Warum sind wir überzeugt, wir müssten so entscheiden? Williams meint: weil wir sonst nicht mehr der Mensch wären, der wir sind. Die Entscheidung betrifft den Kern unserer Identität. Wir würden sie verletzen, wenn wir anders handeln würden.

Die amerikanische Philosophin Christine Korsgaard (*1952) geht dieser praktischen Notwendigkeit genauer nach. Ich folge hier ihrer Argumentation, entwickle sie aber gleichzeitig weiter. Das heißt, ich gehe zum Teil über die Gedanken hinaus, die sie in ihrem 2009 erschienenen Buch vorbringt. Dessen Titel „Self-Constitution. Agency, Identity, and Integrity" enthält in komprimiertester Form bereits die Kernthesen. Wir bringen uns selber als Person hervor, indem wir handeln. Wir konstituieren uns selbst. Was wir sind, unsere Identität, ist das Produkt unseres Tuns. Wer sind Sie? Sie können auf die Frage Ihren Namen nennen und das Geburtsdatum, Ihren Beruf und Ihren Wohnort, Sie könnten Ihr Äußeres beschreiben oder Ihre Hobbys aufzählen. All das berührt Ihre eigentliche Identität kaum. Sie sind, was Sie eigentlich sind, aufgrund Ihrer Handlungen. Wir konstituieren uns als Person selber durch unser Handeln.

Einen ähnlichen Gedanken haben Mitte des 20. Jahrhunderts schon die Existentialisten entwickelt. „Der Mensch ist nichts anderes, als wozu er sich macht" (Sartre 1977, 11), formuliert Jean-Paul Sartre (1905–1980). Es gibt kein vorgegebenes „Wesen" des Menschen, keine verbindliche Vorschrift, was Mensch-Sein heißt. Wir definieren das selber, und zwar durch unsere Entscheidungen, vollumfänglich, in absoluter Freiheit. Korsgaard geht nicht ganz so weit. Doch die Parallele bleibt: Unsere Taten bestimmen uns als Person, unser Handeln definiert unsere Identität.

Das ist das erste Argument für den ethischen Standpunkt: die *Selbst-Konstitution*. Denn daraus folgt von selbst die Frage: Was wollen Sie sein? Ein Verbrecher oder ein Mensch, dessen Tun von der Ethik gleitet wird? Nach Korsgaard sind wir, weil wir Menschen sind, verpflichtet, etwas aus uns zu machen: „engaged in: the activity of making something of ourselves"

(Korsgaard 2013, vii). Was wollen Sie aus sich machen: einen Pablo Escobar oder einen Nelson Mandela?

Moralische Integrität: unversehrt bleiben

Daran schließt sich die zweite Begründung für den ethischen Standpunkt an: die *moralische Integrität*. Das lateinische Wort integer bedeutet ursprünglich unverletzt, unversehrt, gesund, ganz. Moralisch integer bedeutet dann, dass ein Mensch mit sich selbst eins ist, dass seine Taten mit seinen Worten übereinstimmen, dass er im Einklang mit ethischen Standards handelt. Im letzten Kapitel habe ich diese Qualität als Kohärenz bezeichnet. Korsgaard behauptet, dass diese *moralische* Integrität mit einer *Handlungs*integrität einhergeht. Gut zu handeln im handlungstheoretischen Sinn bedeutet auch gut zu handeln im moralischen Sinn. Oder umgekehrt: Eine ethisch unvollkommene Handlung ist auch *als Handlung* misslungen.

Um diese Behauptung nachzuvollziehen, müssen wir Korsgaards Darstellung des menschlichen Handelns genauer ansehen. Was heißt eigentlich Handeln? Sie liegen morgens im Bett, der Wecker schrillt. Ihre Hand fährt zum Lichtschalter und drückt ihn. Sie wollen, dass es hell wird, um aufzustehen. Das heißt zunächst, Sie sind die Ursache eines Vorgangs, nämlich dass es hell im Zimmer wird. Hätten nicht Sie die Veränderung bewirkt, sondern zum Beispiel der Wind, der den Fensterladen öffnet, wäre das keine Handlung, sondern einfach ein Ereignis. Nur wo Tatherrschaft vorliegt, wie Aristoteles gesagt hat, nur wo *Sie* das Ereignis bewirkt haben, kann man von Handeln sprechen.

Andererseits ist aber das Drücken des Schalters noch keine Handlung. Zu ihr muss die Absicht treten. Sie können den Schalter drücken, um es hell werden zu lassen, aber auch, um es dunkel zu machen, zum Beispiel weil Sie einschlafen wollen. Darum unterscheidet Korsgaard zwischen Tat (act) und Handlung (action). Diese berücksichtigt den Kontext, insbesondere die Absicht, die der Tat überhaupt einen Sinn verleiht, sie zur Handlung macht. Erinnern Sie sich ans Argument Davidsons aus dem 10. Kapitel, dass erst die Absicht die Handlung verständlich macht, dass sie quasi den „Witz" der Handlung ausmacht? Denn sie macht den Grund der Handlung sichtbar. Die Tat ist sozusagen die bloße körperliche Bewegung, die Handlung umfasst auch den Kontext. Bloß den Schalter zu drücken, ergibt noch keinen Sinn. Der realisiert sich erst dadurch, dass ich damit das Licht an- oder eben ausmachen will.

12 Warum ethisch handeln? – „making something of yourself"

Doch das reicht noch nicht. Menschliches Handeln bedeutet zugleich, dass Sie den Grund für Ihre Absicht *gewählt* haben. Auch Tiere handeln in gewissem Sinn. Sie haben Gründe, aber diese liegen zumeist in ihren Instinkten, also in Verhaltensprogrammen, die sich automatisch abspielen. Eine Antilope gewahrt den Löwen und flieht. Ein bedrohter Hund beißt zu. Die Gründe für solches Verhalten liegen in automatischen Reaktionen. Die Tiere können aus biologischen Gründen nicht anders. Wir Menschen aber *wählen* die Gründe, aufgrund deren wir handeln. Wir sind autonom. Das Wort besagt: sich selber das Gesetz gebend. Damit ist der Handlungsbegriff wesentlich mit dem der Freiheit verbunden.

Allerdings streiten in unserem Innern oft verschiedene Motive miteinander. Vielleicht möchten Sie weiterschlafen und neigen dazu, den Wecker auszuschalten, statt den Lichtschalter zu drücken. In Ihrem Innern kämpfen die beiden Wünsche gegeneinander. Zu einer Handlung kann es erst kommen, wenn jemand entscheidet. *Sie* sind dieser Jemand, nicht etwa einer der beiden Wünsche. Sonst wäre es reiner Zufall, welcher sich durchgesetzt hat. Mit der Handlung verbinden wir einen Handelnden, den Menschen als ganzen. Es ist nicht das Pflichtbewusstsein oder die Faulheit, die den Lichtschalter gedrückt haben, sondern Sie. Handeln setzt einen Handelnden voraus, einen ganzen Menschen, der sich „zusammengerauft" hat, der den Kampf unterschiedlicher Motive entschieden hat.

Mit einer Handlung ist also ein ziemlich komplexer Zusammenhang gemeint. Fehlt ein Element oder spielen einzelne nicht richtig zusammen, liegt keine wirkliche Handlung vor. Das wird deutlich – und damit sind wir wieder auf der Ebene der Ethik – beim unmoralischen Handeln, also da, wo Menschen dem ethischen Standpunkt zuwiderhandeln, bei der Unmenschlichkeit. Wo beginnt sie eigentlich? Schauen wir uns Beispiele an.

Vielleicht kennen Sie das auch: Begeistert von einer Idee, lege ich mich ins Zeug und kämpfe für sie. Ich will ein Projekt durchsetzen, einen Erfolg verbuchen, einen geliebten Menschen für mich gewinnen. Ich rede mich ins Feuer, stürze mich blind in gewagte Aktionen, bedränge andere – und bemerke mit einem Mal, wie rücksichtslos ich mit diesen umgehe. Ich habe sie vergessen, mich verrannt, mein Anliegen über meine Mitmenschen gestellt. Nein, nicht mein Anliegen: mein Gefühl, mein Bedürfnis. Es ging mir gar nicht um das Projekt, sondern um Anerkennung. Nicht um den Erfolg, sondern ums Geld. Nicht um die Geliebte, sondern um Sex.

Wäre die Warnglocke nicht ertönt, gut möglich, dass ich alle Rücksicht verloren hätte. Menschen, denen dies fortwährend geschieht, die taub geworden sind für alle Alarmzeichen, handeln unmenschlich. Zum Beispiel von einer Leidenschaft Getriebene, von einer Gier nach sexuellen Abenteuern, vielleicht auch nach Geld oder Macht Lechzende. Manchmal sind solche Menschen dermaßen von ihrer Passion besessen, dass sie keinen Blick mehr für ihre Opfer haben. Was diesen Menschen fehlt, ist die Autonomie, die Fähigkeit, die Gründe für ihr Handeln selber zu *wählen*. Das Motiv ist gesetzt, selbstverständlich, es treibt sie zu ihrem Tun, ohne dass sie es hinterfragen und durch ein anderes, menschlicheres austauschen.

Sie wenden ein: Unmenschlichkeit heißt doch nicht bloß Getriebenheit. Es gibt auch den rationalen, kalt planenden Gewissenlosen, der die Menschen als Schachfiguren für sein Spiel betrachtet. Auch bei ihm sind die Warnglocken ausgestiegen oder er überhört sie ungerührt. Ein Pablo Escobar gehört in diese Kategorie. Rational weiß er durchaus, was für ein Leid er anrichtet. Aber es berührt ihn nicht. Er kann einen jungen Familienvater mit gespielter Freundlichkeit bitten, ihm einen Gefallen zu tun, und ihn dabei in den Tod schicken. Im Unterschied zum Getriebenen sind solche Charaktere willensstark und rational. Sie scheinen auf den ersten Blick vollgültig handeln zu können. Tatsächlich aber liegt ihr Defekt in ihrer verkümmerten Rationalität, die eine Kultur der Gefühle nicht kennt. Jeder Empathie bar, fügen sie Dutzenden von Menschen schweres Leid zu. Oder vonseiten der Gründe her formuliert, es fehlt ihnen die Fähigkeit, *die Gründe angemessen gegeneinander abzuwägen:* Ihr kleiner Zuwachs an Macht und Geld wiegt mehr als das Leben anderer Menschen. Dieser Typ lebt getreu nach Humes Zitat aus dem Kapitelanfang.

Gewiss, das sind extreme Beispiele. Sie illustrieren indessen, was Christine Korsgaard meint, wenn sie argumentiert, moralisch versagen heiße bereits *als Handelnder* versagen. Die Taten dieser Menschen werden dem nicht gerecht, was wir als Handlung betrachten. Denn zu einer Handlung gehört, dass ich Gründe abwäge, sie *angemessen gewichten* und dann das tun kann, was dieses Abwägen mir gebietet. Dazu gehören Warnglocken: weil wir Menschen dazu neigen, einzelne Gründe aufzubauschen und andere herunterzuspielen – vor uns selber. Wir können fehlgehen beim Abwägen, und deshalb braucht es Alarmzeichen. Unmenschen haben diese ausgeblendet, deshalb liegt bei ihnen ein Defekt der Handlungsfähigkeit vor, sie sind *als Handelnde beschädigt*. Ganz zu schweigen natürlich davon, dass sie ethische Grundsätze mit Füssen treten, etwa den kategorischen Imperativ. Sie behandeln andere als bloße Mittel zum Zweck, ihre Prinzipien sind mitnichten reziprok.

Ulis minderwertige Kuh

Glücklicherweise sind die meisten Menschen keine Verbrecher, und wohl auch keine Helden, sondern befinden sich irgendwo zwischen den beiden Extremen, wie Sie und ich. Da, wo die moralische Integrität weder bereits verloren noch fraglos gegeben ist, zeigt sich ihre Bedeutung besonders augenfällig. Da, wo sie bedroht ist, kommt zum Ausdruck, was für ein wertvolles Gut sie ist. Ein eindrückliches Beispiel dafür erzählt Jeremias Gotthelf (1797–1854) in seinem Roman „Uli der Pächter".

Die Hauptfigur dieses Entwicklungsromans aus dem Bauernmilieu ist in der sozialen Hierarchie vom Hilfsknecht zum Pächter aufgestiegen und sieht sich nun beinahe am Ziel seiner Wünsche. Den Hof bald einmal zu kaufen, scheint möglich. Doch dann kommt ein schwieriges Jahr. Nachdem die Ernte kärglich ausgefallen ist und die Eigentümer des Hofs den Pächter wiederholt unter Druck setzen, ist ungewiss, ob er den Pachtzins überhaupt beizubringen vermag. Da kommt die Gelegenheit gerade recht, einem Bäuerlein eine minderwertige Kuh zu überhöhtem Preis anzudrehen und ihn damit übers Ohr zu hauen. Der Bauer verklagt Uli, der den Prozess gewinnt. Den Kläger aber und seine Familie bringen der Fehlkauf und die hohen Prozesskosten an den Rand des Ruins.

Uli weiß, dass er unrecht gehandelt hat, und versucht die Schuldgefühle zu verdrängen. Aber das gelingt nicht, auch wenn falsche Freunde angesichts des juristischen Siegs mit ihm triumphieren. Das schlechte Gewissen nagt an ihm, schließlich wird er krank. Nur dank seiner Frau, die ihm sein Unrecht zum Bewusstsein bringt und ihn ermutigt, es wieder gutzumachen, genest er schließlich. Der Roman endet mit dem Gang Ulis zum betrogenen Bauern, wo er sein Unrecht eingesteht, um Verzeihung bittet und den Schaden wenigstens finanziell wieder ausgleicht.

Der Erzähler schildert uns in aller Ausführlichkeit Ulis Kampf: die Menschen, die auf ihn einreden, der unterlegene Bauer, der ihn verwünscht, der liederliche Wirt, der ihm gratuliert, Ulis Frau Vreneli, die ihn auf den rechten Weg zurückführen will. All diese Stimmen hallen in seinem Innern wider und bringen ihn schier zur Verzweiflung, die sich symbolisch im Gewitter ausdrückt, das bei seiner Rückkehr vom Gericht tobt, und in der Krankheit, in die er schließlich verfällt. Aber alle Versuche, seine Handlung schönzureden, schlagen fehl, das Gewissen lässt sich nicht zum Schweigen bringen. Was hier auf dem Spiel steht, ist die moralische Integrität Ulis. Gotthelf zeigt, warum sie ein so hohes Gut ist. Sie zu verspielen, hätte den Protagonisten ethisch korrumpiert, vielleicht auf immer.

Man kann das auch philosophisch statt erzählerisch darstellen. Gründe sind Paare: Argumente, die sich mit Gefühlen verbinden, die ihnen ein Gewicht geben. Das Gefühl, das sich mit der Einsicht ins Unrecht verbindet, kann man Scham oder auch Schuldgefühl nennen. Die beiden liegen nahe beieinander. Bei beiden empfinde ich meine eigene Person entwertet und der Grund dafür liegt bei mir persönlich. Ich selber bin entwertet, entweder weil ich so bin oder so gehandelt habe. Bei der Scham sehe ich mich dabei eher mit den Augen der anderen, beim Schuldgefühl mit meinen eigenen. Die Scham betrifft eher meine Person, die Schuld meine Tat. Dahinter aber steckt noch mehr. Mit der Scham oder dem Schuldgefühl kommt bei Uli die Angst auf, seine *Selbstachtung* zu verlieren.

Kant unterscheidet zwischen Wert und Würde. Nur wir Menschen können den Dingen einen *Wert* verleihen. Wir – als die Wesen, die Werte schaffen – haben selber keinen Wert. Sonst wären wir mit den Dingen und ihren Werten verrechenbar. Wohl aber haben wir eine Würde. Und das Gefühl, mit dem wir den Wesen begegnen, die Würde haben, also anderen Personen und uns selber, heißt *Achtung* (GMS, AB79). Die Integrität zu verspielen, bedeutet dasselbe, wie die Achtung vor sich selbst zu verlieren. Deshalb geht es für Uli in dieser Krise ums Ganze: nicht nur um seine Identität, sondern zugleich um seine moralische Integrität und die Achtung vor sich selbst. Und deshalb „muss" er schließlich sein Unrecht eingestehen und beim Geschädigten um Verzeihung bitten. Darin liegt eine praktische Notwendigkeit.

Vielleicht kennen Sie ähnliche Erfahrungen. Vielleicht waren Sie im Begriff, eine unethische Entscheidung zu treffen. Oder Sie haben bereits entschieden. Dann kennen Sie vermutlich dieses quälende Gefühl von Schuld und Scham, ein Zustand, der fast nicht auszuhalten ist. Er verbietet einem geradezu, die unrechte Entscheidung zu fällen, oder nötigt einen, alles zu tun, um ein begangenes Unrecht wieder gutzumachen – um unseretwillen, um unsere Selbstachtung wieder herzustellen. Das erfahren wir in einem persönlichen Konflikt weit heftiger, als wenn bloß Drittpersonen betroffen sind. Ulis Kampf liefert ein typisches Beispiel für einen solchen persönlichen Konflikt.

Und die Unmenschlichen, die ich oben skizziert habe? Kennen sie diese Regungen nicht? Das ist schwer zu sagen und wohl von Fall zu Fall unterschiedlich. Es gibt sicher Verbrecher, die diese Gefühle völlig verloren haben, abgetötet durch zahlreiche Untaten. Und andere hatten sie vielleicht gar nie. Skrupellose Menschen im wörtlichen Sinn. Es gibt aber sicher auch die anderen, die von ihren Skrupeln geplagt werden und trotzdem weiter Unrecht tun. Zerrissene Menschen. Auf jeden Fall setzen diese Skrupel voraus, dass noch ein Rest dessen vorhanden ist, was ich die Kultur der Gefühle genannt habe. Es liegt auf der Hand, dass Empathie mich daran hindert, andere einfach als bloße Mittel für meine Zwecke zu behandeln. Und je eher ich wie der gotthelfsche Protagonist die innere Stimme zulasse, die mir sagt, dass ich andere unfair behandle, umso weniger werde ich dies tun. Und umgekehrt lässt sich sagen, dass ein Bösewicht umso skrupelloser handeln kann, je besser es ihm gelingt, Gefühle zu verdrängen, die ihn an seinen Taten hindern könnten.

Freiheit: wollen können, was ich will

Und damit bin ich beim dritten Grund: Der Weg der Ethik ist zugleich *der Weg zur Freiheit.* Das hat sich schon bei Christine Korsgaards Handlungstheorie angedeutet. Zur Handlungsfähigkeit, zur „agency", sagt sie, gehöre Autonomie, also die Freiheit, die Gründe seines Tuns selber zu wählen. Doch hier scheint sich ein Widerspruch zu ergeben. Wie kann ich mit Korsgaard behaupten, Handlungsfähigkeit setze Freiheit voraus, und gleichzeitig, ethisches Handeln mache erst frei? Ist die Freiheit nun Voraussetzung oder Folge eigenständigen oder ethischen Handelns? Und ein zweiter Widerspruch: Wie kann Ethik Freiheit bedeuten, wo sie uns doch vorschreiben will, was wir zu tun haben?

Das nötigt uns, genauer zu untersuchen, was Freiheit eigentlich bedeutet. Die Überlegungen dazu werden die scheinbaren Widersprüche beseitigen und zugleich meine dritte Hypothese untermauern. Ich stütze mich dabei auf das Buch von Peter Bieri: „Das Handwerk der Freiheit", der in bewundernswürdiger Klarheit zusammenfasst, was wir von der Freiheit begreifen können, wenn wir philosophisch darüber nachdenken.

Bieri (*1944) geht dabei nicht von der naheliegenden Frage aus, ob der Mensch frei sei oder nicht. Darüber haben Philosophen seit jeher leidenschaftlich gestritten, ohne sich einig zu werden. Vielmehr fragt er: *Was meinen wir eigentlich mit dem Wort „frei"?* Wir kennen doch alle die Erfahrung der Freiheit. Uns ist die Intuition vertraut: Jetzt habe ich frei gehandelt. Und genauso die gegenteilige: Ich war nicht frei bei dieser Entscheidung, ich sah mich dazu gezwungen. Unter welchen Bedingungen, ganz genau, können wir sagen, wir hätten frei entschieden?

Bieri unterscheidet zunächst zwei Arten der Freiheit: die Handlungsfreiheit und die Willensfreiheit. Das Wort brauchen wir bei beiden, aber in unterschiedlichem Sinn. Bieri illustriert das an drei Beispielen: dem Gefangenen, dem Süchtigen wider Willen und demjenigen, der seine Sucht überwindet.

Handlungsfreiheit bedeutet: *Ich kann tun, was ich will.* Der Gefangene ist handlungsunfrei. Er möchte aus der Haftanstalt marschieren, doch das Tor ist verriegelt. Er kann nicht tun, was er will. Der Süchtige wider Willen dagegen ist handlungsfrei. Er kann zur Zigarette greifen, wann immer er will.

Allerdings ist der letztere in bestimmter Weise auch unfrei. Seine Sucht beherrscht ihn, er möchte von ihr loskommen und schafft es nicht. Diese Unfreiheit betrifft seinen Willen, nicht sein Tun. Er ist handlungsfrei, aber willensunfrei. Und diese zweite Freiheit, die Willensfreiheit, ist die eigentliche Freiheit. Auf sie kommt es an.

Doch wie kann der Süchtige frei und zugleich unfrei sein? Ganz einfach. In ihm gibt es nicht nur einen Wunsch, sondern zwei: Er wünscht die Zigarette und er wünscht, von ihr loszukommen. Diese Wünsche streiten sich in seinem Innern. Das kennen Sie von der Handlungstheorie, die ich in den letzten Kapiteln diskutiert habe: Gründe oder Motive können vielfältig sein, im Clinch miteinander liegen. Entscheidend ist, welcher Grund sich dabei durchsetzt, oder wie Bieri sagt, handlungswirksam wird.

Leider ist dies beim Süchtigen wider Willen nicht der Wunsch, den er eigentlich will, sondern der, den er eigentlich nicht will. Was heißt „eigentlich"?, werden Sie fragen. Bieri antwortet, dass wir Menschen fähig sind, Wünsche zweiter Ordnung, quasi Metawünsche zu entwickeln. Wir können auch wünschen, einen bestimmten Wunsch zu haben. Und das Gegenteil: Wir können uns wünschen, bestimmte Wünsche nicht mehr zu haben. Kennen Sie das?

12 Warum ethisch handeln? – „making something of yourself"

Entscheidend ist nun, welcher Wunsch sich durchsetzt, derjenige, der meinem Metawunsch entspricht, den ich eigentlich will, oder der andere. Welcher wird handlungswirksam? Beim Süchtigen wider Willen ist es der zweite, beim Sieger über die Sucht der erste. Der Süchtige will nicht, was er will. Der Sieger über die Sucht will auch, was er will. Nur dieser ist willensfrei. Darum kann Bieri sagen: *Willensfreiheit* bedeutet, dass ich nicht nur tun kann, was ich will, sondern dass *ich auch wollen kann, was ich will.*

Davidson oder Korsgaard meinen genau dasselbe, wenn sie sagen: Wirklich frei, willensfrei, handle ich, wenn *ich* es bin, der entscheidet. Ich als ganzer Mensch, nicht irgendein einzelner äußerer oder innerer Antrieb, der mich beherrscht. Sondern ich, der entscheidet, was ich im Widerstreit von Motiven und Gründen tue. Wenn Korsgaard von Autonomie spricht, meint sie Willensfreiheit, die Fähigkeit, demjenigen Wunsch zum Durchbruch zu verhelfen, den ich als ganze Person wähle.

Das bedeutet, es ist unsinnig zu behaupten, „der Mensch" sei frei, genauso wie das Gegenteil, er sei unfrei. Wir alle sind manchmal frei und manchmal nicht. Und vermutlich sind es einige Menschen mehr und häufiger als andere. Freiheit ist eine Frage des Grades und auch eine der Persönlichkeit. Prüfen Sie das bei sich selber: Gibt es nicht Situationen, in denen Sie meinen, frei gehandelt zu haben, genauso wie solche, bei denen das Gegenteil der Fall war? Sind Sie selber nicht in gewissen Bereichen allmählich freier geworden? Oder noch anders, Freiheit ist dem Menschen *nicht gegeben, sondern aufgegeben.* Er ist nicht frei, sondern kann es werden. Daher der Titel von Bieris Buch: „Das Handwerk der Freiheit".

Und damit löst sich der Widerspruch. Zwar setzt moralische Handlungsfähigkeit ein Stück Willensfreiheit voraus und Willensfreiheit ein Stück Handlungsfähigkeit. Um vollgültig handeln zu können, muss ich bis zu einem gewissen Grad willensfrei sein, und gleichzeitig erweitere ich, wenn ich ethisch handle, meine Willensfreiheit. Beide aber sind nicht absolut: vorhanden oder nicht vorhanden, sondern graduell. Daher: „ein Stück", „bis zu einem gewissen Grad", „erweitere". Es gibt keine vollkommen willensfreien Menschen, genauso wenig wie Personen, die immer und in jeder Hinsicht ausschließlich ethisch handeln. Es wären Götter.

Aber es gibt welche, die sich nicht auf diesen Weg begeben, und andere, die auf ihm mehr oder weniger weit gekommen sind. Das zeigen die Beispiele dieses Kapitels. Die skizzierten Unmenschen foutieren sich um jede Ethik – und sind allesamt nicht willensfrei im Sinne Bieris. Sie sind Sklaven ihrer pervertierten Wünsche, ohne ein Ich, das autonom und souverän entscheiden könnte, wofür sie leben wollen. So viel Geld und Macht wie möglich, so viel Lust wie möglich auf Kosten der Betrogenen, so viel

Gleichgültigkeit gegenüber der Qual anderer: Können das vernünftige Lebensziele sein?

Und Uli wiederum illustriert, wie die Wünsche in einer Seele konkurrieren, wie sich ein Mensch schließlich für den ethisch richtigen entscheidet und entsprechend handelt und wie er damit seine Willensfreiheit realisiert.

Und auch der zweite Widerspruch verschwindet. Wie kann sich Ethik, die uns Normen vorgibt, mit der Freiheit vertragen? Es ist eben nicht die Ethik, die sie uns vorschreibt. *Wir selber wählen* willensfrei die Standards, denen wir folgen wollen. Ethik ist kein Zwang, sondern bedeutet im Gegenteil, den Prinzipien zu folgen, die *ich selber* gewählt habe, aus freiem Willen.

Was hat dieses Kapitel für Antworten geliefert auf die Frage: Warum soll ich den ethischen Standpunkt einnehmen? – Es gibt *keinen streng logischen Grund, ethisch zu handeln.* Es ist genauso „vernünftig", meinen Armani-Anzug über das Leben eines ertrinkenden Kindes zu stellen: Ich will ihn nicht ruinieren, indem ich es aus dem Brunnen rette. Aber es wäre unmenschlich. Ethik lässt sich rein logisch nicht herleiten, sie ist vielmehr in der Menschlichkeit verankert. Und da gibt es mindestens drei gute Gründe für Sie, Ihr Leben nach ethischen Grundsätzen zu führen.

- Erstens *machen Sie,* wenn Sie sich auf den ethischen Standpunkt stellen, *etwas aus sich selbst.* Wer wir sein wollen, unsere Identität, bestimmen wir selber: durch unser Handeln. Es liegt an uns, unsere Identität zu wählen. „Logisch" ist beides möglich: ein skrupelloser oder ein guter Mensch. Wer aber möchten Sie sein, vorausgesetzt, Sie wollen ein gutes Leben führen?
- Zweitens wahren Sie auf dem Boden der Ethik Ihre *moralische Integrität* und Ihre Selbstachtung. Die Integrität besteht darin, dass Ihre Person unversehrt bleibt, eins, ganz. Nicht zerfressen von Schuld oder Scham, nicht korrumpiert von irgendeinem Antrieb, der sich durchsetzt auf Kosten Ihres Selbst. Auf der Selbstachtung dagegen fußt Ihre Würde.
- Drittens gehen Sie so den Weg zu einer *immer größeren Willensfreiheit.* Sie besteht darin, dass nicht ein Trieb, eine Sucht, ein leidenschaftlicher Wunsch Ihr Handeln bestimmt und schon gar nicht eine äußere Autorität. Sondern dass Sie selber als ganze reflektierende Person die Gründe wählen, denen Sie folgen. Diese Freiheit ist nie gegeben, sondern immer aufgegeben.

Lassen Sie mich schließlich noch einen weiteren Gedanken vorbringen, warum Sie den ethischen Standpunkt einnehmen sollten. Er lautet ganz einfach: *weil die Welt dies braucht.* Sie haben im 3. Kapitel erfahren, dass die

12 Warum ethisch handeln? – „making something of yourself"

Ethik wesentlich zum Rückgang der Gewalt in den letzten Jahrhunderten beigetragen hat. Nur weil sich Menschen, immer mehr Menschen, gegen gängige Unrechtspraktiken gestellt haben, weil sie überlegt und diskutiert haben, wie eine menschlichere Welt aussehen müsste, weil sie diese Menschlichkeit auch eingefordert haben, weil sie anderen in all dem vorangegangen sind, nur darum ist die Welt besser geworden.

Anders gesagt: Das sind die wahren Leader der Menschheit. Die anderen, die man gerne mit diesem Titel schmückt – ein Cäsar, ein Napoleon, ein Mao Tsedong und andere skrupellose Machtmenschen – haben ein anderes Projekt verfolgt, ihr jeweils eigenes, egoistisch, gewalttätig und gegen ihre Konkurrenten. Die ethischen Leader ziehen am gleichen Strang. Ihr gemeinsames Projekt zielt auf eine fairere, gewaltfreiere, menschendienlichere Weltgemeinschaft. Gesetzt den Fall also, Sie sind ein Leader, ein Mensch, der andere führt, ihnen vorangeht, dem andere folgen: An welchem Projekt wollen Sie teilhaben?

Natürlich läuft dies wieder auf das erste Argument hinaus: Machen Sie etwas aus sich selbst. Und es ist kein zwingender Beweis dafür, dass Sie ethisch handeln sollen. Eher eine Einladung, die allerdings mit einem Versprechen verbunden ist. Wenn Sie ihr folgen, wenn Sie Ihre moralische Integrität hochhalten und dafür sorgen, dass Sie Ihre Selbstachtung bewahren können, und wenn Sie dabei immer freier werden, dann werden Sie auch ein besseres Leben führen. Oder möchten Sie das von Pablo Escobar?

Teil IV

Natur: Wie Ethik sich ins Ganze fügt

13

Moral: das erste menschliche Projekt

Am Schluss des letzten Kapitels habe ich angedeutet, dass Sie mit einem ethisch orientierten Leben an einem ganz großen menschlichen Projekt teilhaben, vielleicht dem größten überhaupt. Dieses Projekt ist, so behaupte ich, spezifisch menschlich. Ethik unterscheidet uns von anderen Lebewesen. Keines von ihnen hat ein Gebäude errichtet, das unserem Haus der Ethik im Entferntesten nahekommt. Wer an diesem Bau mitwirkt, trägt zu einem Werk bei, das in der Evolution irdischen Lebens einzigartig ist.

Das Adjektiv „menschlich" bedeutet in diesem Zusammenhang also etwas anderes als bisher in diesem Buch. Wenn ich bislang von „menschlich" oder „Menschlichkeit" geredet habe, meinte ich das wie im 1. Kapitel erwähnt *normativ*: gut, vorbildlich, ideal. Wenn ich jetzt hingegen ein Projekt „menschlich" nenne, ist das *deskriptiv* zu verstehen: ein Projekt, das allein unsere Spezies kennt. Ein Unterfangen spezifisch für den Menschen.

Seit der Antike haben die Philosophen verschiedene Antworten auf die Frage: „Was unterscheidet den Menschen von anderen Lebewesen?" geliefert: Vernunftfähigkeit, Bildung von staatlicher Organisation, Sprachfähigkeit, persönliche Autonomie, Instinktreduktion, Willensfreiheit. Ich füge diesen Vorschlägen einen weiteren hinzu: *Der Mensch ist das ethische Wesen*. Er allein kennt Ethik. Natürlich tönt das etwas pathetisch. Daher will ich in diesem und dem folgenden Kapitel die Hypothese argumentativ und empirisch begründen.

Denn die Einwände sind berechtigt: Gibt es Moral und Ethik wirklich nur beim Menschen? Kooperieren nicht auch Tiere miteinander? Kennen nicht auch sie Mitgefühl und einen Sinn für Gerechtigkeit? Ist nicht der

Mensch über weite Strecken viel brutaler und „tierischer" als viele unserer irdischen Mitbewohner? Und was ist auf der anderen Seite mit dem Meer an Abscheulichkeiten, die Menschen ihren Artgenossen antun? Wirkt da die Behauptung, der Mensch sei „das ethische Wesen", nicht zynisch – oder bestenfalls blauäugig?

Und dennoch lautet meine Behauptung: Ethik ist nicht nur etwas spezifisch Menschliches, sie ist auch etwas spezifisch Neues innerhalb der Evolution des Lebens. Philosophen würden sagen: *Ethik ist emergent.* Der Begriff leitet sich vom lateinischen Verb „emergere" her, was so viel wie auftauchen, hervortreten heißt. Emergent sind also Phänomene, die zwar aus den bestehenden Elementen eines Systems entstehen, sich aber aus diesen allein nicht erklären lassen: Unvermutet ist etwas qualitativ völlig Neues entstanden.

Leben ist zum Beispiel ein emergentes Phänomen: Unbelebte Stoffe verhalten sich nach physikalischen Gesetzen; und mit einem Mal entstehen hochkomplexe Molekülstrukturen, die mit der Umwelt interagieren und sich selber reproduzieren. Oder Bewusstsein: Organismen verfügen über Gehirne, spezifische Organe also, die ihre Lebensprozesse steuern, indem sie Informationen von außen verarbeiten; und irgendwann wissen diese Organe nicht nur etwas über die Umwelt da draußen, sondern auch etwas über dieses Wissen selbst; sie wissen nicht nur, sondern sie wissen auch, *dass* sie es wissen.

Ethik ist emergent, heißt dann: Mit ihr tritt etwas vollkommen Neues in die Evolutionsgeschichte des Lebens ein. Meine Hypothese geht sogar noch weiter: Nicht erst Ethik ist emergent, sondern bereits die Moral. Schon sie ist revolutionär neu und einzigartig. Und die Ethik, die sich aus ihr heraus entwickelt, ist es ein zweites Mal. Moral und Ethik bezeichnen zwei Schritte einer emergenten Entwicklung, die sich ausschließlich beim Menschen vollzogen hat. Meine Doppelhypothese lautete also:

1. *Moral* ist in der Evolutionsgeschichte des Lebens etwas qualitativ gänzlich Neues und kommt nur beim Menschen vor.
2. *Ethik* baut auf der Moral auf und führt abermals etwas qualitativ Neues in die Geschichte des Menschen ein.

Die erste These will ich in diesem Kapitel untermauern, die zweite im nächsten. Dabei baue ich zugleich das Haus der Ethik um, das uns bisher als Orientierungsmetapher diente. Ich präzisiere die Begriffe für die Stockwerke, unterziehe das Haus gewissermaßen einer Renovation. Die Grundmauern freilich, die Kernbedeutung der Begriffe Moral, Ethos, Ethik und Metaethik und ihr gegenseitiger Zusammenhang, werden dabei nicht angetastet. Diesmal allerdings beginnen wir im Keller, bei den Fundamenten. Schauen wir uns bei den Tieren um und suchen wir nach Ausgangspunkten und Vorformen dessen, was wir als Moral bezeichnen.

Können Tiere moralisch handeln?

Dass es so etwas gibt, suggerieren Buchtitel von Evolutionsbiologen und Verhaltensforschern: „Der gute Affe" heißt in der deutschen Übersetzung Frans de Waals (*1948) Werk „Good Natured. The Origins of Right and Wrong in Humans and Other Animals". Und „Wild Justice. The Moral Lives of Animals" von Marc Bekoff (*1945) und Jessica Pierce (*1965) trägt gar den provokativen deutschen Titel „Sind die Tiere die besseren Menschen?" Diese beiden Texte, zusammen mit Michael Tomasellos (*1950) „Die Entwicklungsgeschichte der menschlichen Moral", lege ich meiner Darstellung zugrunde.

De Waal, Bekoff und Pierce erzählen: von Mozu, einem Japanermakaken-Weibchen, das mit seinen missgebildeten Armen und Beinen nie überlebt hätte, wenn seine Artgenossen es nicht jahrelang liebevoll unterstützt hätten (de Waal 1997, 15). Von der Flachlandgorilla-Frau Binti Jua, die einen dreijährigen Menschenjungen, der ins Affengehege des Zoos gestürzt ist, sorgsam aufhebt, vor ihren Artgenossen schützt und zum Eingang trägt, um ihn dem Pfleger zu übergeben (Bekoff 2017, 18). Vom behinderten Schimpansen Knuckles, den seine Artgenossen besonders mitfühlend und freundlich behandeln (Bekoff 2017, 146).

Sie berichten von Elefanten, die ihren verletzten oder sterbenden Artgenossen mitfühlend helfen (Bekoff 2017, 152). Von Fledermäusen, die ihre Mahlzeiten miteinander teilen (de Waal 1997, 33). Von Ratten, die in Experimenten auf ihr Futter verzichten, um zu verhindern, dass andere einen Stromschlag erhalten (Bekoff 2017, 144). Von Walen, die verletzte oder desorientierte Tiere begleiten und unterstützen und sich dabei selber in Lebensgefahr bringen (Bekoff 2017, 151). Von Schimpansen, die einander bei allen möglichen Missgeschicken tröstend in die Arme nehmen (de Waal 1997, 32). Bekoff und Pierce fassen zusammen:

Wenn man sich den heutigen Stand der Forschung ansieht, findet man überwältigende Beweise für moralisches Verhalten bei Primaten (besonders den Menschenaffen, aber auch bei anderen Affenarten), sozialen Fleischfressern (besonders gut untersucht bei Wölfen, Kojoten und Hyänen), Meeressäugern (Delfinen und Walen), Elefanten und einigen Nagetieren (zumindest Ratten und Mäusen). (Bekoff 2017, 28)

Bekoff, Pierce und de Waal finden dieses moralische Verhalten der Tiere in drei Bereichen:

- *Kooperation:* Tiere helfen ihren Artgenossen, auch wenn sie im Moment keinen Gewinn daraus ziehen. Warum sie das tun, erklären die Forscher damit, dass eine solche Kooperation den Individuen längerfristig doch auch einen persönlichen Vorteil bringen soll. Der Schlüsselbegriff lautet dabei „reziproker Altruismus": Ich lause dir das Fell, weil du dich irgendwann revanchieren wirst. Ich tue dir einen Freundschaftsdienst, weil ich auch von deiner Freundschaft profitieren werde.
- *Empathie:* Viele Tiere haben ein Einfühlungsvermögen. Das fängt bei der Fürsorglichkeit gegenüber den eigenen Jungen an, geht über das Helfen in instrumentellen Kontexten – ein Schimpanse gibt einem anderen den Stock, den dieser nicht erreichen kann – bis zur Bildung von langfristigen persönlichen Freundschaften. Ein solches Einfühlungsvermögen beschränkt sich bei Tieren allerdings zumeist auf Verwandte oder Individuen der engeren Gruppe
- *Gerechtigkeit:* Die Forscher sprechen Tieren einen Sinn für Fairness zu. Diese reagieren, oft sogar sehr heftig, wenn sie nicht bekommen, was der Artgenosse erhält. Berühmt geworden ist in diesem Zusammenhang das Video eines Versuchs, den de Waal mit Kapuzineraffen durchgeführt hat (de Waal 2011).

Es zeigt zwei Tiere in benachbarten Käfigen. Beide erhalten eine Belohnung, wenn sie eine einfache Aufgabe lösen: Sie müssen dem Experimentator einen Stein durch eine Öffnung reichen, den er vorher in ihren Käfig geworfen hat. Der eine Affe, das Versuchstier, wird mit Gurkenstücken belohnt und ist damit zunächst ganz zufrieden. Dann sieht er, dass sein Kollege für dieselbe Aufgabe eine Traube bekommt. Als er selber aber entgegen seiner Erwartung weiterhin nur die Gurke für dieselbe Leistung bekommt, rastet er aus, tobt und bewirft den Experimentator mit den Gurkenstücken. De Waal schließt daraus, dass Kapuzineraffen über einen Sinn für Fairness verfügen.

Gewiss, all diese Anekdoten wirken eindrücklich, manchmal lustig, manchmal berührend. Wir erkennen uns in den Tieren wieder. Und anders als empathisch können Forscher tierisches Verhalten gar nicht verstehen: Nur indem sie sich einfühlen und verwandte Regungen aus eigener, menschlicher Erfahrung einbringen, wird ihnen fremdes Verhalten überhaupt verständlich. Statistische Erhebungen sind bei Tieren nur begrenzt möglich, und wir können sie nicht nach ihren Motiven befragen. Daher haben solche Anekdoten – neben Experimenten – auch ihren Platz in diesem Forschungszweig.

Dennoch ist Vorsicht geboten. Anthropomorphisierende, also vermenschlichende Interpretationen können auch in die Irre führen. Gut möglich, dass tierisches Verhalten ganz anders funktioniert und motiviert ist, als wir es deuten. Das zeigt sich gerade beim Video mit den Kapuzineraffen. Reagiert das Versuchstier tatsächlich aus Gerechtigkeitsgründen? Ist es nicht einfach wütend, weil es nicht bekommt, was es auch bekommen *könnte* statt der Gurke, nämlich eine Traube? Vielleicht vergleicht der Affe gar nicht sich mit dem Kollegen, sondern bloß *die Gurke mit der Traube*.

Sie erinnern sich an die Gerechtigkeitsdiskussion im 7. Kapitel Gerechtigkeit ist kognitiv eine ziemlich komplexe Konzeption. Sie bedeutet Proportionalität: Leistung und Belohnung müssen sich entsprechen. Das impliziert *drei* Vergleiche: Ich muss erstens die beiden Leistungen miteinander vergleichen, zweitens die beiden Belohnungen und drittens die beiden ersten Vergleiche miteinander.

Das Toben des Affen lässt sich auch ohne Fairness-Idee erklären. Er vergleicht nur die Gurke mit der Traube und sieht: Ich bekomme nicht, was ich bekommen möchte. Der Experimentator gibt mir nicht, was ich will. Das ist Grund genug für die Wut. Beim zweiten Affen sieht der erste lediglich: Eine Traube wäre auch zu haben. Tatsächlich zeigen verschiedene Experimente mit Menschenaffen, dass ihnen ziemlich egal ist, was ihre Artgenossen erreichen. Ihre Zufriedenheit oder ihre Frustration bemisst sich allein daran, was sie selber bekommen oder nicht. Eine Vorstellung von so etwas wie Fairness scheinen sie nicht zu besitzen (Jensen).

Es gilt also genauer hinzusehen. Über welche kognitiven und sozialen Fähigkeiten, die es für Moral braucht, verfügen Tiere tatsächlich? Insbesondere unsere nächsten Verwandten, die Menschenaffen? Und wenn diese Voraussetzungen zur Moral nicht reichen, was muss dazukommen, damit sie entsteht? Anders gesagt, wir müssen den Gap zwischen Menschenaffen und Menschen genau umreißen und dann erklären, wie ihn der Homo sapiens in seiner Entwicklungsgeschichte geschlossen hat. Wie konnte Moral aus den Voraussetzungen entstehen, die bereits die Menschenaffen besitzen?

Kooperation verlangt zweitpersonale Moral

Auf diese Frage liefert der Evolutionsbiologe und Primatenforscher Michael Tomasello eine umfassende und überzeugende Antwort (Tomasello 2016). Aufgrund seiner jahrelangen Erfahrung mit Schimpansen und Bonobos, unseren nächsten Verwandten, beschreibt er, welche „moralischen" Kompetenzen diese Tiere aufweisen. Außerdem bezieht er auch den gegenwärtigen Stand der Primatenforschung ein. Es liegt nahe, dass unsere letzten gemeinsamen Vorfahren moralisch so tickten wie unsere heutigen Cousins. Wir dagegen dürften seither – also in den letzten sechs Millionen Jahren – das erworben haben, was ihnen abgeht.

Schimpansen und Bonobos konkurrieren rund um die Uhr. Ihr ganzes Leben dreht sich um die Rangordnung, die sie permanent verteidigen müssen. Sie bestimmt auch den Zugang zu den wichtigen Lebensressourcen, insbesondere zu Nahrung und Sex. In diesem Kampf setzen die Menschenaffen mit – wie Tomasello sagt – „machiavellistischer Intelligenz" alle möglichen Strategien ein: Sie beobachten einander, versuchen sich auszutricksen, gehen Bündnisse und Koalitionen ein, um die eigene Position zu stärken, aber auch um Feinde außerhalb der Gruppe zu bekämpfen. Zu ihren Strategien gehören durchaus soziale Verhaltensweisen. Sie helfen einander, lausen sich gegenseitig oder geben einander einen Teil der Nahrung ab. Dies aber geschieht entweder im Kontext der Konkurrenz, etwa um Bündnisse zu schmieden. Oder die Hilfe erfolgt aus Mitgefühl wie in den Beispielen, die de Waal oder Bekoff zitieren.

Tomasello bestätigt also, dass die Menschenaffen Mitgefühl kennen, zieht aber ihren Sinn für Gerechtigkeit in Zweifel und bestreitet, dass sie echt kooperatives Verhalten kennen, obgleich auch er in der Kooperation den Motor für die Entstehung der Moral sieht. Es gibt allerdings einen Fall scheinbarer Kooperation bei Schimpansen. Manchmal jagen sie gemeinsam in Gruppen kleine Affen und verzehren dann ihr Fleisch. Allerdings geschieht dies eher selten und kommt auch nicht in allen Schimpansengruppen vor. Und wenn es passiert, dann nicht in Zeiten der Nahrungsknappheit. Denn üblicherweise ernähren sich Schimpansen nicht von Fleisch, sondern von Früchten. Die Jagd scheint also wie nebenbei zu geschehen, vielleicht zur Abwechslung im Speiseplan oder als spielerische Tätigkeit.

13 Moral: das erste menschliche Projekt

Auf jeden Fall besteht hier keine *Notwendigkeit zu einer Kooperation,* was für Tomasello die entscheidende Voraussetzung dafür wäre, dass sie wirklich zustande kommt. Überdies zeigt sich, wenn man das Verhalten der jagenden Schimpansen genau beobachtet, dass sie gar nicht koordiniert vorgehen. Vielmehr verfolgt einfach jeder für sich das Opfer, in der Hoffnung, es ergattern zu können, oder wenn dies einem anderen gelingt, etwas vom Fleisch abzubekommen. Was auch tatsächlich geschieht: Der erfolgreiche Schimpanse behält die Beute für sich oder gibt höchstens einem seiner Freunde ein Stück davon ab. Kurz, die Affen verfolgen nicht ein gemeinsames Ziel, sondern jeder sein eigenes. Oder wie Tomasello sagt, sie handeln im „Ich-Modus", nicht im „Wir-Modus".

Doch wie kommt es in der Geschichte des Menschen zu wirklicher Kooperation? Was musste geschehen, damit die Frühmenschen tatsächlich miteinander zusammenzuarbeiten begannen? Tomasellos Antwort darauf: Erst als die Lebensbedingungen sie dazu zwangen, mussten sie das entwickeln, was er „geteilte Intentionalität" nennt, ein gemeinsames Handeln mit gemeinsamer Absicht. Einen „Wir-Modus", der den „Ich-Modus" der Schimpansen ablöste. Und dabei haben sie neue Verhaltensweisen und damit neue Fähigkeiten herausgebildet, die Moral möglich machten. Das geschah nach Tomasello in zwei großen Schritten. Was dabei entstand, nennt er „zweitpersonale Moral" beziehungsweise „objektive Moral".

Vor rund zwei Millionen Jahren wandelte sich das Klima auf der Erde radikal, die Lebensräume unserer Vorfahren kühlten ab und trockneten aus. Die feuchten Wälder bildeten sich zurück und verwandelten sich in trockene Savannen. Das Nahrungsangebot, bislang hauptsächlich Früchte und nahrhafte Pflanzen, verknappte sich und wurde den Frühmenschen von anderen Arten streitig gemacht. Sie sahen sich gezwungen, allmählich auf Fleisch umzusteigen und sich der Großwildjagd zuzuwenden. Diese konnte nur gelingen, wenn sie zusammenarbeiteten. Damit aber wurde eine entscheidende Wandlung eingeleitet. Die Individuen mussten ihr Handeln dem gemeinsamen Ziel unterordnen, vom „Ich-Modus" in den „Wir-Modus" wechseln.

Denn nun war der Kooperationspartner *nicht mehr Konkurrent, sondern Verbündeter.* Wenn wir das Ziel nur zusammen erreichen können und er eine Schwäche zeigt, muss ich ihn unterstützen. Wenn er auf der Jagd den Speer verliert, liegt es in meinem Interesse, ihm einen anderen zu geben. Die „geteilte Intentionalität" bedeutet: Ich habe eine Absicht, und er hat eine Absicht, aber beide Absichten konvergieren und bilden eine einzige gemeinsame: *unsere* Absicht. Notwendige Voraussetzung dafür ist einerseits das, was Schimpansen bereits können: selbst Absichten haben und wissen, dass andere auch welche haben. Aber das reicht nicht. Beide müssen darüber hinaus fähig sein, ihre Absichten zu einer gemeinsamen zu verbinden: Sie haben ein gemeinsames Ziel, koordinieren ihr Handeln, unterstützen sich dabei gegenseitig und teilen einen ganzen Handlungshintergrund miteinander. Das ist, wie Sie sehen, etwas ganz anderes, als wenn eine Gruppe von Schimpansen zeitgleich, aber jeder für sich, einem kleinen Äffchen nachhetzt, jeder von ihnen im „Ich-Modus".

Die ökologischen Umstände versetzten die Frühmenschen also in eine gegenseitige Abhängigkeit, die sie nur durch Kooperation und *geteilte Intentionalität* bewältigen konnten. Bei diesen sich immer wieder neu formierenden gemeinsamen Unternehmungen entstand mit der Zeit zwangsläufig eine ganze Reihe von Elementen, die man als moralisch bezeichnen könnte. Eine solche Kooperation bewirkte nach und nach ein Gefühl für die Gleichwertigkeit des Partners und des Respekts ihm gegenüber. Unter einem Regime der Dominanz würde die Kooperation nämlich zusammenbrechen, zum Beispiel bei der Teilung der Beute. Jetzt aber konnte sich ein Gefühl für Verdienstlichkeit entwickeln: Wer mitgearbeitet hat, dem steht sein Anteil am Erfolg zu. Damit erweiterte sich die mitfühlende Anteilnahme der Menschenaffen über den Familienkreis hinaus auf alle Partner, mit denen das Individuum kooperierte. Und zugleich eine *Vorstellung von Fairness*.

Natürlich konnte langfristig nur überleben, wer zu dieser Kooperation fähig war. Die Individuen suchten sich Partner, mit denen es sich lohnte zusammenzuarbeiten. Partnerwahl und Partnerkontrolle mussten möglichst verhindern, dass man „Egoisten" oder Trittbrettfahrern aufsaß. Jeder musste sich also *als attraktiver Partner präsentieren*. Die Vorstellung, die sich damit verband, wurde zum *Ideal*, dem jeder nachstrebte, nachstreben musste, um an der kooperativen Lebensweise teilhaben zu können. – Darin wurzelt die *Idee der Verpflichtung* und des *moralischen Sollens*. Jeder strebte danach, dieser Norm zu entsprechen, dem Ideal des begehrten Kooperationspartners.

Aus der ökologischen Notwendigkeit heraus bildete sich diese elementarte Form der Moral heraus, eine *zweitpersonale Moral*, wie Tomasello sie nennt. Ihr Ursprung liegt also nicht in einem genuin moralischen Prinzip, sondern sie ergab sich ganz einfach aus den evolutionären Rahmenbedingungen und nach den Gesetzen der Evolution. Freilich beschränkte sich diese Moral auf die Situationen, in denen zwei oder mehrere Frühmenschen zur Zusammenarbeit genötigt waren. Sie verpflichteten sich gewissermaßen jedes Mal auf diese moralischen Regeln, wenn sie miteinander kooperierten. Denn sie sind unabdingbar, damit Zusammenarbeit möglich ist. Und mit der Zeit *verinnerlichten* und bejahten sie diese *Kernelemente moralischen Zusammenlebens*.

Stammeskonkurrenz führt zur „objektiven" Moral

Tomasello vermutet, dass die zweitpersonale Moral vor etwa 400.000. Jahren voll entwickelt war, beim Homo heidelbergensis, dem gemeinsamen Vorfahren von Neandertaler und modernem Menschen. Einige Zeit später, ab etwa 150.000, vollzog sich der *zweite Schritt der Moral*, und zwar beim Homo sapiens sapiens, dem biologisch voll entwickelten Menschen. Wiederum gab eine ökologische Veränderung den Startschuss. Die modernen Menschen bildeten allmählich immer größere Gruppen, Stämme, die schließlich notgedrungen miteinander konkurrierten.

Jetzt wurde es unabdingbar, die Mitglieder des eigenen Stammes von den Fremden unterscheiden zu können. Darum bildeten sich mehr und mehr soziale Praktiken heraus, die von Stamm zu Stamm differierten: unterschiedliche Kulturen. Diese Praktiken betrafen nicht bloß die momentane Kooperation mit bestimmten Partnern, sondern allmählich *das ganze soziale Leben:* wie man sich in der Stammesgemeinschaft benahm, welche Riten und Bräuche man lebte, wie man jagte und aß, welche persönlichen Bindungen man wie einging, wie man sprach und sich kleidete.

Das gemeinsame „Wir" bestand nun nicht mehr bloß aus den wenigen Menschen, mit denen ich gerade kooperierte, sondern aus *allen Mitgliedern meines Stammes.* Die Verpflichtung der zweitpersonalen Moral war das Individuum quasi bei jeder Kooperation neu eingegangen, in die Verpflichtung der Stammesmoral wird jetzt es hineingeboren. Von Kind auf lernt es, was man tut und was nicht, wie man sich verhält und wie nicht. Darum erlebt es sie auch als naturgegeben, „objektiv". Wir machen das so, jeder macht das so, weil es der Vernunft entspricht, weil der Mensch so handeln soll. Tomasello spricht darum von *„objektiver" Moral,* setzt das Wort aber in Anführungsstriche, weil es natürlich nur aus der Sicht des Stammesmitglieds zutrifft. Dennoch beinhaltet diese Moral die Fähigkeit und Bereitschaft, einen unpersönlichen, überindividuellen, unparteiischen Standpunkt einzunehmen. Sie kennen den Gedanken aus dem 11. Kapitel Tomasello sieht seinen Ursprung in dieser Stammesmoral.

Tomasello untermauert seine Erklärung der moralischen Evolution durch die Darstellung zahlreicher psychologischer Experimente mit Kindern. Die Überlegung dabei: Wenn menschliche Kinder im frühen Alter über angeborene Dispositionen verfügen, die Schimpansenkindern fehlen, haben sie diese mit großer Wahrscheinlichkeit seit der Trennung von unserem letzten gemeinsamen Vorfahren erworben. Und je jünger die Kinder, umso länger trägt unsere Spezies diese Dispositionen in ihrem biologischen Erbe mit.

Darum unterscheidet er auch zwischen *Kindern* von ein bis drei Jahren und solchen, die älter sind. Die *jüngeren* kennen beispielsweise bereits eine Verpflichtung auf eine gemeinsame Aufgabe. Sie verstehen die gemeinsame Intention und übernehmen Verantwortung für die Unternehmung. So intervenieren sie regelmäßig, wenn ein Erwachsener unmotiviert ein Spiel abbricht. Sie haben auch eine klare Intuition für die Verdienstlichkeit der Kooperationspartner und sie kennen das Schuldgefühl, wenn sie eine gemeinsame Aufgabe abbrechen. Das alles sind Elemente der zweitpersonalen Moral, die also tiefer im Menschen verwurzelt scheint.

Dagegen haben erst *ältere Kinder* ab drei die erstaunliche Fähigkeit, aufgrund weniger Indizien zu entscheiden, ob ein Erwachsener zu ihrem eigenen kulturellen Kontext gehört oder nicht. Und sie haben ein Verständnis für soziale Normen, und zwar zuverlässig und über alle Kulturen hinweg. Noch später, etwa ab sechs Jahren zeigen sich die kulturellen Unterschiede der Normen, an denen sie sich ausrichten. Derartige Erkenntnisse lassen vermuten, dass die Dispositionen älterer Kinder zwar universal sind, aber gattungsgeschichtlich doch später erworben als die der jüngeren.

Tomasellos „Naturgeschichte der menschlichen Moral" ist zwar zum guten Teil spekulativ – notgedrungen, denn es geht um Zeiträume, aus denen wir nur bruchstückhafte Informationen kennen. Dennoch scheint sie mir außerordentlich plausibel. Er fügt unser Wissen aus den unterschiedlichsten Bereichen – Paläontologie, Klimatologie, Primatenforschung, Evolutionslehre, experimentelle Psychologie und Philosophie – zu einem kohärenten und einleuchtenden Bild zusammen. Und er vermag zu erklären, wie in der Natur etwas entstehen konnte, das dort bisher nicht vorkam: menschliche Moral.

Zwei Fragen, die vermutlich miteinander zusammenhängen, lässt er allerdings offen. Die eine lautet: Wie kamen die Frühmenschen in der *Zeit zwischen zwei Millionen und 400.000 Jahren* vor unserer Zeit über die Runden? Er sieht den Anstoß, ja den Zwang zur Nahrungsumstellung, zur Großwildjagd in der Klimaänderung, die vor zwei Jahrmillionen stattfand. Die Entwicklung der zweitpersonalen Moral hält er aber erst vor 400. Jahrtausenden für abgeschlossen. Die Kooperation war also schon sehr früh unabdingbar, die notwendigen Bedingungen dafür aber lagen erst viel später vor. Wie haben unsere Vorfahren die lange Zeit dazwischen überlebt?

Vielleicht hängt die zweite Frage damit zusammen. Tomasello lässt die *menschliche Sprache* fast ganz beiseite. Welche Rolle spielte sie? Vielleicht kann sie erklären, was er mehr oder weniger voraussetzt: dass sich

Kooperation überhaupt ergeben konnte. Das ist nämlich keineswegs selbstverständlich, jedenfalls nicht aus der Perspektive des Individuums. Wenn ich mich anschicke, mit jemandem zu kooperieren, gehe ich ein beträchtliches Risiko ein. Er kann mich um meinen Anteil bringen, indem er die Beute gewaltsam an sich reißt oder indem er mich betrügt. Wie gewinne ich das dazu nötige Vertrauen? Tomasello meint, kooperatives Verhalten sei eine Investition in die Zukunft. Aber warum soll ich diese Investitionen riskieren?

Das Problem verdoppelt sich bei der neuen Gesellschaftsform, die sich in jener Zeit etablierte: Bei der Sozialstruktur von Schimpansen und Bonobos dominiert der Rang, der den Zugang zur Fortpflanzung regelt. Bei den Frühmenschen dagegen begannen sich stabile Paarbildungen zu etablieren. Die frühen Menschen lebten zwar in Gruppen, aber die Frauen und Männer waren paarweise zusammen und kümmerten sich gemeinsam um ihre Kinder. Und sie übernahmen unterschiedliche Rollen: Männer die Jagd, Frauen die Betreuung der Kinder. Das bedeutete ein erhebliches Risiko für beide. Die Frau musste darauf vertrauen können, dass sich ihr Partner nicht davonmachen, sondern sich an der Versorgung der gemeinsamen Kinder beteiligen würde. Der Mann wiederum musste sicher sein, dass seine Partnerin sich in seiner Abwesenheit nicht mit anderen Sexualpartnern einließ und er also nicht Kuckuckskinder versorgte, sondern seine eigenen.

Der Anthropologe Terrence Deacon (*1950) sieht die Lösung beider Probleme, oder wenn Sie wollen, des Vertrauensproblems, in der menschlichen Sprachfähigkeit (Deacon 1998). Das Vertrauensdefizit lässt sich nämlich nur beheben durch Versprechen. Ein solches bezieht sich auf die Zukunft. Dies vermag nur die symbolische Kommunikation menschlicher Sprache, mit der wir uns von der aktuellen Situation lösen können. Nur ein solches symbolisches System kann ein Versprechen für die Zukunft zustande bringen. Dank dieser einzigartigen Fähigkeit haben nach Deacon die Frühmenschen den Übergang zur neuen Gesellschaftsform und damit zur kooperativen Großwildjagd geschafft. Allerdings, die menschliche Sprache ist mit Sicherheit sehr viel später entstanden, vermutlich in den letzten 100.000 oder frühestens in den letzten paar 100.000. Jahren.

Ganz sicher aber dürfte die menschliche Sprache im zweiten Entwicklungsschritt zur „objektiven" Moral eine wesentliche Rolle gespielt haben. Dank ihr konnten die Menschen Erwartungen und moralische Normen viel präziser definieren. Sie half sicherlich entscheidend mit, diese an die neue Generation weiterzugeben. Sie war in der Lage, die zahlreichen Aspekte der sich ausdifferenzierenden Kultur im Detail zu erfassen, und dürfte damit die Moral maßgeblich stabilisiert haben. Ganz zu schweigen davon, dass sie selbst, als sich Einzelsprachen auseinanderdividierten, sich als untrügliches Merkmal für die Stammeszugehörigkeit erwies. Das passt auch zeitlich: Soweit wir wissen, gibt es eine voll ausgebildete menschliche Sprache seit rund 50.000 bis 150.000. Jahren.

Moral ist emergent

Da bleiben also Fragen offen, die noch zu klären sind. Dennoch überzeugt Tomasellos Darstellung, und zwar aus zwei Gründen: Erstens zeigt sie auf, welche notwendigen Bedingungen von Moral erfüllt sein mussten. Und zweitens erklärt sie einleuchtend, wie diese Bedingungen in der historischen Entwicklung zustande kommen konnten.

Nunmehr lässt sich resümieren, was seine Erklärung für unser Thema und insbesondere für die Hypothese dieses Kapitel leistet. Sicherlich ist menschliche Moral nicht aus dem Nichts entstanden. Die entscheidende Voraussetzung für sie liegt im *Einfühlungsvermögen,* das nicht nur Primaten kennen, sondern auch eine ganze Reihe anderer Säugtiere wie etwa Elefanten und Wale. Vermutlich aber *fehlen* unseren Verwandten ein *Sinn für Fairness* und echte *Kooperation,* die geteilte Intentionalität, einen „Wir-Modus" voraussetzt. Diese letzten beiden Phänomene tauchen erst bei den Frühmenschen auf und ermöglichen – zusammen mit der Empathie – das, was wir Moral nennen.

Diese aber, das zeigt Tomasellos Erklärung, beinhaltet weit mehr als bloße Verhaltensregeln. Zur Moral gehört ein ganzer Komplex an Phänomenen, mit denen das Verhalten verknüpft ist. Moral schließt das Bewusstsein ein, bestimmten Normen und Werten verpflichtet zu sein. Die Individuen erwarten von allen Gruppenmitgliedern die Einhaltung dieser Normen. Vor allem aber von sich selbst. Das heißt, Moral impliziert das Gefühl der persönlichen Verpflichtung, ein „Sollen". Und damit auch die Idee von Richtig und Falsch. Das alles schließt eine Vorstellung von Gleichheit oder Gleichbehandlung ein, also von Fairness. Diese kann man, wenn man sie begrifflich schärfer fasst, Gerechtigkeit nennen. Kein Wunder also, dass dieses Konzept auch für die Ethik zentral wird, wie Sie aus den Kapiteln 7 und 8 wissen. In diesem Fairness- oder Gerechtigkeitsgedanken liegt auch schon die Vorstellung begründet, dass es einen subjektunabhängigen Standpunkt gibt, eine „objektive" Sicht.

Vielleicht fragen Sie sich, was denn nun aus dem Erdgeschoss geworden ist. Reden wir noch von Moral, wie wir sie zu Beginn des Buches definiert haben? Gewiss. Ich habe sie dort, beim Bau des ethischen Hauses, definiert als System der geltenden Normen einer Gesellschaft, als Gesamtheit ihrer Verhaltens- und Handlungsregeln. Das gilt nach wie vor. Nur hat sich jetzt bei genauerer Betrachtung gezeigt, dass sie untrennbar verbunden ist mit einer *komplexen psychologischen Struktur,* wie sie Tomasello beschreibt. Mit der Vorstellung von Verpflichtung und Norm, von Verdienstlichkeit und Fairness, von Sollen und Ideal, von überparteilicher Perspektive und „Objektivität".

All das gehört nicht nur bei Tomasello zur menschlichen Moral. Es findet sich auch überall in den einzelnen Moralsystemen der Menschheit, von der Altsteinzeit bis in die Gegenwart. Und es deckt sich mit den Elementen, die Philosophen mit dem Begriff der Moral verbinden (Düwell 2002, Höffe 2008, Ritter 1971–2007).

Wir sprechen noch nicht von Ethik, wohlgemerkt, sie kommt im nächsten Kapitel wieder ins Spiel, sondern nur von Moral. Diese aber, das haben Sie bestimmt realisiert, spielt in alle unsere Lebensbereiche hinein und regelt sie: Man sollte bei der Kasse hinten anstehen und sich nicht vordrängen, jeder weiß das. Man sollte Mitmenschen mit einem gewissen Anstand behandeln, sonst gilt man als Flegel. Man darf sich im Selbstbedienungsladen gerade nicht selbst bedienen, jedenfalls nicht ohne zu bezahlen. Und man sollte Konflikte nicht mit nackter Gewalt regeln, sondern wenn möglich im Gespräch. Haben wir dafür nicht die Gesetze und die Polizei? – Nein, nie und nimmer könnte eine Gesellschaft funktionieren, wenn ihre Mitglieder *moralische Normen* nicht *internalisiert* hätten. Wenn sich nicht die meisten in den meisten Fällen daran hielten. *Moral hält die Gesellschaft zusammen.* Moral ist der unverzichtbare Kitt des menschlichen Zusammenlebens. Moral ist die Essenz jeder Kultur. Moral bringt das hervor, was uns von den Tieren unterscheidet: Zivilisation.

Kein Zweifel also, meine erste Hypothese bestätigt sich. Moral ist in der Geschichte des Lebens etwas gänzlich Neues. Moral ist emergent. Und obschon sich ihre Wurzeln bei anderen Tieren auffinden lassen, vor allem die Fähigkeit der Empathie, gibt es Moral in der Vollversion doch nur beim Menschen. Auch wenn sie uns kaum von einer höheren Instanz geschenkt wurde, auch wenn sie in der Evolution vielleicht nicht „vorgesehen" ist: Es lässt sich doch einleuchtend erklären, wie sie in der Geschichte des Lebens entstanden ist. Oder um das Kapitel mit Tomasello zu schließen: „Es ist ein Wunder, dass wir moralisch sind, und es hätte nicht so kommen müssen."

Was rechtfertigt es, um auf das Kapitel zurückzublicken, die Moral als das erste menschliche Projekt zu bezeichnen?

- Gewiss, einige *Tierspezies kennen Vorformen von menschlicher Moral.* Insbesondere gibt es bei Affen, Elefanten, Wölfen, Walen und anderen Säugetieren überwältigende Beweise für *Mitgefühl,* eine Voraussetzung für die Herausbildung einer menschlichen Moral. Was Tieren aber fehlt, sind eine Vorstellung von Gerechtigkeit und eine echte Kooperation.
- Erst die Notwendigkeit zur Zusammenarbeit, den Frühmenschen durch die ökologischen Veränderungen aufgenötigt, hat eine *gemeinsame Intentionalität* entstehen lassen. Und mit dieser die Vorstellung eines Wir, einen Sinn für Fairness, für Respekt und Verpflichtung: eine *zweitpersonale Moral.*
- Allmählich haben sich in der Steinzeit unterschiedliche und größere Stammesgemeinschaften herausgebildet, was die Menschen veranlasst hat, diese zweitpersonale zu einer vermeintlich *„objektiven" Moral* weiterzuentwickeln. Zu einem System nämlich, das mit der Zeit alle wichtigen Lebensbereiche regelte und mit der Vorstellung von *Normen, Idealen und Werten* verbunden war, die im Stamm als objektiv richtig galten. Dadurch ergab sich freilich auch die Notwendigkeit, die eigenen Leute von fremden unterscheiden zu können und sich von diesen abzugrenzen.
- Moral ist damit *spezifisch menschlich und emergent zugleich.* Nur wir Menschen kennen Moral, auch wenn sie in tausenden von Stämmen in unzähligen Formen entstand, aber immer mit den gleichen strukturellen Elementen. Und sie ist ein Phänomen, das in der Geschichte des Lebens gänzlich neu ist.

14

Ethik: das zweite menschliche Projekt

Im letzten Kapitel habe ich die Einzigartigkeit menschlicher Moral herausgearbeitet, ihre überragende Bedeutung für die Entwicklung, die wir durchlaufen haben, seit wir uns vor sechs bis sieben Millionen Jahren von den Schimpansen und Bonobos getrennt haben. Das Loblied auf die Moral ist freilich nur die eine Hälfte der Wahrheit. Die Münze hat eine Kehrseite. Vom ethischen Standpunkt aus betrachtet, wirkt sich Moral manchmal verheerend aus, entzweiend, brutal und unmenschlich. Vielleicht erinnern Sie sich an die Beispiele aus dem 2. Kapitel.

Darum müssen wir Menschen auch noch einen zweiten Schritt gehen, darum braucht es eine Perspektive jenseits der Stammesmoral: Darum ist Ethik nötig. Damit bin ich bei der zweiten Hypothese, die ich anfangs des letzten Kapitels formuliert habe: Ethik baut zwar auf der Moral auf, führt aber ihrerseits etwas qualitativ Neues in die Geschichte des Menschen ein. Den Nachweis für die Behauptung will ich in diesem Kapitel erbringen.

Stammesmoral und die Notwendigkeit der Ethik

Die Zweischneidigkeit der Moral zeigt der Harvard-Psychologe Joshua Greene (*1974) in seinem Buch „Moral Tribes. Emotion, Reason, and the Gap Between Us and Them" auf. Wie Tomasello geht auch Greene davon aus, dass Moral ursprünglich in Stammesgemeinschaften entstand, um das Problem der Kooperation zu lösen. Es illustriert dies mit der Parabel der

„tragedy of the commons", der Tragik der Allmende. Dieses allen gemeinsam gehörende Weideland dient allen, solange sie maßvoll davon Gebrauch machen. Sobald aber Einzelne zu ihrem persönlichen Vorteil mehr Vieh auf die Allmende treiben, setzt eine Abwärtsspirale ein, die damit enden kann, dass das gemeinsame Gut übernutzt und zerstört wird: eine Tragödie. Darum braucht es Regeln der Verteilung, Einschränkungen, Kontrollen und Sanktionen, um die Lebensgrundlage für alle zu sichern. Dieses Regelwerk heißt Moral. Und natürlich können Gemeinschaften es ganz unterschiedlich ausgestalten: allen ein gleiches Stück des Landes zuteilen, die Zahl der Rinder beschränken, nach Kopf oder Familie, nach Bedürfnis oder Leistung oder nach anderen Regeln.

Die Tragik der Allmende gilt selbstverständlich nicht nur für Hirten und Herden. Vielmehr bringt die Parabel ein fundamentales Problem ins Bild, das jede Gemeinschaft lösen muss: Wie regeln wir die Verteilung von Ressourcen, ohne dass wir diese ruinieren oder uns dabei gegenseitig zerfleischen? Menschen müssen zusammenarbeiten, Lebensgrundlagen gemeinsam schaffen oder geordnet nutzen, ohne diese oder sich selbst dabei zu zerstören. Das gilt für Fischgründe und Jagdgebiete, für Weiden und Wälder, für die Sauberkeit der Luft oder das Gesundheitssystem, für Lebensräume und Infrastrukturen, für das Wohlwollen der Götter und den Geldfluss im Wirtschaftssystem. Das Regelwerk, das die Ordnung dieser Austausch- und Verteilungssysteme garantiert, heißt Moral.

Weil aber Moral in hunderten von Weltgegenden, in tausenden von Kulturen, in ganz unterschiedlichen geografischen Räumen, unter den vielfältigsten Rahmenbedingungen entstanden ist, nämlich in den Stämmen, zeigt sie vollkommen unterschiedliche Gesichter. Moral ist zunächst tribal, Stammesmoral, Commonsense Morality.

Moral gewährleistet also die friedliche Zusammenarbeit in der kleinen Gemeinschaft. Sie sorgt dafür, dass das „Wir" über das „Ich" gestellt wird, das „Us" über das „Me", wie Greene sagt. Das aber funktioniert nur, wenn sich der Stamm gegen außen abgrenzt, gegen das „Them". Moral sucht im Innern die Kooperation und friedliche Koexistenz und hat nach außen die Tendenz zur Abgrenzung, ja zur Aggression.

Und hier beginnt nach Greene eine zweite Tragik, die *„tragedy of the commonsense morality"*. Hier tut sich der „Gap between Us and Them" auf, den der Untertitel des Buches anspricht. Denn die Welt ist zu einem globalen Dorf zusammengewachsen. Wir haben nicht mehr wenige Millionen Menschen wie in der Altsteinzeit oder 300 Millionen wie in der Antike, verteilt über endlose Weltgegenden, sondern das Fünfundzwanzigfache oder das Tausendfache, meist zusammengeballt in stark bevölkerten

Staaten oder Megacitys. Die Stammesmoralen prallen überall auf der Welt aufeinander und durchmischen sich. Greene zeigt an anschaulichen Beispielen, wie die großen politischen US-amerikanischen Debatten der Gegenwart davon geprägt sind, dass unversöhnliche Positionen aufeinanderprallen: Obamacare oder „freiwillige" Krankenkasse, kollektivistische versus individualistische Wirtschaftspolitik, Klimaschutz oder nicht. Diese Konflikte gründen tief in tribalen Moralen, die kaum miteinander vereinbar sind. Auf globaler Ebene zeigt sich die moralische Zerrissenheit noch deutlicher: Kaum ein politischer Konfliktherd, kaum ein Krieg, die nicht in tiefsitzenden lokalen Moralen wurzeln. Doch die großen ethischen Probleme der Gegenwart können nicht mit Stammesmoral gelöst werden. Nationalismus und tribales Denken sind untauglich, um die ethischen Herausforderungen des 21. Jahrhunderts zu meistern.

Greenes Hypothesen blieben spekulativ, würde er sie nicht durch eine Fülle von empirischen Daten aus drei Wissensdisziplinen untermauern:

- *Verschiedenste psychologische Experimente* belegen mit großer Plausibilität: Wir Menschen sind mit einer Reihe von Verhaltenstendenzen ausgestattet, die allesamt darauf hinauslaufen, Kooperation sicherzustellen und das friedliche Zusammenleben in Gruppen zu garantieren. Wir sorgen uns in der Regel um andere und haben eine Aversion, sie zu verletzen. Wir können uns in sie einfühlen, insbesondere wenn sie leiden. Wir kennen Loyalität und Treue, neigen dazu, Freundschaften einzugehen und Versprechen zu halten. Wir fühlen uns beschämt oder schuldig, wenn wir solche Regeln brechen. Und wir haben einen Drang, andere zu bestrafen oder uns zu rächen, wenn sie es tun. Diese Neigungen sind gewissermaßen in unser Gehirn eingeschrieben. Entscheidend ist dabei, dass diese Mechanismen *intuitiv* ablaufen und *gefühlsmäßig verankert* sind. Sie melden sich über Emotionen. Sie kommen automatisch, unwillkürlich und schnell. Nach Greene wurzeln sie in unserer Stammesmoral und garantieren Kooperation und friedliches Zusammenleben in der Gruppe: Unsere Gehirne sind tribalistisch vernetzt.
- Greene *befragt zahlreiche Versuchspersonen zu den verschiedenen Varianten des Trolley-Problems,* das Sie aus dem 6. Kapitel kennen. Die meisten teilen die Intuitionen, die wir dort hatten: Sie neigen stark dazu, die Straßenbahn vom Gleis mit den fünf Arbeitern auf das mit dem einzelnen umzuleiten. Auf der anderen Seite zögern sie ebenso sehr, den dicken Mann von der Brücke zu stoßen, um den Zug zu stoppen und die fünf zu retten. Doch in beiden Fällen geht es um dasselbe: Sollen fünf sterben oder einer? Greene erklärt den Unterschied mit einem solchen

moralischen Mechanismus: Intuitiv löst unser Gehirn einen *Alarm* aus, wenn wir einen Menschen absichtlich als Mittel zum Zweck einsetzen und ihm dabei *körperliche Gewalt* antun sollen. Eine Art Notbremse bei physischer Gewaltanwendung, welche die scheinbar widersprüchlichen Intuitionen erklärt. Die unwillkürliche, gefühlsgetriebene Gewalt-Notbremse, meint Greene, gehört zu unserem tribalistischen moralischen Erbe.

- *Gehirnscans* untermauern diese Interpretationen. Bei Versuchspersonen, die zögern, den Dicken von der Brücke zu stoßen, sind ganz *andere Gehirnregionen aktiv* als bei denen, die in der Nebengleis-Version den Zug umleiten. Dieser neurologische Befund bestätigt sich nicht nur in den Trolley-Dilemmata, sondern auch in verschiedenen anderen Experimenten. Allgemein lässt sich sagen: Wenn sich Versuchspersonen emotionaler, intuitiver und schneller entscheiden, ist der ventromediale präfrontale Kortex (das Stirnhirn) aktiv, bei eher überlegten, langsameren und abstrakteren Entscheiden hingegen der dorsolaterale präfrontale Kortex (der seitliche Scheitelbereich des Großhirns).

Welche Folgerungen zieht Greene aus all diesen Befunden? Was die Ausgangsproblematik angeht, bezieht er klar Stellung: Die großen politischen und ethischen Fragestellungen lassen sich nicht mit tribalistischen Stammesmoralen lösen. Die fixen intuitiven Urteile, die mit diesen verbunden sind, prallen dann unversöhnlich aufeinander, die Grabenkämpfe setzen sich fort bis in alle Ewigkeit. Vielmehr fordert er eine *Metamoral,* eine „metamorality". Sie besteht darin, dass die Vertreter der Stämme sich miteinander auseinandersetzen, sich auf die Argumente und Intuitionen der Gegenseite einlassen und Lösungen finden. Sie sehen: Mit „metamorality" meint er nichts anderes als Ethik.

Doch nach welchen Kriterien soll man Lösungsvorschläge beurteilen? Wie soll man entscheiden, wenn sich unterschiedliche Überzeugungen nicht beseitigen lassen? Greene gibt zwei Antworten: Utilitarismus und „tiefer Pragmatismus". Den einen haben Sie im 5. Kapitel kennen gelernt: Entscheidungen sind umso besser, je mehr sie das größte Glück der größten Zahl bewirken. Es geht darum, mit seinem Handeln möglichst viel Gutes zu schaffen und möglichst wenig Schlechtes. Mit tiefem Pragmatismus meint Greene: Wir sollten, wenn immer möglich, Lösungen suchen, die sich bewährt haben. Wir sollten Entscheidungen priorisieren, die funktionieren werden.

Was ist von Greenes Theorie zu halten? Macht sie die Zweischneidigkeit der Moral verständlich? Erklärt sie, warum es Ethik braucht? Sicherlich verträgt sie sich gut mit der Entwicklungsgeschichte der menschlichen

Moral, die wir bei Tomasello kennen gelernt haben. Auch Greene sieht ihren Ursprung in den Kleingruppen. Auch für ihn ist sie die Antwort auf die Frage: Wie können Menschen in Stämmen das Problem der Kooperation regeln? Folgerichtig lösen auch in seiner Darstellung die verschiedenen Stämme die Kooperationsproblematik auf vielerlei unterschiedliche Weisen, was zu einer Vielfalt von Moralsystemen führt. Zudem bestätigt Greene die Erkenntnis, dass moralische Verhaltensmuster oder -tendenzen tief in unserer Psyche verankert sind, das Erbe unserer tribalistischen Vergangenheit. In all diesen Punkten passen die beiden Erklärungen zusammen.

Greene geht aber in der Geschichte der menschlichen Moral weiter als Tomasello, indem er auch die moderne Problematik analysiert, die sich durch Bevölkerungswachstum und weltweite Migration in den letzten paar Jahrtausenden stellt. Er behandelt, grob gesagt, vor allem die Zeit seit der Neolithischen Revolution. Und eben da kommen die Schattenseiten der Moral zum Tragen. Gewiss hat er recht damit, dass zahlreiche Konflikte und Dilemmata durch das Zusammenstoßen tribaler Moralen entstanden sind. Allerdings scheint es mir zu einfach, die ethischen Fragen, denen Sie und ich gegenüberstehen, allesamt darauf zurückzuführen. In mindestens zweierlei Hinsicht, scheint mir, stellt die Moral Herausforderungen, die sich nicht mit unserem tribalen moralischen Erbe begründen lassen.

Auf der einen Seite braucht es einige geistige Akrobatik, um die moralischen Dilemmata, denen Sie beispielsweise in diesem Buch begegnet sind, mit unterschiedlichen Stammesmoralen zu erklären. Denken Sie an das Flugzeugbeispiel aus dem 5. und den Entscheidungsalgorithmus für selbstfahrende Autos aus dem 6. Kapitel. Nicht einmal Greenes wichtigstes eigenes Beispiel, die Gewaltnotbremse, erklärt sich so: Sie scheint bei allen Menschen vorhanden zu sein und dürfte darum kaum einer bestimmten tribalen Moral geschuldet sein.

Damit hängt mein zweiter Einwand zusammen. Greene wirft unterschiedliche moralische Intuitionen in denselben Topf. Alles, was irgendwie nach einem Automatismus aussieht, ist für ihn Stammesmoral. Mir scheint, man müsste unterscheiden, und zwar in doppelter Hinsicht:

- Zwischen *allgemeinen universalen moralischen* Intuitionen oder „Mechanismen" und *spezifisch kulturbedingten:* Es gibt Intuitionen, die sich überall finden, wie etwa die Tendenz, Fremden zu helfen, vor körperlicher Gewalt zurückzuschrecken, oder ein Sinn für Fairness. Und umgekehrt kommen andere nur in einzelnen tribalen Moralen vor und dürften vielleicht auch ethisch fragwürdig sein wie etwa solche zu Bestrafungspraktiken, Machtverhältnissen, Sklaverei oder zur Sexualität.

- Zwischen *ethisch zu befürwortenden* und *ethisch fragwürdigen* Intuitionen: Vom ethischen Standpunkt aus gilt es gerade zu unterscheiden, ob ein intuitives moralisches Urteil oder die entsprechende Handlung richtig oder falsch ist. Eine moralische Intuition kann ethisch fragwürdig sein wie zum Beispiel die Tendenz tribaler Normen, Fremden abwehrend oder aggressiv zu begegnen. Sie kann aber auch ethisch zu befürworten sein, wie etwa die Neigung zur Empathie oder die, anderen zu helfen.

Greene hat schon recht, wenn er empfiehlt (Greene 2013, 143): Wir sollten erstens unsere eigenen moralischen Instinkte kennen und ihnen grundsätzlich vertrauen (das nennt er den automatischen Kameramodus), zweitens fähig sein, sie zu hinterfragen und uns mit anderen auseinanderzusetzen (manueller Kameramodus) und drittens imstande sein zu entscheiden, wann welcher Maßstab angemessen ist (Wahl des richtigen Modus). Doch das ist zu summarisch. Diese „metamorality", hilft nicht wirklich weiter, ob man sie nun Utilitarismus oder tiefen Pragmatismus nennt. Wo Greene aufhört, fängt die Ethik erst an. Und genau deshalb zeigt sein Buch auch auf, warum es sie braucht.

Damit stellt sich die Frage, wie sich die Moral zur Ethik fortentwickeln kann, wie der Mensch von einer – problematischen – Moral zu einem ethischen Standpunkt gelangt, von der subjektiven, zeit- und ortsbedingten tribalen Moral zu einer „metamorality". Gibt es eine Stufenfolge der moralisch-ethischen Entwicklung, eine Treppe vom Erdgeschoss in den zweiten Stock?

Eine Stufenfolge der moralischen Entwicklung

Eine Antwort darauf liefert der der US-amerikanische Psychologe und Erziehungswissenschaftler Lawrence Kohlberg (1927–1987). Er hat schon in den 1960-er bis 1980-er Jahren ein Modell für die Entwicklung des moralischen und ethischen Bewusstseins vorgeschlagen (Kohlberg 1996). Allerdings will er damit nicht den historischen Verlauf in der Menschheitsgeschichte beschreiben, also den phylogenetischen Prozess. Vielmehr nimmt er die moralische Entwicklung des einzelnen Menschen in den Blick, von der Kindheit bis ins Erwachsenenalter, also die Ontogenese.

Kohlberg führte verschiedene Reihen standardisierter Interviews mit Kindern und erwachsenen Versuchspersonen durch. Sein Team konfrontierte sie mit Situationen, in denen sie Entscheidungen fällen und begründen mussten. Ihre Antworten erlaubte es den Forschern, das moralische Urteil der Befragten der Entwicklungsstufe zuzuordnen. Ein Beispiel für eine solche Situation:

In einem fernen Land lag eine Frau, die an einer besonderen Krebsart erkrankt war, im Sterben. Es gab eine Medizin, von der die Ärzte glaubten, sie könne die Frau retten. Es handelte sich um eine besondere Form von Radium, die ein Apotheker in der gleichen Stadt erst kürzlich entdeckt hatte. Die Herstellung war teuer, doch der Apotheker verlangte zehnmal mehr dafür, als ihn die Produktion gekostet hatte. Er hatte 200 Dollar für das Radium bezahlt und verlangte 2000 Dollar für eine kleine Dosis des Medikaments.

Heinz, der Ehemann der kranken Frau, suchte alle seine Bekannten auf, um sich das Geld auszuleihen, und er bemühte sich auch um eine Unterstützung durch die Behörden. Doch er bekam nur 1000 Dollar zusammen, also die Hälfte des verlangten Preises. Er erzählte dem Apotheker, dass seine Frau im Sterben lag, und bat, ihm die Medizin billiger zu verkaufen bzw. ihn den Rest später bezahlen zu lassen. Doch der Apotheker sagte: „Nein, ich habe das Mittel entdeckt, und ich will damit viel Geld verdienen." – Heinz hat nun alle legalen Möglichkeiten erschöpft; er ist ganz verzweifelt und überlegt, ob er in die Apotheke einbrechen und das Medikament für seine Frau stehlen soll. (Kohlberg 1996, 495)

Halten Sie einen Moment inne, liebe Leserin, lieber Leser, und überlegen Sie: Was würden Sie in der Situation von Heinz tun? Und mit welcher Begründung?

Die Forscher fragten die Versuchspersonen nicht nur, ob Heinz das Medikament stehlen oder nicht stehlen solle, sondern auch warum oder warum nicht, ob sie ihr Urteil ändern würden, wenn nicht ihre eigene Frau krank wäre, sondern ein Fremder, und so fort. Ein genaues standardisiertes Fragenraster erlaubte es den Forschenden, die Begründungen der Versuchspersonen in das Stufenmodell des moralischen Urteilens einzuordnen. Da sie überdies dieselben Kinder und Jugendlichen über Zeiträume von mehreren Jahren hinweg befragten, konnten sie auch die Entwicklung des Moralurteils beim einzelnen Individuum beobachten.

Kohlberg lehnte sich mit seinem Stufenmodell an das berühmte Konzept des Psychologen Jean Piaget (1896–1980) an, der damit die kognitive Entwicklung des Menschen vom Kind zum Erwachsenen erklärt hatte. In jedem Stadium ist das Kind nur zu bestimmten intellektuellen Leistungen fähig, die mit der Zeit immer abstrakter werden. Analog dazu unterschied Kohlberg in der Moralentwicklung folgende 6 Stufen, jeweils zwei pro Niveau (Kohlberg 1996, 128–132). Das Individuum geht dabei den Weg von einem bloß übernommenen Moralverständnis (präkonventionell) über eine

Vorstellung von Moral als Übereinkunft (konventionell) bis zu universal gültigen ethischen Prinzipien (postkonventionell):

NIVEAU und Stufe	Wie begründet die Person ihre Entscheidung?	Über welche sozialen Kompetenzen verfügt sie?
I PRÄKONVENTIONELL 1 Heteronome Moralität	Regeln einhalten. Vermeiden von Strafe durch eine Autorität	Berücksichtigt Interessen anderer nicht oder erkennt nicht, dass sie von den seinen verschieden sind. Verwechselt die eigene Perspektive mit derjenigen der Autorität
2 Individualismus, Zielbewusstsein und Austausch	Regeln befolgen, wenn es eigenen Interessen dient. Erkennen, dass andere andere haben	Sieht ein, dass Interessen konfligieren
II KONVENTIONELL 3 Wechselseitige Erwartungen und Beziehungen, interpersonelle Konformität	Erwartungen nahe stehender Menschen erfüllen (ein „guter Kerl" sein). Zuneigung anderer gewinnen. Regeln einhalten und Autorität respektieren	Ist sich bewusst, dass es gemeinsame Gefühle, Übereinkünfte und Erwartungen gibt, die Vorrang vor subjektiven Interessen haben. Wendet die goldene Regel konkret an
4 Soziales System und Gewissen	Pflichten erfüllen, Gesetze befolgen, das System funktionstüchtig halten („wenn jeder das täte")	Unterscheidet persönlichen und gesellschaftlichen Standpunkt. Gewichtet letzteren höher
III POSTKONVENTIONELL 5 Sozialer Kontrakt und gesellschaftliche Nützlichkeit, zugleich individuelle Rechte	Gesellschaftliche Werte und Regeln befolgen, neben denen es aber absolute Werte und Rechte wie Leben und Freiheit gibt. Erstreben des größten Nutzens für die größte Zahl	Integriert unterschiedliche Perspektiven durch formale Regeln (Übereinkunft, Vertrag etc.). Unterscheidet legale und ethische Gesichtspunkte, hat Schwierigkeiten, wenn sie sich widerstreiten
6 Universale ethische Prinzipien	Universalen ethischen Prinzipien persönlich verpflichtet sein, die Vorrang vor Gesetzen haben	Anerkennt einen ethischen Standpunkt, dem jedes rationale Wesen folgen muss, wenn es Moralität anerkennt

Tatsächlich stützten die empirischen Daten Kohlbergs Modell in überwältigendem Maß. Er stellte fest, dass alle Menschen die Reihenfolge der Stufen von unten nach oben (also von 1 nach 6) einhielten. Sie konnten dabei keine überspringen und fielen im Verlauf ihrer langjährigen Entwicklung auch nie auf eine tiefere zurück. Überdies zeigten Vergleichsstudien, die Kohlberg beispielsweise in Mexiko oder der Türkei vornahm, dass das Stufenmodell offenbar kulturunabhängig funktioniert, also universal gültig ist.

Ernüchternd fiel dagegen die Feststellung aus, dass die Mehrheit der erwachsenen Bevölkerung auf dem konventionellen Niveau stehen bleibt. Nur etwa ein Viertel erreicht die Stufe fünf, nur fünf Prozent die sechste. Zudem stellten die Forscher fest, dass ein Großteil der Frauen auf der dritten Stufe stehen bleiben, während die Männer oft die vierte erreichen.

Sie haben sicherlich den Zusammenhang zu unserem *Haus der Ethik*, aber auch zu *Tomasellos Moralgeschichte* bemerkt. Das präkonventionelle Niveau scheint in einigen Punkten noch dem Sozialverhalten der Primaten ähnlich, während das konventionelle Niveau dem entspricht, was wir als Moral bezeichnen können. Man könnte sogar die dritte und vierte Stufe den beiden Schritten von Tomasellos Moralgenese zuordnen. Erst die fünfte und sechste Stufe beschreiben einen echten ethischen Standpunkt. Kohlbergs Untersuchung bringt somit zum Vorschein, dass eine deutliche Mehrheit erwachsener Menschen in unserem Kulturkreis ihrer eigenen Moral verhaftet bleibt und nur eine Minderheit überhaupt zu einem eigenständigen ethischen Urteil gelangt.

Natürlich lassen sich Einwände gegen Kohlberg vorbringen. Einerseits untersucht er ja nicht das moralische *Handeln* selber, sondern bloß das moralische *Urteilen*. Es fragt sich, ob diese beiden immer miteinander übereinstimmen. Es gibt genug Menschen, die leichthin ein Urteil fällen, dem sie dann nicht zu entsprechen vermögen, wenn sie in der realen Entscheidungssituation stehen. Viele predigen Wasser und trinken Wein. Manche wachsen aber auch über sich hinaus, wenn sie zu eigenverantwortlichen Entscheidungen aufgerufen sind.

Vor allem aber wurden Kohlbergs *Moralkonzept* kritisiert und die Folgerung, die seine Ergebnisse für die Geschlechter nahelegen. Sind Frauen tatsächlich moralisch weniger weit entwickelt als Männer? Am entschiedensten wendete sich Kohlbergs eigene Schülerin Carol Gilligan (*1936) dagegen. Sie warf ihm vor, seine persönliche ethische Konzeption präge das Modell und führe dazu, dass er alles an einer westlich geprägten, männlichen Moral messe. Diese sei von einer abstrakten, an der Gerechtigkeit orientierten Ethikvorstellung geprägt. In ihrem Buch „Die andere Stimme" versuchte Gilligan aufzuzeigen, dass Frauen sich dagegen mehr einer „Ethik der Anteilnahme" verpflichtet fühlen, die flexibler sei, gefühlvoller und fürsorglicher.

Was ist von Kohlbergs Erklärung zu halten? Zunächst scheint sie mir insgesamt plausibel: Die abstrakte und philosophisch inspirierte Konzeption des Stufenmodells leuchtet vielleicht nicht in allen Details ein, aber durchaus in ihren Grundzügen. Dass es darüber hinaus von so zahlreichen empirischen Daten erhärtet wird, legt nahe, dass es die moralisch-ethische Entwicklung des einzelnen Menschen tatsächlich adäquat abbildet. Und ebenso, dass es einen einleuchtenden Maßstab abgibt, um die moralisch-ethische Urteilsfähigkeit des Individuums einzuschätzen.

Allerdings krankt es tatsächlich an einer Vernunftlastigkeit, oder wenn Sie so wollen, an einer emotionalen Blindheit. Gilligan wendet meines Erachtens zu Recht ein, dass Ethik sich nicht auf Normen und Prinzipien reduzieren lässt, dass sie der emotionalen Stütze bedarf, dass Regeln und Prinzipien allein keine lebendige Ethik hervorzubringen vermögen. Das genau haben die Tugendethikerinnen Elisabeth Anscombe, Filippa Foot und Martha Nussbaum aufgezeigt. Erinnern Sie sich an ihre Überlegungen im 9. Kapitel? Und dasselbe habe ich den Kapiteln 10 und 11 über die Rolle der Gefühle in der Ethik zu erläutern versucht.

Trotz dieser Einwände scheint mir Kohlbergs Konzept ganz wesentliche Aspekte der ethisch-moralischen Entwicklung des Menschen zu beschreiben:

- Ein Individuum, das von der ersten zur sechsten Stufe schreitet, erweitert schrittweise den *Kreis der Personen,* die es in seine Überlegungen einbezieht: Zunächst beachtet es nur die, welche über Autorität oder Macht verfügen, dann die ihm nahe Stehenden, die eigene Gruppe, die ganze Gesellschaft und schließlich alle Menschen.
- Zugleich erhöht es den Grad seiner *persönlichen Verantwortung.* Während es sie zu Beginn an die Autorität abtritt, übernimmt es von Stufe zu Stufe mehr davon, bis sie am Schluss der ganzen Menschheit gilt.
- Drittens lässt es sich dabei immer stärker von *Vernunftüberlegungen* leiten. Persönliche Urteile gibt es auf Stufe eins nicht, sie bekommen dann aber mehr und mehr Gewicht, bis auf Stufe sechs allein das eigene Vernunfturteil entscheidet.
- Und schließlich wandert die Verankerung des moralischen Urteils immer mehr *von außen nach innen.* Zuunterst bestimmt die Umwelt das Urteil, die dann allmählich zurücktritt, bis es am Schluss allein in der eigenen Brust gefällt wird.

Außerdem entsprechen sich in diesem Modell Ontogenese und Phylogenese, die moralisch-ethische Entwicklung des Einzelnen und die der Menschheit. Was Kohlberg ontogenetisch skizziert, entspricht phylogenetisch der Darstellung von Tomasello und Greene. Die beiden Modelle sind nicht nur kompatibel, sondern zeigen eindrückliche Parallelen.

Mit seiner Prägnanz bringt Kohlbergs Konzept darum auch einen zusätzlichen Aspekt des Ethikbegriffs zum Vorschein. Es liefert einen Wegweiser in den zweiten Stock. Denn das Modell macht deutlich, worauf Ethik schließlich hinausläuft: auf das Postulat, *in eigener Verantwortung zu reflektieren,* was richtig und falsch ist. Dazu muss ich überwinden, was mich auf den unteren Stufen fesselt: den Egoismus der präkonventionellen Haltung, der das „Me" über das „Us" stellt (Greene). Die Ungerechtigkeiten konventioneller Moralsysteme und den Gap, den sie zwischen „Us" und „Them" aufreißen. Die Verzerrungen meines Arguments, hervorgerufen durch meine persönlichen Gefühle und Intuitionen. Auf der fünften und vor allem der sechsten Stufe leitet hingegen die *Vernunft* das Individuum. Hier sucht es Legitimationen nicht in äußeren Instanzen, sondern *in der eigenen Person.* Hier stützt es sich nicht mehr auf die zufällig vorliegenden moralischen Konventionen, sondern *übernimmt selber Verantwortung.* Und zwar nicht mehr bloß für den Kreis der Nächsten oder die eigene Nation, sondern *für die ganze Menschheit.*

Die zweite Emergenz: reflexives Bewusstsein

Aber was sagt sie denn genau, die Vernunft? Wie übernehmen Sie Verantwortung für die Menschheit? Große Worte – aber was bedeuten sie konkret? Die Antwort wollte ich mit dem ganzen Buch geben. Lassen Sie uns also noch einmal zurückblicken: Über mehr als ein Dutzend Kapitel hinweg haben Sie eine Vielzahl an ethischen Argumenten, Methoden und Prinzipien kennen gelernt. Wie stehen sie zueinander? Welcher Grundsatz genießt Priorität? Wie sollen Sie in einer konkreten Situation vorgehen, um den besten ethischen Entscheid zu treffen? Wie hängt das alles miteinander zusammen?

Sollen Sie dem kategorischen Imperativ folgen? Ihre Maxime muss dann universalisierbar sein für alle. Doch was ist die Maxime, wenn Sie es beispielsweise besser finden, dem anderen die Wahrheit vorzuenthalten, um ihn zu schonen? Heißt Ihre Maxime „die Wahrheit verschweigen" oder „nicht verletzen wollen"? Dann wäre es vielleicht doch sinnvoller, sich am utilitaristischen Grundsatz auszurichten. Das größte Glück der größten Zahl, möglichst wenig Not für möglichst viele? Doch wenn dieses Prinzip Sie dazu nötigt, dafür einzelne Menschen als Mittel zu missbrauchen, etwa einen Diktator zu beseitigen? Sie können sich stattdessen am Gerechtigkeitsprinzip orientieren: Proportionalität. Doch was vergleichen Sie, wenn Sie den Kuchen verteilen sollen: die Leistung oder das Bedürfnis? Vielleicht sollten Sie sich lieber nicht an Prinzipien halten, sondern an Vorbilder, an das Ideal des tugendhaften Menschen. Doch wie können Sie wissen, wie dieses zu bestimmen ist? Wie sieht ein integerer, ethisch makelloser Mensch aus?

Überall gibt es Vorbehalte. Alle Regeln haben ihre Schwäche. Und oft widersprechen sie sich noch dazu. Gibt es denn kein Metaprinzip? Keine Regel, die immer gilt? Keine Norm, mit der Sie nicht fehlgehen können? Keinen Algorithmus, in den Sie Ihr konkretes Problem einspeisen können?

Doch, es gibt einen Grundsatz. Im 11. Kapitel habe ich den kategorischen Imperativ, befreit vom Begriff der Maxime, als grundlegendstes ethisches Prinzip bezeichnet: „Sollen alle in meiner Situation so handeln wie ich – und aus meinen Gründen?" Nur haben wir dort eben auch gesehen, dass wir selbst mit diesem Grundsatz nicht ums Abwägen der Gründe herumkommen.

Die negative Botschaft lautet also: nein. *Es gibt kein einfaches Metaprinzip,* das uns vom Abwägen der Gründe befreit. Wo immer diese uns zu gegenläufigen Entscheidungen drängen, müssen wir gewichten. Denken Sie an die Dilemmasituationen, die Sie in diesem Buch kennen gelernt haben.

Da müssen sie der einen oder der anderen Seite mehr Gewicht geben. Denken Sie aber auch an all die anderen ethischen Herausforderungen, in diesem Buch und in Ihrem Leben. Sofern die Gründe nicht ohnehin für dieselbe Entscheidung sprechen, müssen Sie sie gegeneinander abwägen. Das Gewicht, das Sie ihnen verleihen, wird den Ausschlag geben. Und dafür gibt es kein Rezept, so froh wir um dieses „missing principle" auch wären, wie es Christine Korsgaard nennt (Korsgaard 2013, 57 f.).

Vielleicht denken Sie: Mit dem *kategorischen Imperativ* haben wir doch ein solches Prinzip gefunden, sofern wir ihn so interpretieren wie im 11. Kapitel: „Handle so, dass du wollen kannst, jeder solle so handeln, wenn er in genau deiner Lage wäre – und aus deinen Gründen." Gewiss, das ist tatsächlich eine allgemeine Regel, eine Art Metaprinzip. Nur haben wir dort auch festgestellt, dass es uns nicht davon befreit, Handlungsgründe zu gewichten. Auch der reformulierte kategorische Imperativ *nimmt uns das Abwägen nicht ab.*

Doch gerade in diesem Mangel steckt auch die positive Botschaft. Darin liegt die einzigartige Möglichkeit des Menschen. *Er, nur er allein, kann abwägen.* Und die Fähigkeit, die ihn dazu in die Lage versetzt, heißt *reflexives Bewusstsein*. Wir Menschen können nicht nur denken, sondern auch unser Denken betrachten. Wir haben nicht nur Gedanken, sondern auch Gedanken über unsere Gedanken. Wir kennen nicht nur Gefühle, sondern können über sie nachdenken. Wir handeln manchmal intuitiv, können aber diese Intuitionen auch unter die Lupe nehmen. Kurz, unser Denken kann sich auch auf sich selbst richten. Es kann Reflektieren, sich auf sich selbst zurückbeziehen.

Im ganzen Buch haben wir nichts anderes getan. Wir haben reflektiert über Argumente: Entspricht eine Handlung einer Norm, zum Beispiel der Verkauf der Flugzeuge dem kategorischen Imperativ (Kapitel 5) oder die Verteilung des Reichtums dem Gerechtigkeitsprinzip (Kapitel 8)? Wir haben aber auch über Intuitionen reflektiert: Warum neigen wir dazu, die Straßenbahn umzuleiten, nicht aber den dicken Mann von der Brücke zu stoßen (Kapitel 6 und 14)? Und schließlich haben wir reflektiert über Emotionen: Sind die Gefühle der Bürger von Hadleyville angemessen, wenn sie Kane im Stich lassen (Kapitel 10)? Sind es die des Mehrheitsaktionärs bei seinem Angebot (Kapitel 11)?

Wir haben mit der Vernunft gearbeitet, ohne uns dabei dem Rationalismus zu verschreiben. Die Vernunft hat es nicht nur mit Argumenten zu tun. Sie kann auch anerkennen, dass wir Menschen Emotionen haben, und diese sogar hoch schätzen. Denken Sie an die Philosophie der Gefühle im 10. und 11. Kapitel. Die Vernunft kann sich indessen weigern, sich den Gefühlen einfach auszuliefern. Sie kann über sie nachdenken, sie verstehen, ihnen ein angemessenes Gewicht zuteilen und sie so gestalten: eine Kultur der Gefühle. Das alles verdanken wir dem reflexiven Bewusstsein. Dank ihm kann der Mensch sein eigenes Inneres hinterfragen, verstehen, überprüfen und so bis zu einem gewissen Grad auch formen. Und wenn er dies mit Bezug auf die Frage tut: „Wie soll ich handeln?", dann heißt die bewusste Reflexion: Ethik.

Genau hier liegt ihr Kern. Ja, sie ist überhaupt nur dank des reflexiven Bewusstseins möglich. Ich habe sie im 2. Kapitel definiert als Legitimationssuche für das gute Handeln, als Auseinandersetzung mit der Frage, was richtig und falsch ist – als Reflexion über die moralischen Entscheidungen. Reflexives Bewusstsein ist die notwendige Voraussetzung dafür.

In unserem reflexiven Bewusstsein liegt eine ungeheure Freiheit. Wir müssen nicht einfach unseren Instinkten folgen, sondern wir können handeln – aus Gründen. Wir haben die Wahl, wir haben die Freiheit. Denken Sie an die Erklärung des Freiheitsbegriffs im 12. Kapitel zurück. Es ist unsere Vernunft, unsere Einsicht, welche unserem Handeln die Gründe liefert. Und damit ist, meine ich, zugleich meine zweite Hypothese nachgewiesen. *Im reflexiven Bewusstsein,* in unserer Vernunft, in unserer Freiheit, aus Gründen zu handeln, *liegt die Emergenz der Ethik.*

Sie mögen einwenden, auch Tiere hätten doch Bewusstsein. Das stimmt. Aber wohl kaum reflexives Bewusstsein, oder höchstens in Ansätzen. Denken Schimpansen darüber nach, ob ihr Tun dem kategorischen Imperativ entspricht? Versuchen Wale, dem utilitaristischen Grundsatz zu genügen? Wohl kaum.

Vielleicht führen Sie ins Feld, dass Bewusstsein schon in der Moral enthalten ist. Auch dieser Einwand stimmt. Zur Moral gehört, das hat sich im letzten Kapitel herausgestellt, dass die Normen und Werte den Individuen bewusst sind. Das Erdgeschoss ist also immer schon mit dem ersten Stock verbunden. Zur Moral gehört auch das moralische Bewusstsein derer, die sie leben, also ein Ethos. Entscheidend ist allerdings auch hier das Wort „reflexiv". Menschen können moralischen Normen zwar bewusst, aber doch blind folgen. Sie haben sie übernommen und leben sie, ohne sie im Geringsten zu hinterfragen. Also unreflektiert. Das sind die Moralisten, gegen die Nietzsche im 1. Kapitel Sturm gelaufen ist. Menschen können moralische Normen aber auch hinterfragen, kritisieren, zurückweisen oder gar verurteilen. Dann sind sie schon auf dem Weg in den zweiten Stock.

Im Ethos liegt also *der Übergang von der Moral zur Ethik.* Und hier gibt es alle Zwischenformen, von blindem Glauben an die moralischen Normen bis zu ihrer entschiedenen Verurteilung. Den radikalen Schnitt gegenüber der geltenden Moral, den radikalen Schritt von ihr zur Ethik haben uns wie gesagt die vielen historischen Leitfiguren des moralischen Protests vor Augen geführt: Sokrates, Jesus, Luther, die Aufklärer, Lincoln oder Martin Luther King. Ihr Motiv ist die Empörung gegen das Unrecht, die sich der Reflexion verdankt.

Wiederum spielt bei diesem Übergang die Sprache eine zentrale Rolle. Schon die Entwicklung der menschlichen Moral verdankt sich, wie im letzten Kapitel erwähnt, zum guten Teil der menschlichen Sprachfähigkeit. Und jetzt kommt ihr erneut eine zentrale Bedeutung zu. Auch die Kritiker der Moralen berufen sich auf ihr Ethos, indem sie die Sprache einsetzen, nicht selten in einer Rhetorik der Empörung. Denken Sie an die sokratischen Dialoge und die Bibel, an die Schriften Luthers und der Aufklärer, an die Reden Lincolns und Kings. „Hier stehe ich, ich kann nicht anders."

Ethik heißt im Kern also Abwägen . Ihr Medium ist die Vernunft. Ihr Werkzeug die Sprache. Und die Sphäre, in die sie damit vordringt, ist das Reich der Freiheit. Wer den ethischen Standpunkt einnimmt, ist keinen staatlichen Richtern und moralischen Wächtern mehr Rechenschaft schuldig, sondern nur noch seinem Gewissen. Er übernimmt die Verantwortung: vor sich selber.

Die menschliche Entwicklung zur Moral und dann zur Ethik lässt sich nunmehr zusammenfassend als eine Abfolge mehrerer Schritte beschreiben. Das Mitgefühl, das verschiedene Tierarten schon kennen, bildete die Basis für die Entstehung der Moral. Echte Kooperation führte zunächst zu einem Sinn für Fairness und für Reziprozität, die Empathie übertrug sich auch auf Partner außerhalb der engsten Gruppe. Diese Kooperation bauten die Frühmenschen zu einem Set an Normen aus, verbunden mit dem Gefühl für Verpflichtung und Werte, all dies schon in der Frühgeschichte der Menschen, in der Steinzeit. Später dann, in der Antike, begannen Menschen dank ihres reflexiven Bewusstseins sich kritisch von ihrer Moral zu distanzieren. Im ersten vorchristlichen Jahrtausend, in der sogenannten Achsenzeit, lösten sie sich mehr und mehr von Mythos und Moral der Vorgeschichte, von der tribalen Moral, und begannen darüber zu reflektieren, wie sie eigentlich leben und handeln sollten. Aus dieser Zeit stammen die ersten überlieferten ethischen Texte: Sokrates, Platon, Aristoteles, Buddha, Konfuzius. Diese Denker brachen Bahn für eine Ethik, in welcher der einzelne Mensch, gestützt auf die eigene Vernunft, immer umfassender Verantwortung für einen immer größeren Kreis von Individuen übernahm.

Dieser ganze Entwicklungsprozess ist nicht nur einzigartig: Allein der Mensch kennt Moral und Ethik. Er ist auch emergent im doppelten Sinn:

Schon die Moral führt etwas gänzlich Neues in die Geschichte des Lebens ein, und die Ethik tut dies dann ein zweites Mal. Allerdings, die allermeisten Menschen haben zwar den ersten Schritt vollzogen, viele aber den zweiten nicht. Vermutlich ist es nur eine Minderheit, die den ethischen Standpunkt wirklich bezogen hat. Überlassen wir ihnen die Führung. Oder noch besser, übernehmen Sie selber Leadership: auf dem ethischen Standpunkt.

Damit habe ich in diesem Kapitel auch das erste und das zweite Stockwerk des ethischen Hauses renoviert, ohne freilich die Bausubstanz anzutasten. Ich habe die Begriffe des Ethos und der Ethik ausdifferenziert, dabei aber ihre Grundbedeutung aus dem 2. Kapitel beibehalten. Ermöglicht wurde diese Präzisierung durch die Reise, die wir über viele Kapitel hinweg durch die Landschaft der Ethik unternommen haben. Was noch bleibt, ist der Dachstock. Diesem, also der Metaethik, werde ich im nächsten Kapitel noch einen kurzen Besuch abstatten.

Fassen wir die Einsichten dieses Kapitels zum zweiten menschlichen Projekt, dem der Ethik, zusammen.

- Wir Menschen tragen das zweischneidige Erbe der tribalen Moral in uns: Es äußert sich in *intuitiven Dispositionen,* etwa der unwillkürlichen Gewalt-Hemmung, dem Impuls, anderen Menschen in Not zu helfen, oder der Abgrenzung gegenüber Individuen, die nicht zu unserer Gruppe gehören.
- So unverzichtbar *Moral* für den Zusammenhalt der Gemeinschaft ist, sie zeigt auch ihre *Schattenseiten.* Wir kennen Beispiele von moralischen Regeln und Gepflogenheiten genug, die Menschen plagen und unterjochen. Und im tribalen Denken wurzelt mancher Konflikt zwischen Völkern und Nationen. Darum brauchen wir im globalen Zeitalter eine „metamorality", die moralische Überzeugungen nicht fraglos übernimmt, sondern überprüft, also Ethik.
- Auf dem Weg von einem blinden Glauben an moralische Dogmen bis zu einer umfassenden Ethik lässt sich eine *Stufenfolge moralischen Denkens* ausmachen. Es übernimmt immer mehr persönliche Verantwortung, weitet den Kreis derer aus, die als Betroffene berücksichtigt werden, räumt der Vernunft Vorrang vor unbesehenen Vorurteilen ein und übernimmt das ethische Urteil nicht von außen, sondern verankert es in der eigenen überprüften Überzeugung.
- Indem Menschen den naiven Glauben an übernommene Moralvorstellungen überschreiten und stattdessen dem eigenen *reflexiven Bewusstsein* die Führung überlassen, realisieren sie eine *zweite Emergenz*: Nur

wir Menschen können über unser Denken und Fühlen nachdenken und damit zu einer einzigartigen Freiheit vorstoßen. Nur dank diesem reflexiven Bewusstsein können wir *abwägen*. Erst dieses ermöglicht Ethik.

- Darum ist die Ethik das zweite große menschliche Projekt. Wer anderen vorangeht, muss *den ethischen Standpunkt übernehmen*. Leader können sich nicht um Ethik foutieren. Falls sie wirklich *Leader* sind, steuern sie ihren Teil zum Projekt bei. Andernfalls sind sie bloß Verführer, Narzissten oder Egomanen.

15

Persönliche Verbindlichkeit statt Objektivität

Das letzte Kapitel hat die Ethik ganz und gar im Individuum verortet. Es gibt kein Lehrbuch, keine alleingültige Theorie, keinen Gerichtshof und keine ethische Autorität, die im Zweifelsfall befragt werden könnten. Es gibt nur den einzelnen Menschen, der allein sich selbst rechenschaftspflichtig ist. Wird damit nicht das Tor zur Subjektivität oder gar Beliebigkeit geöffnet? Lässt sich so nicht jede persönliche Ansicht als ethischer Standpunkt verkaufen? „Darüber habe ich nachgedacht. Dafür habe ich meine Gründe. Das ist meine Überzeugung. Also handle ich ethisch."

Sie merken, so einfach kann es nicht sein. Und Sie ahnen wohl auch, dass wir jetzt die Türe zum Dachstock aufstoßen. Es geht um die Frage, auf welchem Fundament die Ethik eigentlich beruht und damit auch: ob sie objektiv verbindliche Forderungen stellen kann. Und damit befasst sich die Metaethik. Lassen Sie uns also untersuchen, was sich metaethisch zu unserem Konzept von Ethik sagen lässt.

Ethik als Diskurs

Auch Philosophen streiten gelegentlich, wenn auch meist ziemlich gesittet. Beispielsweise über die Grundlagen der Ethik und darüber, was sie und ihre Aussagen eigentlich für einen Status haben. Unsere Frage steht dabei im Zentrum: Kommt der Ethik irgendeine Art von Objektivität zu, oder liefert sie bloß subjektive Werturteile einzelner Individuen? Die Metaethiker fächern das Problem in mehrere unterschiedliche Teilfragen auf:

1. Ist das, womit sich die Ethik befasst, nämlich „das Gute", etwas *Wirkliches, Reales* oder nicht?
2. Sind ethische Sätze – Normen, Regeln, Handlungsempfehlungen – *Erkenntnisse* oder bloß subjektive Werturteile?
3. Bezeichnen sie etwas *Natürliches* oder etwas *Übernatürliches*?
4. Lässt sich Ethik überhaupt *sprachlich ausdrücken* oder bleibt sie letztlich unfassbar?

Der Streit darüber ist zwar spannend, manchmal aber auch etwas akademisch. Wir könnten den Fragen theoretisch nachgehen und dabei viele gescheite Argumente drechseln. Doch das lassen wir besser. Stattdessen schlage ich vor, einfach auf das zurückzublicken, was wir in diesem Buch getan haben. Ethik ist eine Praxis, die sich beschreiben lässt. Diese Beschreibung wird uns von selbst die Antworten auf die metaethischen Fragen liefern.

Was also haben wir in diesem Buch gemacht? Genau das, was ich am Schluss des letzten Kapitels zusammenfassend umschrieben habe: Wir haben reflektiert. Zum Beispiel darüber, wie Sie zu den Tagesaktualitäten des 26. Juni 2019 Stellung nehmen sollten. Was der Verkaufsleiter des Schweizer Flugzeugbauers tun sollte. Wie der Vorgesetzte mit seinem schwierigen Mitarbeiter umgehen sollte. Wie man sich angesichts der Gräuel im NS-Regime verhalten sollte? Oder als Mehrheitsaktionär, als Treuhänderin oder Minderheitsaktionärin bei der Auflösung der Geschäftspartnerschaft. Immer ging es also um die Frage, wie ein Mensch entscheiden sollte? Sie oder ein anderer. Oder in Kants simpler Formel: Was soll ich tun?

Allerdings, nicht wie am nützlichsten oder einfachsten zu entscheiden sei, war die Frage, sondern was richtig oder gut ist. Es ging um die Legitimation moralisch guten Handelns. Dafür haben wir Gründe zusammengetragen. Argumente dafür, was den Betroffenen zusteht, was sie verdienen. Wie die zur Entscheidung aufgerufenen Menschen anderen und sich selber gerecht werden können, wie sie möglichst viel Gutes bewirken und das Schlechte möglichst vermeiden können. Manchmal brachten wir Normen oder Grundsätze als Argumente vor, wie etwa das Gerechtigkeitsprinzip oder ethische Imperative. Die Überlegungen betreffen aber nicht nur die sachlichen Aspekte, sondern auch die Gefühle. Handlungsgründe sind Paare, Sachargumente mit Emotionen verbunden. Darum galt die Reflexion auch der Überprüfung der Gefühle. Und immer mussten wir dabei die emotional gewichteten Argumente gegeneinander abwägen. Kurzum: *Reflexion, Argumentation und Abwägen* war unser Geschäft.

Die Philosophen nennen eine solche Auseinandersetzung Diskurs und die ethische Konzeption, die sich auf ihn stützt, *Diskursethik*. Karl-Otto Apel (1922–2017) und Jürgen Habermas (*1929) haben sie in der zweiten Hälfte des 20. Jahrhunderts entwickelt. Ihr Grundgedanke: Was ethisch richtig ist, muss im Gespräch zwischen Menschen ermittelt werden, die sich an die Regeln der vernunftgeleiteten Auseinandersetzung halten. Habermas bringt den Grundgedanken in die Jahrhundertformel vom „zwanglosen Zwang des besseren Arguments". Nicht Druck oder Macht, nicht Rhetorik oder Manipulation sollen die Legitimationssuche leiten, sondern allein die Kraft der Vernunft. Sie visiert den Konsens aller Beteiligten an. Diese sollen zustimmen, und zwar allein darum, weil das Argument sie überzeugt.

Diskurs heißt somit etwas ganz anderes als Stammtischgespräch oder politische Debatte. Soll das Argument entscheiden, darf nicht die lauteste Stimme obsiegen und auch nicht die größere mediale Macht. Vielmehr findet ein Diskurs nur da statt, wo sich die Teilnehmenden an bestimmte Regeln halten. Habermas nennt die vier wichtigsten:

- *Verständlichkeit:* Die Gesprächsteilnehmer verwenden klare Begriffe und argumentieren widerspruchsfrei.
- *Wahrheit:* Ihre Worte entsprechen den Tatsachen.
- *Richtigkeit:* Die Normen, auf die sie sich beziehen, sind nicht egoistisch, sondern ethisch.
- *Wahrhaftigkeit:* Sie behaupten bloß das, woran sie auch glauben.

In moralischen Entscheidungssituationen sollen die Beteiligten die Lösung ermitteln, indem sie sich argumentativ miteinander auseinandersetzen und dabei diese Regeln einhalten. Der Konsens, den sie erreichen, ist dann die ethisch richtige Entscheidung.

Das Modell hat einiges für sich. Und Sie finden auch vieles wieder, was Sie in diesem Buch kennen gelernt haben. Ethik bedeutet, Gründe gegeneinander abzuwägen, sie arbeitet mit Argumenten, sucht in der Vernunft die Rechtfertigung für die Entscheidung. Und diese ergibt sich aus der Überzeugungskraft der Gründe. Und Sie erkennen in Habermas' Diskursregeln auch die Forderungen, die ich im 10. und 11. Kapitel an eine ethische Entscheidungsfindung gestellt habe: „Verständlichkeit" und „Wahrheit" sollen die Kohärenz garantieren. „Richtigkeit" bedeutet Übereinstimmung mit ethischen Grundsätzen. Und „Wahrhaftigkeit" geht Hand in Hand mit der Überprüfung der eigenen Gefühle.

Dennoch bin ich in diesem Buch über dieses Konzept hinausgegangen, und zwar in zweierlei Hinsicht. Auf der einen Seite bleibt die Diskursethik intersubjektiv. Sie beschreibt, wie *mehrere Menschen im Gespräch miteinander* Antworten auf ethische Fragen erarbeiten. Ein solches Vorgehen mag sich in vielen ethischen Entscheidungssituationen empfehlen: Eine medizinethische Kommission diskutiert über die Regeln, nach denen Transplantationsorgane verteilt werden sollen, Sie beraten sich mit Ihrer Partnerin über einen Gewissenskonflikt, in dem Sie stecken, eine Geschäftsleitung erörtert, ob sich das neue Businessmodell verantworten lässt.

Das ist allerdings eher die Ausnahme- als die Regelsituation. In den vielen Fällen müssen *Sie selber* Position beziehen, ohne dass Sie eigens ein Gremium einberufen können, um ihre Entscheidung diskursiv zu legitimieren. Wir müssen im Alltag permanent ethisch Stellung nehmen, wir müssen immer wieder entscheiden. Und dass diese Entscheidungen fast immer eine ethische Dimension aufweisen, haben Sie längst realisiert, etwa wenn Sie an das 4. Kapitel zurückdenken. Die Ethik durchwirkt unser Leben. Es fordert uns ethisch heraus: auf Schritt und Tritt. Ja, selbst dort, wo Sie sich mit anderen Menschen diskursethisch beraten können, bleibt die letzte Entscheidung immer Ihnen selbst überlassen. Sie müssen ihr zustimmen oder sie zugunsten einer anderen zurückweisen.

Darum, meine ich, bleiben ethische Erwägungen und Entscheidungen immer zurückgebunden an das einzelne Individuum: an Sie, an mich, an jeden und jede von uns. Um diesen ethischen Anspruch ging es mir im Buch. Darum habe ich Ihnen eine Individualethik vorgelegt. Und darum schlage ich Ihnen ein *intrasubjektives* Konzept von Ethik vor. Es verträgt sich freilich durchaus mit dem intersubjektiven der Diskursethik. Denn das Denken ist das Gespräch der Seele mit sich selber, wie Platon sagt. Wenn wir überlegen, bringen wir Gründe vor, wägen sie gegeneinander ab, legitimieren, was wir zu tun beabsichtigen, vor uns selber und führen eine Art Selbstgespräch mit uns. Kurzum: Ethische Reflexion ist ein innerliches Gespräch. Man könnte auch sagen, die klassische Diskursethik und das Ethikkonzept dieses Buches sind für unterschiedliche Zwecke konzipiert. Jene für ethische Fragen, die im Gespräch mehrerer Menschen gelöst werden müssen. Dieses für die ethischen Entscheidungen, die der einzelne Mensch fortwährend allein fällen muss: Sie und ich.

Noch in einem zweiten Punkt geht mein Konzept über die Diskursethik hinaus. Diese versteht die ethische Entscheidungsfindung *ausschließlich als argumentatives Geschäft*. Der Diskurs, wie ihn Apel und Habermas verstehen, lässt bloß Argumente zu. Handlungsgründe aber sind Paare von Argument und Emotion. Die Diskursethik schneidet das Gefühl vom Argument ab und versteht Ethik lediglich als rationale Angelegenheit. Demgegenüber habe ich dafür plädiert, dass Gefühle unabdingbar sind, auch wenn der Diskurs im Medium der Vernunft stattfindet. Eine vernunftgeleitete Reflexion muss auch die Emotionen einbeziehen. Davon habe ich Sie in den Kapiteln 10 und 11 zu überzeugen versucht.

Kurzum, meine Ethikvorstellung lässt sich als Variante der Diskursethik betrachten. Ich verstehe Ethik als individualethische Version der Diskursethik – auch wenn deren orthodoxe Vertreter dies als Widerspruch zu ihrer Definition betrachten mögen. So lässt sich also die ethische Praxis charakterisieren, die wir in diesem Buch geübt haben. Damit sind wir für die Beantwortung der vier metaethischen Fragen gerüstet.

Besuch im Dachstock: metaethische Rätsel

Erinnern Sie sich an Wilm Hosenfeld, den deutschen Reserveoffizier aus dem Tugend-Kapitel, der während des Zweiten Weltkriegs, angewidert von den Gräueln seiner Landsleute, die Not der Opfer zu vermindern suchte. In seinem Tagebuch notiert er den Satz: „Ich versuche jeden zu retten, der zu retten ist", welcher der Buchausgabe den Titel gab. Das könnte man als ethische Norm formulieren: „Rette jedes Menschenleben, das du kannst" oder einfach „Rette Menschen". Lassen Sie uns an diesem Beispiel auf die vier Fragen eingehen.

1. *Ist die Norm „Rette Menschen" wirklich, real?* – Wer darauf mit ja antwortet, den bezeichnen die Metaethiker als ethischen Realisten. *Platon* zum Beispiel war überzeugt, dass „das Gute" an sich existiert, unabhängig davon, ob wir es erkennen oder nicht, es befürworten und ihm nachstreben oder nicht. Der „Idee des Guten", obschon in der sinnlichen Welt nicht wahrnehmbar, kommt eine objektive Realität zu. Hosenfeld könnte etwa sagen: „Es ist doch klar, dass das Quälen von Menschen schlecht ist und dass es gut ist, sie davor zu retten."
Ein anderer ethischer Realist, *Kant*, betrachtet die Norm der Ethik – den kategorischen Imperativ – nicht als empirische, sondern als Vernunfttatsache. Sie findet sich nicht im Feld unserer äußeren Erfahrung, wohl aber muss jedes vernünftige Wesen auf sie stoßen, sofern es sich auf einen moralischen Standpunkt einlässt. Insofern sind ethische Tatsachen objektiv. Vielleicht würde Hosenfeld sagen: „Ich möchte auch nicht so behandelt werden" – und sich damit implizit auf den kategorischen Imperativ berufen.
George Edward Moore (1873-1958) hat zu Beginn des 20. Jahrhundert eine andere realistische Position eingenommen. Nach ihm wissen wir

unmittelbar, was „gut" ist, können dieses Wissen aber nicht definieren oder beschreiben. Vielmehr erkennen wir intuitiv, was „gut" ist, genauso wie wir eine Farbe erkennen. Wir können nicht definieren, was „gelb" bedeutet, ohne auf gelbe Dinge zu verweisen, eine Zitrone oder die Sonne. Das aber wäre zirkulär. Und dennoch wissen wir, wie „gelb" aussieht. Auch Hosenfeld könnte sich so erklären: „Ich weiß doch, dass es gut ist, Menschen zu retten. Dazu brauche ich keine Argumente." Moore ist damit nicht nur Realist, sondern auch Intuitionist, weil er moralisches Erkennen in der Intuition verortet, nicht im Argument oder im Gefühl.

Sind ethische Einsichten nun real oder nicht? Sicherlich sind sie es nicht im gleichen Sinn wie der Tisch, der vor mir steht. Ihn kann ich wahrnehmen, ausmessen, bewegen. Wer dies bestreitet, ist entweder blind oder verrückt. Das kann man von Menschen, die ethische Normen zurückweisen, nicht unbedingt behaupten. Dennoch ist die Norm „Rette Menschenleben" in gewisser Weise wirklich, und zwar in doppeltem Sinn. Erstens bewirkt sie tatsächlich etwas, sie verändert die Realität: die Tatsachen. Hosenfeld verhindert Verbrechen, befreit Menschen, lindert ihre Not. Damit macht er kraft dieser Norm die Wirklichkeit zu einer anderen. Zweitens würde kein Mensch – sofern er sich auf den ethischen Standpunkt einlässt – die Norm „Rette Menschen" zurückweisen. Der Satz hat insofern eine quasi „objektive" Geltung. Sie sehen also: Die Antwort lautet jein. Ob ethische Aussagen wirklich sind, hängt davon ab, was wir mit dem Wort „wirklich" meinen.

Eine der großen philosophischen Leistungen von Ludwig Wittgenstein liegt darin, dass er gezeigt hat, dass uns derartige sprachliche Irrtümer dauernd unterlaufen. Wir reißen Wörter, die in ihrem ursprünglichen Kontext einen bestimmten Sinn haben, aus diesem Zusammenhang und produzieren damit Unsinn. Vor allem Philosophen begehen diesen Fehler:

Die Ergebnisse der Philosophie sind die Entdeckung irgendeines schlichten Unsinns und Beulen, die sich der Verstand beim Anrennen an die Grenze der Sprache geholt hat. (Wittgenstein 1977, 81)

Mit der „Philosophie" meint Wittgenstein hier die seiner Vorgänger, die philosophische Tradition. Seine eigene versteht er als Therapie, die sich als Aufgabe gesetzt hat, Sprachverwirrungen aufzuklären:

Was ist dein Ziel in der Philosophie? – Der Fliege den Ausweg aus dem Fliegenglas zeigen. (Wittgenstein 1977, 162)

Die Metaethiker sind die Fliegen. Sie sind in die Falle der Sprache getappt, ins Fliegenglas, verlockt vom Sirup süßer Worte. Aufgabe der therapeutischen Philosophie ist es, ihnen dies bewusst zu machen: zu zeigen, dass sie zum Beispiel das Wort „real" in einem Kontext brauchen, wo es keinen Sinn macht.

2. *Sind ethische Sätze – wie etwa Hosenfelds Maxime „Rette Menschen" – Erkenntnisse oder bloß subjektive Werturteile?* – Woran machen wir dies fest? Philosophen verwenden die Wahrheitsfähigkeit eines Satzes als Kriterium dafür, ob er eine Erkenntnis formuliert. Wahrheitsfähigkeit heißt ganz einfach: Der Satz kann wahr oder falsch sein. „Der Tisch hat vier Beine" ist wahrheitsfähig: entweder wahr oder falsch. „Der Tisch ist schön" dagegen nicht. Das hängt vom Empfinden des Einzelnen ab. Wir steht es mit Hosenfelds Maxime „Rette Menschen"? Ist sie wahrheitsfähig? Nicht in bestimmten Situationen natürlich, sondern als grundsätzliche Norm? Sogenannte Kognitivisten bejahen die Frage: Ethische Aussagen sind mitnichten bloß subjektive Wertungen, sondern sie formulieren Erkenntnisse, sind wahrheitsfähig. Dem würden auch die drei erwähnten Realisten – Platon, Kant und Moore – zustimmen. Die beiden metaethischen Fragen hängen eben eng zusammen.

David Hume dagegen würde sagen, Hosenfeld beschreibt einfach eine Tatsache – er rettet Menschenleben – und verbindet diese Aussage mit dem Gefühl, dass sie gut sei. Mit der Emotion kommt keine Erkenntnis dazu. Gewiss, Gefühle motivieren moralisches Verhalten, aber sie können es nicht legitimieren. Hume wendet sich damit gegen den Realismus (und übrigens auch gegen den Kognitivismus). Außerdem ist er ein Emotivist: Er betrachtet ethische Sätze als Tatsachenaussagen, verbunden mit bestimmten Gefühlen. Aussagen über Faktisches aber können kein Sollen legitimieren. Wer dies trotzdem versucht, begeht einen naturalistischen Fehlschluss. Sie kennen diesen Gedanken aus dem 10. Kapitel.

Wie lautet die Antwort auf die Frage, wenn wir von unserer individualistischen Diskursethik ausgehen? Dann wird es schwieriger. Ein einfaches Ja oder Nein wird der Komplexität ethischer Entscheidungsfindung nicht gerecht. Wer den ethischen Standpunkt ernst nimmt, stellt sich der uneingeschränkten Reflexionspflicht. Dass diese Reflexion über Gründe und Normen einen Erkenntnisgewinn bedeutet, liegt auf der Hand: Im zweiten Stock kläre ich die Sachverhalte, gewinne ich Orientierung, mache ich mir Argumente und damit verbundene Emotionen bewusst und finde dabei die Überzeugung, wie ich handeln soll.

Eine derartige Erkenntnis unterscheidet sich allerdings von der Erkenntnis äußerer Tatsachen. Ob der Satz „Dieser Tisch hat vier Beine" wahr ist, lässt sich mit einem simplen Verfahren feststellen. Ich zähle sie. Ethische Sätze dagegen sind nicht einfach wahr oder falsch. Vielmehr fragen wir in einer bestimmten Situation: Welche Argumente gilt es zu bedenken? Welche Normen sind hier angemessen? Welches Gewicht haben die Gründe? Das sind Ermessensfragen. Die Antworten darauf lassen sich selten in ein Ja-Nein-Raster einordnen. Es geht ja nicht um Erkenntnisse über die Welt der Tatsachen, sondern um Überzeugungen, ob ich richtig handle. Wahrheit ist nicht Richtigkeit. Und wie überzeugt ich bin, richtig zu handeln, ist eine Frage des Grades. Bei Hosenfeld ist klar, was richtig ist, in vielen Dilemmasituationen weniger.

Auch hier scheint also eine sprachliche Verwirrung vorzuliegen. Die Begriffe „Erkenntnis" und „Wahrheitsfähigkeit", die in naturwissenschaftlichen Zusammenhängen Sinn machen, führen uns in die Irre, wenn wir sie auf ethische Sätze übertragen. Nach *Stanley Cavell* (1926-2018) müssen wir in der Ethik einer ganz anderen Anforderung genügen als in Wissensfragen: Wenn wir dort einen Anspruch auf Wissen erheben, müssen wir uns der Frage stellen, ob dieses den Tatsachen entspricht. Bei einem Anspruch auf das moralisch Richtige hingegen ist:

der Witz [] vielmehr zu bestimmen, welche Position du einnimmst, d.h., für welche Position du die Verantwortung übernimmst – *und ob ich diese achten kann.* (Cavell 2006, 438f.)

3. *Bezeichnen ethische Normen wie „Rette Menschen" etwas Natürliches oder etwas Übernatürliches? – Aristoteles* und *Filippa Foot*, die Sie im 9. Kapitel kennen gelernt haben, begründen die Ideale ihrer Tugendethik mit der „Natur" des Menschen. Somit sind sie ethische Naturalisten. Ihnen zufolge gibt es natürliche Eigenschaften des Menschen, aus denen sich Phänomene wie das Gute oder die Tugenden herleiten lassen. Auch Hosenfeld könnte seine Überzeugung begründen, indem er sagt: „Es entspricht der Natur des Menschen, anderen zu helfen. Und es widerspricht ihr, sie abzuschlachten." Doch kann man nicht genauso gut das Gegenteil ins Feld führen? Die Geschichte zeigt den Menschen immer wieder und in erschreckendem Ausmaß als gewalttätig. Gehört nicht die Gewalt zu seiner Natur? – Dieser ambivalente Befund unterstützt Humes Argument: Aus den Tatsachen der Natur lässt sich logisch kein Sollen ableiten.

Sie sehen: Es kommt darauf an, was wir unter der „Natur" des Menschen verstehen. Im 13. und 14. Kapitel habe ich den Entwicklungsgang des Menschen nachgezeichnet. Die doppelte Emergenz von Moral und Ethik hat aus dem Menschen etwas ganz anderes gemacht, als was unsere Vorfahren vor sieben Millionen Jahren waren. Unsere „Natur" hat sich gewandelt. Wenn ethische Naturalisten von der Natur des Menschen reden, haben sie wohl den Menschen als moralisch-ethisches Wesen im Blick. Und wohl kaum, was von unseren tierischen Vorfahren noch in uns steckt.

4. *Lässt sich Ethik überhaupt sprachlich ausdrücken oder bleibt sie unfassbar?* – Letzteres behauptet *Ludwig Wittgenstein* (1889–1951) in seinem Frühwerk, dem „Tractatus-logico-philosophicus". Denn sinnvoll sprechen kann man nur über die Welt. Und diese ist das Ganze aller Tatsachen. „Darum kann es auch keine Sätze der Ethik geben." (Wittgenstein 1963, 112) Und: „Es ist klar, dass sich die Ethik nicht aussprechen lässt." (Wittgenstein 1963, 112) Das schließt nicht aus, dass Wittgenstein das Ethische hochachtet. Nur liegt es jenseits der Sprache. „Es gibt allerdings Unaussprechliches. Dies zeigt sich, es ist das Mystische." (Wittgenstein 1963, 115) und „Wovon man nicht sprechen kann, darüber muss man schweigen." (Wittgenstein 1963, 115)

Ethik gibt es zwar, Wittgenstein „zieht" sogar „den Hut" vor ihr. Aber sie ist der Sprache nicht zugänglich, „mystisch", zum „Schweigen" verurteilt. Damit wäre dieses Buch erledigt. Das läuft allem zuwider, was ich hier gesagt habe, insbesondere darum, weil ich mich für eine Version der Diskursethik stark gemacht habe und Ethik wesentlich sprachlich verfasst sehe. In diesem Rahmen ist sie alles andere als mystisch.

Wittgenstein ist allerdings einer der wenigen Philosophen, die den Mut hatten, ihre eigene Philosophie weitgehend zu revidieren. Leider sagt er in seinen späteren Schriften sehr wenig über die Ethik, abgesehen von Äußerungen, die ein Freund, Rush Rhees, von gemeinsamen Gesprächen notierte (Brandhorst 2011). Allerdings vermute ich, dass der ältere Wittgenstein sich über sie ganz anders äußern würde. Denn die zentrale Prämisse des „Tractatus" und auch der soeben zitierten Äußerungen gibt er auf: Die Sprache ist für den späteren Wittgenstein nicht nur dazu da, Tatsachen zu beschreiben. In den „Philosophischen Untersuchungen" zeigt sich ihre vielfältige Funktion in ganz unterschiedlichen Lebenszusammenhängen. Wir brauchen sie, um zu bitten, aufzufordern, zu versprechen, zu rezitieren, zu befehlen, zu erzählen, zu danken, zu beten. Sie ist verflochten mit lebensweltlichen Zusammenhängen und tut meistens etwas ganz anderes, als bloß

Tatsachen zu beschreiben. Diese Kontexte, in denen wir mit Sprache auf bestimmte Weise handeln, nennt Wittgenstein Sprachspiele.

Es liegt nahe, diesen Gedankengang Wittgensteins gegen sein eigenes, viel zu enges Verständnis von Ethik im „Tractatus" ins Feld zu führen. Ethik ist ein eigenes spezielles Sprachspiel. Sein Sinn liegt, wie Sie nun oft erfahren haben, darin, das richtige, gute Handeln zu ermitteln und zu diesem aufzufordern. Natürlich tut sie dies in und mit der Sprache. Und die Sprache vermag dies auch.

Was lässt sich zusammenfassend zu den metaethischen Fragen feststellen? Mehreres. Sie neigen dazu, *Verwirrung* zu stiften, indem sie Begriffe aus dem Kontext von Tatsachen übertragen in einen Bereich, in dem sie keinen rechten Sinn machen: in die Ethik. Diese hat es nicht mit Tatsachen zu tun, sondern mit Handlungsbegründungen und -empfehlungen. Korrekterweise müsste man die Fragen mit ja und mit nein beantworten, je nachdem, wie wir die Begriffe – „wirklich", „Erkenntnis", „natürlich", „Sprache" verwenden. Freilich bringt die metaethische Reflexion auch *bedeutsame Aspekte der Ethik zum Ausdruck:* Sie ist wirklich, indem sie die Welt verändert. Sie hat da einen quasi-objektiven Charakter, wo ihre Reflexion zur Plausibilität führt. Sie schöpft aus der Intuition, manchmal. Sie hat etwas Emotives, weil sie Kraft aus den Emotionen bezieht. Sie ist natürlich, insofern sie in der emergenten Natur des Menschen wurzelt. Sie ist transzendent, weil sie über das Tatsächliche hinausgeht. Sie ist all das: auch, aber nicht nur. Wenn Metaethiker ihre Positionen beziehen, verallgemeinern sie einen einzelnen Aspekt der Ethik und unterschlagen andere.

Für eine argumentativ offene und persönlich verbindliche Ethik

Und wie steht es nun mit ihrer Objektivität? – Zunächst einmal ist sie zutiefst subjektiv, und zwar in folgendem Sinn: Zum ethischen Standpunkt gehört untrennbar, dass es eben *mein* Standpunkt ist. *Ich* bin es, der ihn gewonnen hat. Es sind *meine* Gründe, auf die ich meine Handlungen stütze. *Ich* übernehme die Verantwortung dafür. *Mir selber* bin ich verpflichtet.

Das ist auch der Grund, warum ich Ihnen in diesem Buch zumeist keine Antworten gegeben habe zu den Fragen, die wir diskutierten. Sie müssen sie sich selber geben, niemand anders. Zu den Fallbeispielen in diesem Buch, genauso wie zu den Entscheidungen, die Sie in Ihrem realen Leben fällen. Ich habe ihnen höchstens da und dort meine Gründe vorgestellt und angedeutet, wie ich entscheiden würde. Aber das bindet Sie nicht. Das müssen Sie nicht übernehmen.

Dennoch verfügt die Ethik über so etwas wie „Objektivität". Ich schlage lediglich vor, das Wort zu ersetzen. Wir könnten stattdessen von *Verbindlichkeit* reden. Wer sich auf den ethischen Standpunkt begibt, geht eine Reihe von Verpflichtungen ein. Sie kennen sie. Er ist willens, nicht nur seine Interessen in den Vordergrund zu stellen, sondern die aller Betroffenen zu berücksichtigen. Sich dafür auf die Suche nach dem guten Handeln zu begeben. Moralische Geltung nicht unbesehen zu übernehmen, sondern sie zu prüfen. Sich einem ernsthaften Reflexionsprozess zu unterziehen. Dabei auch die Standpunkte anderer empathisch nachzuvollziehen. Seine eigenen Gefühle zu überprüfen. Zu versuchen, einen unparteiischen Standpunkt einzunehmen. – Eine ganze Menge.

Darum können die Handlungsempfehlungen der Ethik zwar keine Objektivität beanspruchen, wohl aber binden sie den Menschen in hohem Maß. Sie befreien ihn zwar von allen äußeren Schranken, sie machen es ihm aber auch alles andere als leicht. Sobald Sie den ethischen Standpunkt ernst nehmen, ist mit der Freiheit, die er Ihnen verschafft, auch die Verantwortung verbunden. Sich auf den Standpunkt der Ethik zu begeben, „macht einem das moralische Leben – sofern man es ernst nimmt – so entsetzlich schwer", wie *Richard M. Hare* (1919–2002) formuliert. In seinem Werk „Freiheit und Vernunft" heißt es:

> *Einerseits weiß nämlich jeder, der vor einem solchen moralischen Problem steht, dass es sein eigenes Problem ist und dass ihm niemand die Beantwortung desselben abnehmen kann. [Dennoch ist] es eben nicht so, dass die Beantwortung moralischer Fragen ganz willkürlich wäre [...] Wir spüren vielmehr, dass es von ganz ausschlaggebender Bedeutung ist, welche Antwort wir geben, und dass wir bei der Aufgabe, eine Antwort zu finden, unsere rationalen Fähigkeiten bis an die Grenzen des Möglichen einsetzen sollten. [...] Auf diese Antinomie [von Freiheit und Vernunft] lassen sich fast alle Auseinandersetzungen in der Moralphilosophie zurückführen.* (Hare 2016, 15-17)

Neben der persönlichen Verbindlichkeit der Ethik scheint etwas Zweites zentral. Auch wenn ich mich in diesem Buch an die Diskursethik anlehne, fließen doch Elemente anderer metaethischer Positionen in meine Konzeption ein. Ich verstehe die Entwicklung von Moral und Ethik aus der Entwicklungsgeschichte des Menschen. Darin steckt ein Stück Naturalismus. Ich habe den Gefühlen und den Intuitionen eine wesentliche Rolle in der ethischen Urteilsfindung zuerkannt. Das könnte man emotivistisch und intuitionistisch nennen. Ich billige bestimmten Normen und Werten wie dem kategorischen Imperativ oder dem Gerechtigkeitskonzept eine verbindliche Rolle zu. Das hat etwas Realistisches und Kognitivistisches. Ethik als Diskurs zwischen Menschen und als Selbstreflexion des einzelnen Menschen bleibt *prinzipiell offen, unabgeschlossen*. Meine Entscheidung stützt sich stets auf mein bestes Wissen und Gewissen. Auch wenn es sich später als korrekturbedürftig erweist.

Solange sich die Ethik selber richtig versteht, nämlich als bewusste Reflexion über das richtige Handeln, muss sie ohnehin gegen alle Seiten hin offen bleiben, auch für Anstöße, die von oben, aus dem Dachboden kommen.

Zum Fazit: Was lässt sich metaethisch über die Ethikkonzeption dieses Buches sagen?

- Mit dem Fokus auf Argumentation und Reflexion erweist sie sich als eine Version der *Diskursethik*, die sie allerdings individualethisch interpretiert: als Legitimationssuche, die – zumindest auch – *in der Reflexion des Einzelnen* stattfindet und *dessen Emotionen einbezieht*.
- Metaethische Theorien können *verwirren*, wenn sie nach dem Stellenwert der Ethik gegenüber Begriffen fragen, die sie aus anderen Kontexten in die Ethik hineintragen. Dennoch können sprachtherapeutische Überlegungen zu solchen Fragen unser Ethikverständnis *ausdifferenzieren*.
- Darum: Achtung vor orthodoxen Positionen der Metaethik. Die wirklich bedeutsamen Fragen stellen sich ohnehin nicht hier, sondern in der Ethik, die darum *offen bleiben* muss, in alle Richtungen.
- Die Ethik kann folglich auch keine Objektivität beanspruchen, wie wir sie im Feld der Tatsachen kennen. Vielmehr ist sie radikal *subjektiv*. Was ich allerdings persönlich als richtig erkannt habe, das *bindet* mich nicht weniger als die Erkenntnis objektiver Tatsachen.

Kehren wir nach diesem Streifzug durch die Metaethik zum Thema des Buches zurück, zur Menschlichkeit. Leben kann diese nur, wer sich auf den ethischen Standpunkt begibt. Gewiss, die Metaethik hilft uns, diesen besser zu verstehen. Was indessen die großen Entscheidungen der Zeit angeht, Ihre, meine und die der Menschheit: Da liegen die Herausforderungen nicht auf der metaethischen Ebene, sondern bei der Ethik. Ihnen muss unsere Reflexion gelten.

Aber noch viel mehr braucht es die entsprechende Tat. Das heißt die Menschlichkeit: das unparteiische und zugleich mitfühlende *Handeln* selbst. Wenn wir die Ethik als Theorie der Menschlichkeit bezeichnen, ist

Menschlichkeit umgekehrt die Praxis dieser Theorie. Bezogen auf die Ethik meint der große Philosoph Immanuel Kant gewiss zu Recht, nichts könne ohne Einschränkung für gut gehalten werden „als allein ein guter Wille". Im Hinblick auf unser Leben aber gilt Erich Kästners lapidare Bemerkung: „Es gibt nichts Gutes, außer man tut es." Also: Just do it.

16

Statt eines Fahrplans: das Journal der Reise

Fünfzehn Kapitel lang sind wir durch den Kontinent der Ethik gereist. Dabei habe ich Sie nicht immer gradlinig geführt, unser Weg mäandrierte bald in diese, bald in eine andere Richtung. Ich ließ mich dabei nicht von der Systematik des Themas leiten, sondern versuchte sie so zu lotsen, dass Sie auf der Reise nicht verloren gingen und an keinem Bahnhof den Zug verpassten.

Wenn Sie noch dabei sind, ist mir das vermutlich gelungen. Und doch haben Sie vielleicht das Gefühl, etwas den Überblick verloren zu haben und nicht genau zu wissen, wo es eigentlich langging. Darum folgt hier ein Überblick: Ich möchte zum Schluss unseren Weg noch einmal Revue passieren lassen und Ihnen einen Reisebericht nachliefern.

Wo führte uns unsere Reise also durch? Jede Etappe stand unter einer Leitfrage und hat darauf Antworten geliefert, meist illustriert an bestimmten Beispielen.

1. *Sollen Sie sich auf ein Buch über Ethik einlassen oder nicht?* habe ich Sie zu Beginn gefragt und Ihnen zwei diametral verschiedene Antworten vorgelegt: Auf der einen Seite steht das unglaubliche Ausmaß an menschlicher Gewalt und Niedertracht, das nach mehr Menschlichkeit geradezu schreit. Und damit nach Ethik, denn sie ist die Theorie der Menschlichkeit. Auf der anderen Seite gibt es auch Menschen, die große Vorbehalte gegenüber der Ethik und der Moral zum Ausdruck bringen. Den argumentativen Kern solcher Kritik haben wir in Friedrich Nietzsches Sturmlauf gegen die Moral vorgefunden.

2. Die konträren Haltungen gegenüber von Ethik und Moral haben uns dann die Frage aufgenötigt: *Was heißt Ethik denn eigentlich?* Die Metapher des Hauses diente dazu, verschiedene Ebenen zu unterscheiden und die Begriffe zu definieren: Moral als Set geltender Handlungsregeln, Ethos als Gewissen, Ethik als reflektierende Suche nach dem richtigen Handeln und Metaethik als Monitoring der Ethik. Obwohl diese Begriffe, die Stockwerke des Hauses, auseinandergehalten werden müssen, sind sie doch auf komplexe Weise miteinander verbunden. Der grundsätzliche Unterschied zwischen Moral und Ethik hat es mir ermöglicht, Nietzsches Kritik den Wind aus den Segeln zu nehmen.
3. *Doch was vermag Ethik überhaupt?* haben wir im Rückbezug auf das Einstiegskapitel gefragt. Steven Pinker folgend, haben wir zwei Sachverhalte herausgearbeitet: einerseits das überwältigende Ausmaß an Gewalt in der Menschheitsgeschichte, andererseits die erstaunliche Tatsache, dass sie dennoch im letzten halben Jahrtausend massiv abnahm. Zu diesem Rückgang, das lässt sich zeigen, hat die Ethik entschieden beigetragen. Und damit zu mehr Menschlichkeit.
4. Das 4. Kapitel lenkte den Blick auf die aktuelle Realität und fragte: *Wo ist Ethik nötig?* Die Meldungen einer beliebigen Tageszeitung eines beliebigen Tages illustrierte die Erkenntnis, dass ethische Fragen fast alle Lebensbereiche durchziehen, Politik, Wirtschaft, Sport. Sie ist nicht ein weiteres Handlungsfeld, das neben diese Felder tritt. Sondern sie betrifft das Handeln insgesamt, unsere persönliche Verantwortung. Und die können Sie in keinem Bereich ausblenden. Insbesondere dann nicht, wenn Sie andere führen, also Leader sind. Dann sind Sie der Menschlichkeit verpflichtet.
5. Vom 5. Kapitel an rückten wichtige ethische Normen und Prinzipien in den Fokus. An einem Fall aus der jüngeren Schweizer Wirtschaftsgeschichte, dem eines Flugzeugbauers, entzündete sich die Frage, *ob der Zweck die Mittel heiligen könne.* Zwei gegensätzliche Positionen, zwei Perspektiven im ethischen Diskurs antworten unterschiedlich: die Pflichtethik und die Folgenethik. Die erste meint: Nie, weil das Prinzip, das mich leitet, immer für alle gelten muss (kategorischer Imperativ). Die zweite findet: Unter Umständen schon, nämlich dann, wenn das Mittel insgesamt mehr positive Folgen hervorbringt (Utilitarismus). Solche Dilemmata zwischen Pflicht- und Folgenethik gibt es im Alltag häufig. Hier sind Sie ethisch gut beraten, keine der beiden Perspektiven zu verabsolutieren, sondern sie gegeneinander abzuwägen.

6. Das Beispiel selbstfahrender Autos und die fiktiven Fälle einer außer Kontrolle geratenen Straßenbahn illustrierten die Antworten auf die Frage: *Sollen wir uns in ethischen Fragen von unserer Intuition leiten lassen oder vom Verstand?* Die Einsichten sind komplex. Beides spielt eine Rolle: Intuitionen liefern uns wichtige Orientierungspunkte. Wir dürfen ihnen aber auch nicht blind folgen, nicht unbesehen. So weltfremd die Dilemmata auf den ersten Blick anmuten, tatsächlich stellen sie sich im Leben häufiger, als wir meinen.
7. Der Gerechtigkeitsbegriff steht im Zentrum der Ethik. Zunächst ging es in Kapitel 7 um die Frage: *Was bedeutet Tauschgerechtigkeit?* Entgegen der landläufigen Meinung, veranschaulicht an der Auseinandersetzung eines Chefs mit seinem „schwierigen" Mitarbeiter, heißt sie nicht Gleichheit, sondern Proportionalität: Der Lohn zum Beispiel muss nicht für alle gleich sein, sondern der Leistung entsprechen.
8. *Was bedeutet dagegen Verteilungsgerechtigkeit?* In einer Gesellschaft müssen Güter und Verpflichtungen auf faire Weise verteilt werden. Dafür gibt es unterschiedliche ethische Verfahren. Wendet man sie aber auf die konkreten Fälle dieses Kapitels an, liefern sie dieselben Resultate: Weder die Schweiz noch die Weltgemeinschaft entsprechen den Prinzipien einer gerechten Gesellschaft. Das gilt namentlich, wenn man das Verhältnis von Arm und Reich ins Auge fasst. Es gilt auch, wenn man analysiert, über welche Übermacht das Geld in allen anderen sozialen Sphären verfügt. Und es gilt auch im Hinblick auf die Zukunft: Das ökologische Desaster, das wir anrichten, teilt die Lasten sehr ungerecht auf zwischen uns und den künftigen Generationen.
9. Der Fälle des Naziverbrechers Eichmann und des deutschen Offiziers Wilm Hosenfeld, der im Zweiten Weltkrieg überall Menschen in Not gerettet hat, stehen im Zentrum des 9. Kapitels. Sie wecken Zweifel, ob ethische Regeln überhaupt menschliches Verhalten garantieren können. *Was zählt in der Ethik: Regeln oder Charakter?* heißt also die Frage. Nicht nur Aristoteles, sondern eine Reihe zeitgenössischer Philosophinnen plädieren für das zweite und zeigen eindrücklich, dass die eigene charakterliche Disposition, die Tugend, wesentlich mitentscheidet, ob ein Mensch ethischen Anforderungen genügt. Menschlichkeit ist Charaktersache.
10. Damit treten emotionale Aspekte ins Zentrum. Mainstream-Ethiker aus der Tradition haben den Gefühlen wenig Bedeutung beigemessen, mit wenigen Ausnahmen. Das Kapitel entfernt sich zunächst von der Ethik und fragt allgemeiner: *Welche Rolle spielen Gefühl und Vernunft beim Handeln überhaupt?* Die Analyse des klassischen Westerns „High

Noon" macht deutlich: Wir erwarten von Handlungen zwar Kohärenz, also logische Stimmigkeit der Gründe. Diese aber kann es nur geben, wenn auch Gefühle einbezogen werden. Sie geben den Argumenten ein Gewicht, ohne dieses können Menschen gegenläufige Gründe gar nicht abwägen und damit zu einer Entscheidung finden.

11. Was heißt das für die Ethik? *Welche Rolle spielen hier Vernunft und Gefühl?* Abgesehen davon, dass Handlungsgründe jetzt auch noch ethischen Grundsätzen entsprechen müssen, gilt dasselbe: Auch bei ethischen Entscheiden bilden Argumente und Gefühle Paare. Das Beispiel, das Zerwürfnis zweier Geschäftspartner, illustriert: In einem ethischen Konflikt können unsere Gefühle unsere Einschätzung verzerren, denn unsere Interessen und Neigungen sind im Spiel. Wer ethisch urteilen und handeln will, muss darum bereit sein zu einer Kultur der Gefühle. Sie überprüft die eigenen Handlungsgründe und das Gewicht, das ihnen mein Gefühl gibt. Und sie schaltet die Empathie ein, die Bereitschaft, die Emotionen der anderen Betroffenen emotional nachzuvollziehen. Ohne diese Kultur der Gefühle kann keine Menschlichkeit wachsen. Diese lässt sich nunmehr definieren als Verbindung dreier Elemente: ethischer Standpunkt, Kultur der Gefühle, konkretes Tun. *Menschlich sein heißt: unparteiisch und mitfühlend handeln.*

12. Eine Frage, obschon zentral, war bisher nicht beantwortet worden: Warum Sie? *Warum sollen Sie persönlich ethisch handeln?* Obwohl sich eine Begründung dafür rein logisch nicht herleiten lässt, gibt es doch gute Gründe dafür: Erstens bestimmt allein Ihr Handeln, ob ethisch oder nicht, wer Sie sind. Wir konstituieren unsere Identität durch das, was wir tun. Eine Aufforderung also, etwas aus uns zu machen. Zweitens können wir unsere moralische Integrität nur wahren, wenn wir auf dem moralischen Standpunkt stehen. Das illustriert Jeremias Gotthelf wunderbar am Protagonisten seines Romans „Uli der Pächter". Und drittens geht ein Handeln nach ethischen Anforderungen einher mit einer persönlichen Freiheit: Wir können nicht nur tun, was wir wollen, sondern wir können auch wollen, was wir wollen.

13. Wir können damit aber auch – ein vierter Grund für die Ethik – teilhaben an zwei großen aufeinander aufbauenden menschlichen Projekten. Das erste heißt Moral. *Ist sie spezifisch menschlich, etwas ganz Neues in der Geschichte des Lebens?* Die Antwort heißt ja. Denn bestimmte Tiere kennen zwar Vorformen von Moral, insbesondere ein Mitgefühl für Artgenossen. Wirkliche Moral entsteht aber erst beim Menschen: ein Sinn für Fairness und Gleichwertigkeit, persönliche Verpflichtung, Normen und Werte. Dieses ganze moralische System

konnte nur dank einer Kooperation entstehen, die uns von den ökologischen Umständen abverlangt wurde. Und ihr Kernstück ist die geteilte Intentionalität, die Fähigkeit, mit einer gemeinsamen Absicht zu handeln.

14. Die Moral aber, entstanden in Stammesgemeinschaften, ist zwiespältig. Darum müssen wir sie transzendieren, hin zu einer Ethik. *Ist diese ebenfalls emergent?* Kein Zweifel, denn erst unser reflexives Bewusstsein macht sie möglich. Diese Fähigkeit, über uns selbst nachzudenken, über unsere Gedanken, Gefühle und Empfindungen, ist einzigartig. Das reflexive Bewusstsein befähigt Menschen, die Mängel der tribalen Moralen einzusehen und hinter sich zu lassen und so stufenweise zu einer Ethik zu gelangen, die das eigene moralische Urteil und die Verantwortung für einen immer größeren Kreis von Wesen in der persönlichen Überzeugung verankert. Damit wird Ethik zu derjenigen praktischen Tätigkeit, die ich in diesem Buch dargestellt habe, zum möglichst unparteiischen Überprüfen und Abwägen aller Gründe für das richtige Handeln.

15. *Doch wie steht es um die Objektivität einer solchen Ethik?* Metaethisch gesehen lässt sie sich am ehesten als Version der Diskursethik einordnen. Diese ermittelt ethische Legitimation in der vernunftgeleiteten Auseinandersetzung zwischen Menschen. Dieses Buch geht aber zugleich darüber hinaus, indem es den Diskurs individualethisch deutet und auch die emotionale Ebene menschlichen Handelns berücksichtigt. Metaethische Überlegungen können zwar unser ethisches Bewusstsein schärfen. Die wichtigen Herausforderungen aber stellen sich auf der Ebene der Ethik selbst. Als Diskurs zwischen Menschen, aber auch als Reflexion in meinem Bewusstsein muss sie prinzipiell offen bleiben gegenüber allen vernünftigen Einsichten. Sie beansprucht keine Objektivität, dafür aber eine persönliche Verbindlichkeit. Das macht es uns alles andere als leicht, ihren Ansprüchen zu genügen – und im Licht der Menschlichkeit zu handeln.

Literatur

Anscombe, Elisabeth. 1958. Modern Moral Philosophy. *Philosophy.* 33 (124):1–19. https://www.pitt.edu/~mthompso/readings/mmp.pdf. Zugegriffen: 10. Juli 2020.

Apel, Karl-Otto. 1993. Das Apriori der Kommunikationsgemeinschaft und die Grundlagen der Ethik: Zum Problem einer rationalen Begründung der Ethik im Zeitalter der Wissenschaft. In *Transformation der Philosophie*, Bd. 2, 5. Aufl., 358–432. Frankfurt a.M.: Suhrkamp.

Aristoteles. (335/323 v.Chr.). 1985. *Nikomachische Ethik*, 4. Aufl. Hamburg: Meiner.

Awad, Edmond, et al. 2018. The Moral Machine experiment. *Nature* 563: 59–64. https://doi.org/10.1038/s41586-018-0637-6. Zugegriffen: 10. Juli 2019.

Bauer, Katharina. 2018. Praktische Notwendigkeit. *Information Philosophie.* Heft 4:42–47.

Bekoff, Marc, und Jessica Pierce. 2017. *Sind Tiere die besseren Menschen?* Stuttgart: Franckh-Kosmos.

Bieri, Peter. 2001. *Das Handwerk der Freiheit: Über die Entdeckung des eigenen Willens*. München: Hanser.

Bondolfi, Alberto. 2020. *Handeln in einer mehrdeutigen Welt*. Zürich: Theologischer Verlag Zürich.

Brandhorst, Mario. 2011. Wittgenstein: Realismus, Ethik und Ästhetik, https://epub.ub.uni-muenchen.de/12669/1/Wittgenstein-Realismus_Ethik_und_Aesthetik.pdf. Zugegriffen: 10. Juli 2020.

Cavell, Stanley. 2006. *Der Anspruch der Vernunft: Wittgenstein, Skeptizismus, Moral und Tragödie*. Frankfurt a.M.: Suhrkamp.

Chomsky, Noam. 2017. *Requiem für den amerikanischen Traum: 10 Prinzipien der Konzentration von Reichtum und Macht*. München: Ullstein.

Davidson, Donald. 2004. *Handlung und Ereignis*. Frankfurt a.M.: Suhrkamp.

Deacon, Terrence W. 1998. *The Symbolic Species: The Co-evolution of Language and the Brain*. New York: Norton.

de Waal, Frans. 1997. *Der gute Affe: Der Ursprung von Recht und Unrecht bei Menschen und anderen Tieren*. München: Hanser.

de Waal, Frans. 2011. Moralisches Verhalten bei Tieren. TED. https://www.ted.com/talks/frans_de_waal_moral_behavior_in_animals/discussion?language=de . Zugegriffen: 10. Juli 2020.

Döring, Sabine, Hrsg. 2009. *Philosophie der Gefühle*. Frankfurt a.M.: Suhrkamp.

Düwell, Marcus, Christoph Hübenthal, und Micha H. Werner, Hrsg. 2002. *Handbuch Ethik*. Stuttgart: Metzler.

Edmonds, David. 2015. *Würden Sie den dicken Mann töten? Das Trolley-Problem und was uns Ihre Antwort über Richtig und Falsch verrät*. Stuttgart: Reclam.

Emerging Technology from the arXiv. Why Self-Driving Cars Must Be Programmed to Kill. In *MIT Technology Review*, October 22, 2015. https://www.technologyreview.com/s/542626/why-self-driving-cars-must-be-programmed-to-kill/ . Zugegriffen: 10. Juli 2020.

Egger, Richard. 1997. *Die philosophische Werkzeugkiste: Praktische Philosophie für Manager*. Zürich: Orell Füssli.

Egger, Richard. 2007. *Mut – Kardinaltugend der Menschenführung*. Zürich: Orell Füssli.

Egger, Richard. 2019. *Führen durch Sprache: Leadership und die Macht der Worte*. Wiesbaden: Springer Gabler.

Fenner, Dagmar. Ethik auf der Grundlage von Gefühl oder Vernunft? Zur Rolle moralischer Gefühle bei Hume und Kant. http://doc.rero.ch/record/289313/files/cpt-2009-9306.pdf. Zugegriffen: 10. Juli 2020.

Firth, Roderick. March 1952. Ethical Absolutism and the Ideal Observer. *Philosophy and Phenomenological Research*. 12 (3):317–345.

Fisher, Roger, William Ury, und Bruce Patton. 2018. *Das Harvard-Konzept. Die unschlagbare Methode für beste Verhandlungsergebnisse*, 3. Aufl. München: DVA.

Foot, Philippa. 1967. The Problem of Abortion and the Doctrine of the Double Effect. *Oxford Review. No.* 5: 5–15.

Foot, Philippa. 2004. *Die Natur des Guten*. Frankfurt a.M.: Suhrkamp.

Gilligan, Carol. 1984. *Die andere Stimme: Lebenskonflikte und Moral der Frau*. München: Piper.

Gotthelf, Jeremias. 1978. *Uli der Pächter*. Basel: Diogenes (Erstveröffentlichung 1849).

Greene, Joshua. 2013. *Moral tribes: Emotion, reason, and the gap between us and them*. New York: Penguin.

Habermas, Jürgen. 1999. *Theorie des kommunikativen Handelns*, 3. Aufl. Frankfurt a.M.: Suhrkamp.

Habermas, Jürgen. 1991. *Erläuterungen zur Diskursethik*. Frankfurt a.M.: Suhrkamp.

Hähnel, Martin. 2019. Aktueller Neoaristotelismus. *Information Philosophie. Heft* 1: 22–34.
Hare, Richard M. (1952) 1983. *Die Sprache der Moral*. Frankfurt a.M.: Suhrkamp.
Hare, Richard M. (1963) 2016. *Freiheit und Vernunft*, 2. Aufl. Frankfurt a.M.: Suhrkamp.
Hansen, Frank-Peter., Hrsg. 2009. *Philosophie von Platon bis Nietzsche*. Berlin: Directmedia. CD-ROM.
High Noon Movie Script. In *Scripts*. https://www.scripts.com/script/high_noon_9954. Zugegriffen: 10. Juli 2020.
Höffe, Otfried. 2008. *Lexikon der Ethik*, 7. Aufl. München: Beck.
Hosenfeld, Wilm. 2004. *„Ich versuche jeden zu retten": Das Leben eines deutschen Offiziers in Briefen und Tagebüchern*. Hrsg. v. Thomas Vogel. München: DVA.
Hume, David. 1973. *Ein Traktat über die menschliche Natur*. Hamburg: Meiner (Erstveröffentlichung 1739–1740).
Hume, David. 1984. *Eine Untersuchung über die Prinzipien der Moral*. Stuttgart: Reclam (Erstveröffentlichung 1751).
Jensen, Keith, Josep Call, und Michael Tomasello. 2007. Chimpanzees are vengeful but not spiteful. In *PNAS* 104 (32): 13046–13050. https://doi.org/10.1073/pnas.0705555104. Zugegriffen: 10. Juli 2020.
Kant, Immanuel. 1974. *Werke in zwölf Bänden. Bd. 7: Grundlegung zur Metaphysik der Sitten (1785); Kritik der praktischen Vernunft (1788)*. Frankfurt a.M.: Suhrkamp.
Kant, Immanuel. 2009. *Über ein vermeintes Recht aus Menschenliebe zu lügen*. In Hansen (Erstveröffentlichung 1797).
Kohlberg, Lawrence. 1996. *Die Psychologie der Moralentwicklung*. Frankfurt a.M.: Suhrkamp.
Korsgaard, Christine M. 2013. *Self-Constitution: Agency, Identity, and Integrity*, 2. Aufl. Oxford: University Press.
Mausfeld, Rainer. 2018. *Warum schweigen die Lämmer? Wie Elitendemokratie und Neoliberalismus unsere Gesellschaft und unsere Lebensgrundlagen zerstören*, 3. Aufl. Frankfurt a.M.: Westend.
Mill, John Stuart. 1859. *1974 Über die Freiheit*. Stuttgart: Reclam.
Mill, John Stuart. 1976. *Der Utilitarismus*. Stuttgart: Reclam (Erstveröffentlichung 1861).
Moore, George E. 1970. *Principia Ethica*. Stuttgart: Reclam (Erstveröffentlichung 1903).
Neuhäuser, Christian. 2019. *Wie reich darf man sein? Über Gier, Neid und Gerechtigkeit*. Stuttgart: Reclam.
Nietzsche, Friedrich. 2009a. *Die fröhliche Wissenschaft*. Hansen (Erstveröffentlichung 1882).
Nietzsche, Friedrich. 2009b. *Jenseits von Gut und Böse*. Hansen (Erstveröffentlichung 1886).

Nussbaum, Martha. 1998. Nicht-relative Tugenden: ein aristotelischer Ansatz. In *Rippe, Klaus Peter, und Peter Schaber*, Hrsg. Hrsg Tugendethik, 114–165. Stuttgart: Reclam.

Ritter, Joachim, Karlfried Gründer, und Gottfried Gabriel, Hrsg. 1971–2007. *Historisches Wörterbuch der Philosophie*. Basel: Schwabe.

Pico della Mirandola, Giovanni. 1990. *Über die Würde des Menschen*. Hamburg: Meiner (Erstveröffentlichung 1486).

Pinker, Steven. 2016. *Gewalt. Eine neue Geschichte der Menschheit.*, 2. Aufl. Frankfurt a. M.: Fischer.

Platon. 1998. *Sämtliche Dialoge*. Hamburg: Meiner.

Rawls, John. 1975. *Eine Theorie der Gerechtigkeit*. Frankfurt a. M.: Suhrkamp.

Schmid, Hans Bernhard. 2020. Collective Emotions. https://www.academia.edu/17270427/Collective_Emotions .Zugegriffen: 10. Juli 2020.

Schopenhauer, Arthur. 2007. *Über die Grundlage der Moral*. Hamburg: Meiner (Erstveröffentlichung 1841).

Saltzwedel, Johannes. Der Mörder Gottes. Spiegel online, 21. 8. 2000. https://www.spiegel.de/spiegel/print/d-17167228.html. Zugegriffen: 10. Juli 2020.

Sandel, Michael. 2012. *Was man für Geld nicht kaufen kann: Die moralischen Grenzen des Marktes*. Berlin: Ullstein.

Sartre, Jean-Paul. 1977. Ist der Existentialismus ein Humanismus? In Drei Essays, 7–51. Frankfurt a. M.: Ullstein (Erstveröffentlichung 1945).

Simmel, Georg. 1989. *Philosophie des Geldes*. Frankfurt a. M.: Suhrkamp (Erstveröffentlichung 1900).

Smith, Adam. 1994. *Theorie der ethischen Gefühle*. Hamburg: Meiner (Erstveröffentlichung 1759).

Tages-Anzeiger. 26. Juni 2019.

Thomson, Judith Jarvis. 1985. The trolley problem. *The yale law journal* 94 (6):1395–1415.

Tomasello, Michael. 2016. *Eine Naturgeschichte der menschlichen Moral*. Berlin: Suhrkamp.

Truttmann, Paul A. 2011. *Die Macht der Beziehung: Die eigenen Gefühle gestalten – Schule im 21. Jahrhundert*. Gelnhausen: Wagner.

Ulrich, Peter, et al. (Hrsg.). 1996. *Ethik in Wirtschaft und Gesellschaft 24 Lehreinheiten zu Grundfragen des Wirtschaftens, Lebens und Arbeitens*. Aarau: Sauerländer.

von Lang, Jochen. 1991. *Das Eichmann-Protokoll: Tonbandaufzeichnungen der israelischen Verhöre*. Wien: Paul Zsolnay.

Walzer, Michael. 2006. *Sphären der Gerechtigkeit*. Frankfurt a.M.: Campus.

Williams, Bernard. 1984. Praktische Notwendigkeit. In *Aufsätze 1973–1980*, Hrsg. Moralischer Zufall, 135–142. Königstein: Hain.

Wittgenstein, Ludwig. 1963. *Tractatus logico-philosophicus Logisch-philosophische Abhandlung*. Frankfurt a. M.: Suhrkamp (Erstveröffentlichung 1921).

Wittgenstein, Ludwig. 1996. *Vortrag über Ethik*. In Wittgenstein, ausgew. und vorgest. von Thomas H. Macho, 348–359. Düsseldorf: Diederichs (Erstveröffentlichung 1930).

Wittgenstein, Ludwig. 1977. *Philosophische Untersuchungen*. Frankfurt a. M.: Suhrkamp (Erstveröffentlichung 1953).

Stichwortverzeichnis

Der Index verweist auf Personen, die ich im Buch erwähne, und auf Fachbegriffe der Ethik. Falls diese in großer Häufigkeit erscheinen (wie z.B. Gefühl, Gerechtigkeit, Vernunft), nenne ich die Kapitel, in denen sie im Zentrum stehen, statt Dutzende von Textstellen. Sachliche Stichwörter (wie z.B. Gewalt, Arm und Reich, selbstfahrende Autos) fehlen im Index: Da finden Sie den Zugang über das Inhaltsverzeichnis.

A

abwägen 37, 52, 132, 138, 139, 151, 202, 205, 210
Anscombe, Elisabeth 110, 114, 200
Apel, Karl-Otto 211, 212
Aquin, Thomas von 63, 85
Arendt, Hannah 106
Aristoteles 37, 77, 85, 99, 100, 105, 111, 114, 116–118, 162, 205, 216, 225
Arpaly, Nomy 136
Assad, Baschar al 47
Awad, Edmond 70

B

Bekoff, Marc 177, 180
Bewusstsein, reflexives 202
Bieri, Peter 167, 168
Bondolfi, Alberto 12
Bonnefon, Jean-François 60
Bouazizi, Mohamed 14
Buddha 21, 156, 205

C

Cavell, Stanley 216
Charakter 110, 111
Chomsky, Noam 97, 98

D

Darwin, Charles 7, 24
Davidson, Donald 129, 131, 149, 150, 169
de Soria Luce, Domingo 5
de Waal, Frans 177, 180
Deacon, Terrence 186
Differenzprinzip 87, 90, 94
Dilemma 37, 45, 60, 152
Diskursethik 211, 215, 217, 219, 220, 227

E

Eich, Günter 37
Eichmann, Adolf 106, 109, 110, 113, 114, 118, 119, 153, 156, 225
emergent, Emergenz 176, 202, 204, 206, 217
Emotion s. Gefühl
Emotivismus 215
Engisch, Karl 60
Escobar, Pablo 162, 164, 171

Ethik
  deontologische 46, 53, 56, 61, 65, 107, 110, 120, 224
  teleologische 46, 53, 56, 61, 66, 107, 110, 149, 224
Ethos 14, 15, 20, 28, 29, 32, 36, 45, 68, 73, 76, 108–110, 176, 204–206, 220, 224

F

Fairness s. Gerechtigkeit
Federer, Roger 17
Fehlschluss, naturalistischer 124, 215
Firth, Roderick 154
Folgenethik s. Ethik, teleologische
Foot, Philippa 60, 64, 114, 117, 200, 216
Freiheit 167, 204, 205, 219

G

Gandhi, Mahatma 4, 156
Gefühl s. Kap. 10 und 11
Gerechtigkeit s. Kap. 7 und 8
Gewichtung s. abwägen
Gewissen s. Ethos
Gleichheitsprinzip 86, 94
Gotthelf, Jeremias 166, 226
Greene, Joshua 64, 191, 201

H

Habermas, Jürgen 16, 211, 212
Handlungsgrund 129
Hare, Richard 155, 156, 219
Haus der Ethik s. Kap. 2 35, 176
Helm, Bennett 135
Hitler, Adolf 4, 47, 108
Hobbes, Thomas 30
Homer 26
Hosenfeld, Wilm 108, 113, 114, 119, 153, 213–216, 225

Hume, David 119, 121, 124, 140, 141, 153, 154, 159, 215

I

Ideal Observer 155
Integrität 162, 166
Intuition s. Kap. 6 193, 195, 203, 214
Intuitionismus 214

J

James, William 134
Jesus von Nazareth 14, 156
Jones, Karen 136

K

Kant, Immanuel 8, 15, 30, 48, 52, 68, 107, 119, 120, 123, 124, 140, 141, 148, 150, 151, 159, 160, 166, 210, 213, 215, 221
Kästner, Erich 221
Kategorischer Imperativ 48, 64, 107, 120, 148, 151, 160, 203, 213
King, Martin Luther 4, 156, 205
Kognitivismus 215, 220
Kohlberg, Lawrence 196
Konfuzius 21, 205
Korsgaard, Christine 161, 167, 169, 203

L

Lincoln, Abraham 14, 205
Locke, John 30
Luther, Martin 14, 156, 160, 205

M

Mao Tsedong 4, 171
Marx, Karl 23
Mausfeld, Rainer 98

Stichwortverzeichnis 237

Maxime 48, 148, 157, 160, 202, 215
Metaethik 16, 21, 56, 72, 209, 210, 213, 215, 218
Mill, John Stuart 50
Milosevic, Slobodan 4
Moore, George Edward 213, 215
Moral 6, 13, 71, 175, 191
   objektive 180
   tribale s. Stammesmoral
   zweitpersonale 180
Mutter Theresa 4, 156

N

Naturalismus 216, 217, 219
Neuhäuser, Christian 92
Neymar 33
Nietzsche, Friedrich 6, 11, 20, 22–24, 37, 111, 204
Norm 17, 106, 124, 185, 204
Nussbaum, Martha 116, 200

P

Pflichtethik s. Ethik, deontologische
Picasso, Pablo 17
Pierce, Jessica 177
Pinker, Steven 25, 95, 224
Pizarro, Francesco 5
Platon 77, 205, 212, 213, 215
Pol Pot 4
Pollak, Kay 23
Popper, Karl 24
Proportionalität 77, 89

R

Rawls, John 85, 89–91, 94, 95, 98–100, 105
Realismus 213, 215, 220
Recht 13, 20, 26, 77, 86, 198
Reziprozität 29, 50, 124, 149, 151, 160, 205

Richner, Beat 4, 156
Rousseau, Jean-Jacques 30

S

Saddam Hussein 4, 47
Sandel, Michael 33, 90, 92, 93
Schirach, Ferdinand von 68
Schmid, Hans Berhard 136
Schopenhauer, Arthur 8, 9, 119, 121, 123, 124, 140, 141, 153
Selbstkonstitution 160
Simmel, Georg 89
Smith, Adam 119, 121, 124, 140, 141, 153, 154
Sokrates 14, 205
Sphären der Gerechtigkeit 91, 94, 95, 100
Stalin, Josef 4
Stammesmoral 184, 191
Standpunkt, ethischer 37
Stauffenberg, Claus von 47
Szpilman, Wladyslaw 108

T

Tappolet, Christine 135, 138
Tauschgerechtigkeit s. Kap. 7
Thomson, Judith Jarvis 64, 65
Tomasello, Michael 180, 191, 195, 201
Trolley-Problem 193
Tugend s. Kap. 9

U

Universalisierbarkeit 18
Utilitarismus 50, 54, 61, 65, 72, 194

V

Verantwortung 35
Vernunft s. Kap.10 15, 68, 105, 112, 142, 154, 159, 201, 203, 211, 219
Verteilungsgerechtigkeit s. Kap. 8 81

W

Walzer, Michael 91, 93–95, 99, 100
Washington, Dinah 136
Wassermann, Jakob 5
Welzel, Hans 60
Wert 6, 20, 28, 70, 91, 134, 135, 166, 187, 198, 209
Wille 120, 167

Williams, Bernard 160, 161
Wittgenstein, Ludwig 133, 136, 214, 217
Würde 166

Z

Zinneman, Fred 126

GPSR Compliance

The European Union's (EU) General Product Safety Regulation (GPSR) is a set of rules that requires consumer products to be safe and our obligations to ensure this.

If you have any concerns about our products, you can contact us on

ProductSafety@springernature.com

In case Publisher is established outside the EU, the EU authorized representative is:

Springer Nature Customer Service Center GmbH
Europaplatz 3
69115 Heidelberg, Germany

www.ingramcontent.com/pod-product-compliance
Lightning Source LLC
LaVergne TN
LVHW011001250326
834688LV00003B/50

9 783658 351182